마켓 트렌드
2026

copyright ⓒ 2025, 엄기홍, 유은혜
이 책은 한국경제신문 한경BP가 발행한 것으로
본사의 허락 없이 이 책의 일부 또는 전체를 복사하거나
전재하는 행위를 금합니다.

글로벌 기업들의 데이터 창고 입소스 전망서

마켓 트렌드 2026

엄기홍 · 유은혜 지음

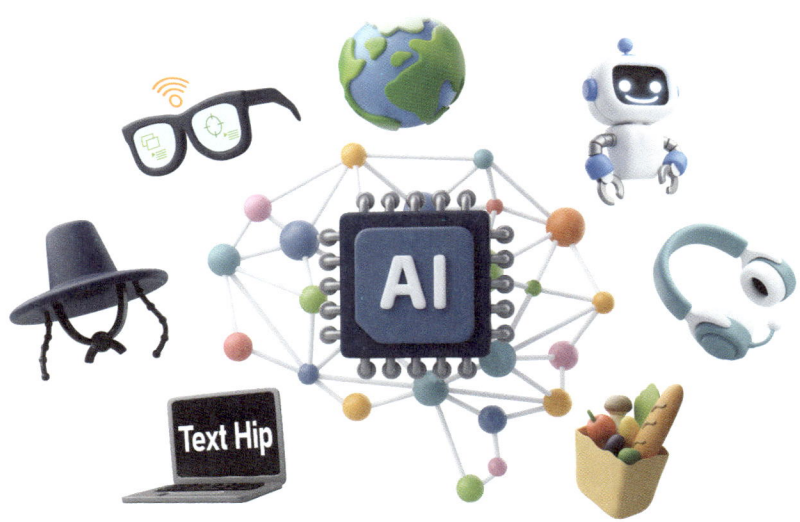

한국경제신문

《입소스 마켓 트렌드 2025》를 돌아보며

《입소스 마켓 트렌드 2025》를 내놓은 지 어느덧 1년이라는 시간이 흘렀다. 그사이에도 시간이라는 거대한 강물은 또 한 번 굽이치며 새로운 환경을 빚어냈다. 트렌드를 이해한다는 것은 멈춰 있는 점을 관찰하는 것이 아니라 살아 움직이는 흐름의 맥락을 읽어내는 일이다. 일상에서 반짝이는 뾰족함과 세상을 감싸는 둥글거림 사이를 오가며, 그 거대한 흐름이 보내는 미세한 신호에 늘 신경을 곤두세워야 한다. 그 신호를 포착하고, 이해하며, 미래의 지도를 그리는 것이 이 책이 가지는 중요한 가치다.

지난 1년은 어느 때보다 극적인 서사의 연속이었다. 한강 작가의 노벨 문학상 수상이라는 지성적 즐거움이 채 가시기도 전에 계엄이라는 역사의 퇴행이 우리의 심장을 서늘하게 했다. 우크라이나와 중동의 포성은 멈추지 않았고, 도널드 트럼프 미국 대통령의 관세 정책이 세계 질서의 근간을 뒤흔들고 있다.

《입소스 마켓 트렌드 2025》가 세상에 나온 직후, 시장을 이끄는 CEO들을 모신 강연 자리에서 질문 하나를 받았다. "오늘 말씀하신 트렌드가 1년 뒤에는 얼마나 유효할 것으로 보십니까?" 조금 당황스럽기는 했지만 이렇게 답했다. "트렌드는 점괘나 예언이 아니기에 적중률을 논할 수는 없습니다. 하지만 트렌드는 희망 사항의 나열 역시 아닙니다. 저희가 제시한 흐름은 시장의 데이터와 소비자의 목소리를 바탕으로 만들어졌기에 그 방향성만큼은 틀리지 않으리라고 확신합니다. 그리고 기회가 된다면, 1년 뒤 바로 이 자리에서 그 흐름을 같이 확인하면 좋을 것 같습니다."

이제 그 약속의 시간이 됐다. 2025년의 거친 파도 속에서 우리가 던졌던 화두들은 어떻게 살아남아 현실이 됐는지 또는 어떤 모습으로 변주됐는지를 함께 확인하며 중요한 흐름을 몇 가지 짚어보고자 한다.

분열된 사회와 탈세계화

2025년 우리는 '탈세계화'와 '사회 분열'이라는 거대한 시대적 명제를 마주했다. 그리고 이 명제는 더 이상 추상적인 담론이 아니라 우리의 일상을 뒤흔드는 냉혹한 현실이 됐다. 국내에서는 '계엄'이라는 역사적 사건의 상흔 위로, 진보와 보수라는 깊은 균열이 사회를 두 동강 내고 있다. 2025년 2월 한국보건사회연구원이 보고한 〈사회갈등에 대한 한국인의 인식변화와 시사점〉에 따르면, 대다수의 국민(93.34%)이

이 정치적 갈등이 현재 수준을 유지하거나 더욱 심각해질 것으로 우려한다. 실제로 우리는 봉합의 실마리조차 보이지 않는 현실을 체감하고 있다. 경제적 양극화와 세대 간 반목이 이 분열의 골을 더욱 깊게 한다.

시선을 밖으로 돌리면, 세계 질서는 더욱 거친 파도에 휩쓸리고 있다. 트럼프가 주도하는 관세 전쟁은 '누가 진정한 우방인가'라는 근본적인 질문을 던지며, 동맹이라는 개념마저 재편하고 있다. 러시아-우크라이나, 이스라엘-중동의 포성은 낡은 국제 질서의 종언을 알리는 장송곡처럼 울려 퍼진다.

세계경제포럼WEF이 내놓은 〈글로벌 리스크 보고서 2025The Global Risks Report 2025〉는 이런 현실을 데이터로 증명한다. 전 세계 리더들은 '국가 간 무력 충돌'과 '지경학적 대립'을 가장 큰 위협으로 꼽았으며, 실제로 보호무역 조치는 지난 8년간 5배나 급증했다. 이제 자유무역

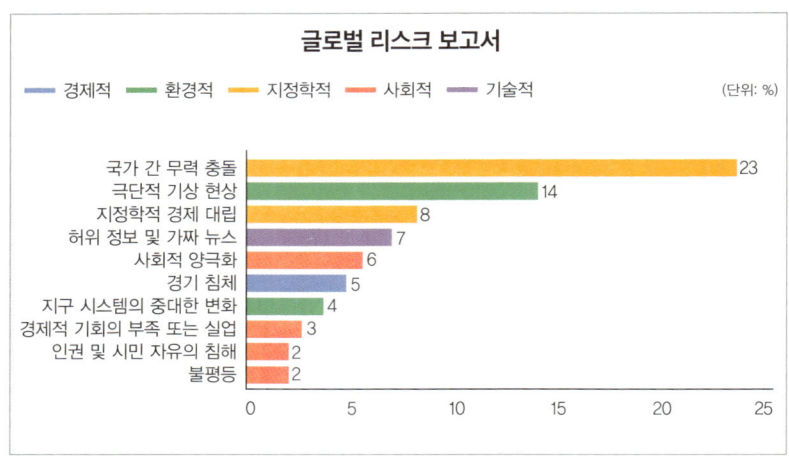

자료: WEF, 2025.

이라는 온기는 사라지고, 각자도생이라는 차가운 바람이 글로벌 경제를 얼어붙게 하고 있다.

2025년 우리가 마주한 국내외의 지정학적·지경학地經學적·사회적 갈등과 분열은 일시적인 현상이 아니다. 기존의 질서가 완전히 해체되고, 새로운 위계와 규칙이 만들어지는 거대한 '권력 재편'의 서막이다. 이 혼돈 속에서 우리는 이전과는 전혀 다른 방식으로 생존하고, 관계 맺고, 가치를 만들어가야 한다.

유연한 유대감

2025년 우리는 거대한 변화의 소용돌이를 지나고 있다. 경제는 저성장의 터널에 갇히고 사회는 빠르게 늙어가며 인공지능AI이 우리의 일상을 재편하는 가운데 디지털 연결의 열기가 식으면서 사람들은 현실의 삶으로 빠르게 복귀하고 있다. 이 거대한 지각변동 속에서 우리가 맺는 관계, 즉 연인·친구·이웃의 정의 역시 새롭게 쓰이고 있다.

이런 흐름을 잘 보여주는 예로 '밍글링 투어mingling tour'가 있다. 이는 느슨하지만 취향이 같은, 낯선 이들과 함께 떠나는 여행을 의미한다. 예약이 완료되면 단체 채팅방이 열려 온라인상에서 먼저 교감을 나누기에 낯선 도시에서 처음 대면하더라도 어색하지 않다. 이들에게는 어디를 가느냐보다 누구와 무엇을 경험하느냐가 훨씬 더 중요하다. 다만 이 관계에는 '적당한 거리 두기'라는 암묵적인 룰이 존재한다.

밍글링 투어는 현대적 관계 맺기의 핵심 딜레마를 보여준다. 너무 가까우면 서로에게 상처를 주고 그렇다고 너무 멀어지고 싶지는 않기

취향을 공유하는 낯선 이들과 함께하는 밍글링 투어

자료: pixabay.com

에 우리는 끊임없이 최적의 거리를 탐색한다. 그래서 우리에겐 '관계의 탄성'을 조율하는 섬세한 기술이 필요하다. 필요할 땐 깊이 연결되지만 서로의 영역은 침범하지 않는 유연함 말이다. 함께 있지만 동시에 온전히 혼자일 수 있는 자유, 이것이 바로 불확실성의 시대를 살아가는 우리가 가장 현명하고도 새로운 관계를 유지하는 기술 '유연한 유대감'이다.

미-맥싱 Me-Maxing

잘파ZAlpha세대(Z세대+알파세대)를 중심으로 더 나은 나, 더 멋진 나를 향한 열망, 즉 '미-맥싱' 흐름이 강하게 나타나고 있다. 단순히 외모를 가꾸는 것을 넘어 커리어, 지식, 정신적 성장까지 모든 면에서 자신을 최고의 버전으로 업그레이드하려는 적극적인 자기 투자 활동이다. 미-맥싱의 근간에는 단단한 자존감과 확고한 정체성을 지키려는 열 망이 자리 잡고 있다. 그리고 이 열망은 '셀프 큐레이션self-curation'이라는 소비 방식으로 이어진다. 이들은 자신에게 꼭 맞는 제품과 서비스를 꼼꼼히 선별하는데, 그 선택의 기준에서 '윤리적 가치'가 매우 큰 비중을 차지한다.

이 모든 흐름의 정점에는 '미닝아웃meaningout'이 있다. '의미meaning'와 '커밍아웃coming out'의 합성어로, 이제 소비가 취향 표현을 넘어 '나는 어떤 사람이며, 무엇을 믿고, 어떤 세상을 지지하는가'를 세상에 알리는 가장 강력한 자기표현의 도구가 됐음을 보여준다. 미닝아웃은 다양한 방식으로 나타난다. 작게는 대학 과잠(학과 점퍼)이나 키링(열쇠고리)을 통해 소속감을 드러내는 것에서부터 크게는 계엄이라는 엄중한 역사적 사건 앞에서 다 함께 〈다시 만난 세계〉를 부르고 형형색색의 야광봉을 들어 자신의 신념을 행동으로 보여주는 것에 이르기까지, 이들의 모든 행동은 하나의 메시지가 된다.

이런 신념은 소비의 기준으로 더욱 명확하게 확장된다. 이들은 더 이상 유명 브랜드라는 이유만으로 지갑을 열지 않는다. 그 브랜드가 환경 보호에 기여하는지, 생산 과정은 윤리적인지, 사회문제 해결에 동참하는지 등을 기준으로 선택하고 구매라는 행위를 통해 지지한다. 이런 소비 행태는 브랜드의 지속 가능성 및 ESG(환경·사회·지배구조) 경영과 직접적으로 연결되며, 기업들에 이윤 추구를 넘어선 '진정성 있는 철학'과 경영을 요구한다.

정속 가능 라이프

라이프 스타일 패러다임이 중대한 전환점을 맞고 있다. 과거에 웰빙이나 느리게 살기가 유행처럼 번졌다면 이제는 속도가 아니라 각자의 고유한 리듬을 존중하고 '나만의 속도'를 찾아가는, 삶에 대한 근본적인 성찰이 중시된다. 이런 변화의 중심에는 육체적 건강과 정신적 건강의 섬세한 균형을 맞추려는 시대적 요구가 자리하고 있다.

하지만 이처럼 성숙해진 인식의 이면에는 우리가 마주한 위태로운 현실이 있다. 2024년 10월 국회 보건복지위원회 김예지 의원이 공개한 자료에 따르면, 국내 우울증 환자는 2020년 87만 명에서 2023년 109만 명으로 3년 만에 25%나 급증했다. 특히 미래 세대인 아동과 청년층에서 증가세가 가파르다.

더욱이 통계청의 2024년 잠정 집계에 따르면 '고의적 자해(자살)' 사망자 수가 1만 4,439명에 달하는데, 이는 역대 최고치였던 2011년 이후 13년 만에 가장 비극적인 수치다. 과도한 경쟁과 사회적 고립감이 개인의 마음을 병들게 하는 임계점에 다다랐음을 보여주는 명백한 위험 신호다.

이런 사회적 위기감 속에서 문제를 더는 방치하지 않고 마음을 적극적으로 돌보려는 움직임이 뚜렷해졌다. 특히 젊은 세대를 중심으로 문제가 발생한 후의 치료가 아니라 선제적인 예방에 집중하는 '얼리 케어 신드롬early-care syndrome'이 새로운 소비 트렌드로 부상했으며, 이런 경향은 디지털 멘탈케어 시장의 급격한 성장으로 이어졌다. 정신과 전문의나 상담사를 연결하는 '아토머스'와 '포티파이' 같은 중개 플랫폼부터 전문가 개입 없이 스스로 마음을 관리하는 '블루시그넘'과 '마보' 같은 셀프케어 앱, SKT·KT·LG유플러스 등 통신 3사가 선보인 AI 기반 플랫폼에 이르기까지 시장은 빠르게 다각화되며 발전하고 있다.

마음건강은 개인의 자발적인 노력을 넘어 조직의 지속 가능성을 좌우하는 핵심 경영 요소로 확장되고 있다. EAP(근로자 지원 프로그램) 전문 기업 다인 연구팀의 분석에 따르면, 제조업·IT·금융권을 중심으로 조직 단위 심리검사 도입이 연평균 46% 이상 증가했으며, 2025년 상반기에만 이미 전년도 전체 실적의 71%를 초과 달성했다. 이는 구성원의 정서적 리스크 관리가 선택이 아니라 ESG 경영 시대의 필수 요소로 자리매김했음을 명확히 증명한다.

또한 일터에서의 변화는 자연스럽게 휴식과 여가의 영역까지 재편하고 있다. 여행은 이제 레저의 개념을 넘어 몸과 마음의 온전한 회복을 추구하는 방향으로 진화 중이다. 한국관광공사가 뷰티&스파, 자연치유, 힐링&명상 등 6개 테마로 선정한 '우수 웰니스 관광지'가 2025년 88곳으로 확대된 것도 이런 흐름을 반영한다. 아름다운 자연 속에서 미학적 공간을 경험하고, 요가나 명상으로 심신을 이완하며, 건강한 미식을 즐기는 것이 새로운 여행의 기준으로 자리 잡은 것이다.

이와 더불어 자연과의 깊은 연결을 통해 건강을 증진하려는 인간의 본능, 즉 바이오필릭biophilic에 대한 관심이 커지고 있다. '생명bio'과 '사랑philia'의 합성어인 바이오필릭은 자연을 향한 인간의 내재적 애착을

공간 디자인에 적용된 바이오필릭 개념

자료: LX Z:IN 홈페이지

의미하며, 이를 공간에 적용한 바이오필릭 디자인은 심리적 안정과 신체건강 증진을 목표로 한다.

결론적으로 '나만의 속도'를 찾으려는 현대인의 열망은 정신건강에 대한 깊은 관심으로 이어졌고, 이는 개인의 셀프케어 방식부터 기업의 경영 전략, 나아가 여행과 공간의 패러다임까지 전방위적으로 변화시키는 거대한 움직임이 되고 있다.

다빛사회

2025년에는 이전 어느 해보다 글로벌 시장에서 한국에 대한 관심이 커졌다. 이미 2024년 전체 인구 중 외국인이 5% 이상인 265만 783명으로 집계되어 OECD 기준 다문화·다인종 국가가 됐으며, 2025년

자료: 법무부 〈출입국·외국인정책 통계월보〉 2025년 6월호

6월 기준 273만 797명으로 비중이 빠르게 늘어나고 있다. 아시아뿐 아니라 일찍부터 이민을 받아들인 북미·유럽 등 일부 선진국을 제외하고 전 세계적으로 외국인 비중이 5%를 넘는 나라는 드물다.

이런 인구 구조의 변화는 내수 시장의 지형도를 재편하는 또 다른 동력으로 작용하고 있다. 이민정책연구원의 분석에 따르면, 2023년 국내 체류 외국인이 사용한 신용카드 결제액은 무려 56조 2,818억 원에 달한다. 이는 같은 해 내국인 총사용액의 6.9%에 해당하는 의미 있는 규모로, 단순 관광객의 소비를 제외한 수치라는 점에서 더욱 주목할 만하다. 1인당 사용액 역시 꾸준히 증가해 이 추세라면 2030년경에는 외국인의 카드 사용 비중이 10%에 육박할 것이라는 전망까지 나온다.

이처럼 외국인이 무시할 수 없는 경제 주체로 부상하면서 이들을 정조준한 서비스가 다양하게 생겨나고 있으며 투자 역시 적극적으로 이뤄지고 있다. 언어·법률·문화적 차이 탓에 기존 내국인용 서비스가 닿지 못했던 영역에서 외국인 전용 플랫폼과 맞춤형 서비스를 제공하

국내 거주 외국인을 공략하는 스타트업					
사명	하이어 다이버시티	케이비자	한패스	크레파스플러스	엔코위더스
주요 서비스	외국인 체류 행정·편의 서비 스 '하이어비자'	외국인 종합 비자 서비스 '케이비자'	외국인 해외 송금 서비스, 외국인 선불카드 등 생활금융 서비스	외국인 대안신용평가 모델 개발 및 외국인 생활금융 플랫폼 '원풀'	외국인 중장기 임대 플랫폼 '엔코스테이'

자료: 〈머니투데이〉

는 새로운 시장이 형성되고 있다.

그러나 이처럼 가파른 양적 성장과 경제적 영향력 확대의 이면에는 우리 사회가 오랫동안 외면해온 불편한 그림자가 여전히 존재한다. 바로 우리 사회에 깊이 뿌리내린 반反다문화 정서다. 단일민족이라는 익숙한 관성에 기댄 일부 기성세대의 저항감은 물론, 내국인 일자리 감소나 치안 문제에 대한 막연한 우려와 차별적 시선이 여전히 존재한다. 이런 구조적 문제는 현장에서 더욱 심각한 부작용을 낳고 있다. 언어 장벽은 소통 부재를 야기해 산업재해 위험을 높이고, 정보 비대칭은 취업 사기나 임금 체불과 같은 부당한 피해로 이어지고 있다. 또한 종교 및 문화적 차이에서 비롯되는 갈등, 다문화 가정 자녀들이 겪는 정체성 혼란과 집단 따돌림 문제 역시 우리 사회가 시급히 해결해야 할 과제다.

'다빛사회'로의 전환은 우리에게 기회와 과제를 동시에 안긴다. 이제는 이민자들을 단순한 노동력이나 일시적인 이방인으로 간주하는 시각에서 벗어나 우리 사회의 동등한 구성원으로 온전히 포용하기 위한 실질적인 사회통합 정책과 문화적 지원 체계를 마련해야 한다. 이는 시혜나 배려의 차원을 넘어 우리 사회의 지속 가능한 발전을 담보하고 더 성숙한 공동체로 나아가는 데 필수적인 과제다.

━━━━━━ 《마켓 트렌드 2026》을 시작하며 ━━━━━━

2026년을 앞둔 현시점, 트럼프 미국 대통령의 관세 정책 밀어붙이기로 세계 경제의 혼돈과 불확실성이 이어지고 있다. 늘 그 자리에 있었고 늘 같은 방식으로 행동하던 것들의 급작스러운 변화는 모든 사람에게 놀라움을 넘어 당황과 염려로 다가오고 있다.

사실 2025년은 시작부터 많은 기업이 조직을 변경하고 예산을 축소하면서 어려운 한 해를 예고했다. 무엇보다 힘들었던 것은 조직의 변경이다. 변화하는 시장 환경에서 주력 산업을 다시 정비하고 새로운 기회를 발굴하기 위한 조직의 변화는 지금도 계속 이어지고 있다.

어떤 측면에서 우리는 지금 모든 것이 끝나고, 모든 것이 다시 시작되는 거대한 변곡점을 지나고 있는 듯하다. 지난 수십 년간 우리를 이

끌었던 성장과 속도의 신화는 저물고, 그 자리에 'AI 혁명'이라는 거대한 파도가 밀려오고 있다. 기술은 우리를 더 빠르고, 더 효율적이며, 더 연결된 세상으로 이끌고 있지만 아이러니하게도 인간은 그럴수록 더 느리고, 더 진실하며, 더 고립된 가치에 목말라하고 있다. 지금 우리가 겪는 모든 흐름은 이 거대한 두 가지 힘, 즉 '기술적 가속technological acceleration'과 '인간적 회귀humanistic regression' 사이의 팽팽한 긴장 관계를 더욱 극명하게 드러낸다. 그리고 이 긴장 속에서 새로운 시대의 법칙이 쓰이고 있다.

오늘날 사람들은 흔들리는 신뢰와 너무나 빠른 속도에 지쳐 있다. 디지털 세상의 잦은 연결은 점점 부담이 된다. AI가 만들어낸 매끄러운 자동화 뒤편에서 인간 고유의 리듬은 무너졌고, 감정에 호소하는 마케팅과 넘쳐나는 정보는 일상의 피로감을 더한다.

그래서 우리는 묻는다. 지금 진짜로 유효한 것은 무엇인가? 그 질문에 대한 답은 '새로움'이 아니라 오히려 '기본'에서 시작된다. 즉, 기본으로의 회귀다.

2026년은 단순한 회귀가 아닌 핵심을 중심으로 체계를 재정비하는 해다. 거품이 걷히고 본질만 남는다. 기준이 단순해지고 판단은 선명해진다. 많이 아는 것보다 제대로 하는 것, 과잉된 연결보다 조율된 거리감이 전략이 된다.

《마켓 트렌드 2026》은 과잉이 지나간 자리에서 다시 쓰여야 할 방향을 읽는다. '안심Re:Assure, 재시작Re:Start, 재조정Re:Balance, 새로운 혁신Re:Volution, 새로운 활성화Re:Vitalization'라는 5개의 핵심 흐름을 기반으로 우리가 지금 어디에 서 있는지를 가늠하게 하고, 무엇을 다시 조정하고 재설계해야 하는지를 제안한다. 접두사 'Re'는 본래 '다시'와 '반복'을 의미하며, 실패 후 처음부터 다시 시작하는 'start over'의 결연한 의지를 담고 있기도 하다. 또한 고대 이집트 신화에 나오는 라Ra의 애칭으로 태양신이자 창조신을 일컬으며, 창조와 부활을 상징한다. 언어학과 신화 사이에서 단순한 언어적 유희를 넘어 2026년이 우리에게 새로운 창조와 부활에 버금가는 거대한 재조정의 시간이 될 것임을 이야기한다.

트렌드는 매일같이 변화의 파도를 만들어내지만, 이 책은 그 파도에 휩쓸리지 않고 흐름의 본질을 꿰뚫어 볼 수 있는 단단한 기준을 제시하고자 한다. 시장의 전문가가 아니더라도 누구나 현재의 변화를 쉽게 이해하고 불확실한 미래에 대한 막연한 불안감을 긍정적인 기회로 전환할 수 있도록 돕는 것이 이 책의 가장 큰 목표다. 거대한 시대적 흐름과 그 안에서 나타나는 작지만 중요한 신호들을 세심하게 포착하여 가장 평범하고 일상적인 언어로 그 방향을 안내하고자 한다. 《마켓 트렌드 2026》이 새로운 기회를 모색하는 마케터와 기획자 그리고 내일의 방향을 고민하는 모든 분께 믿음직한 나침반이 되어주기를 바란다.

《마켓 트렌드 2026》은 크게 두 부분으로 나뉜다. 먼저 국내 시장의 중요한 흐름과 시그널을 중심으로 국내 트렌트를 소개하고, 이어 입소스 글로벌트렌드팀이 발표한 글로벌 트렌드를 한국인의 시각에 맞춰 재구성했다.

한국 시장의 시그널과 큰 흐름을 찾아내는 과정은 다음과 같이 진행됐다.

- **1단계:** 2024년에는 IKC(Ipsos Knowledge Center)를 통해 주요 내부 자료와 외부 자료를 리뷰했다. 그러나 2025년에는 IKC의 도움을 받아 2023~2025년의 외부 자료와 입소스 팩터(Ipsos Factor)(입소스 AI 플랫폼) 내의 'Knowledge Companion'(입소스의 AI 에이전트(AI Agent)) 기능을 활용하여 입소스 내 주요 자료를 정리 분석했다. 아직 초기 기능이기는 하지만 1년 사이에 우리는 새로운 AI 서비스를 활용해 주요 자료와 데이터를 빠르게 정리할 수 있게 됐다.
- **2단계:** 2025년에는 입소스 내 주요 서비스 영역의 인원들 중 일부 자원자를 차출하여 트렌드위원회(Trend Committee)를 구성했다. 이들과 함께 정리된 내용을 리뷰하고 각각의 의견을 모으는 작업을 했다. 그와 더불어 내부 전문가들로부터 주요 흐름에 대한 산업군별 인사이트를 모았다.
- **3단계:** 2단계에서 취합된 다양한 시그널과 시장의 현상을 AI를 통해 다시 한번 정리하면서 커다란 흐름과 세부 시그널을 정리했다. 내부 트렌드위원회에서 여러 차례 회의를 하면서 대안으로 분류된 시그널을 검토하고, 2026년에 우리가 주목할 만한 내용을 최종적으로 선별했다.
- **4단계:** 주요 전문 영역의 내부 담당자들 인터뷰와 소셜 빅데이터 분석을 통해 앞서 선별한 시그널들의 세부적인 방향성을 만들었다.

또한 입소스 디지털 플랫폼을 통해 라이프 스타일과 소비자 태도에 대해 조사를 진행했다.

이런 과정을 거쳐 도출한 5개의 커다란 흐름과 그 안에서 움직이는 중요한 시그널을 각각 세 가지씩 전달하고자 한다. 간조의 시간이 언제인지는 정확하지 않다. 하지만 썰물이 마무리되면 자연스럽게 밀물의 시간이 시작된다. 그러므로 더욱 시장의 흐름과 시그널에 집중해야 한다.

2026년을 움직일 커다란 흐름과 각 시그널은 다음과 같다.

첫 번째 흐름: 확실한 것만 원하는 시대 Re:Assure

대내외 정치적·경제적 이슈로 불확실성이 지속되면서 사회를 지탱하던 가장 기본적인 암묵적 신뢰implicit trust의 시대가 막을 내리고 모든 것을 의심하고 검증하며 명시적 신뢰explicit trust를 요구하는 시대로 진입했다. 과거에는 당연하게도 농담은 농담으로, 국가는 안전을 보장해줄 것으로, 권위는 존중해야 할 것으로 여겼다. 하지만 이제는 어떤 것도 당연하지 않다. 소비자이자 시민인 우리는 이제 모든 주체에게 묻는다. "당신이 진짜임을, 당신이 안전함을, 당신이 신뢰할 만함을 어떻게 증명할 것인가?" 이런 변화에 응답할 준비를 해야 한다.

시그널 1 'NO만우절: 거짓과 가짜 뉴스에 대한 거부'에서는 '진짜'를 증명해야 하는 세상을 다룬다. 장난으로 포장된 거짓말이 누군가에게는 상처가 될 수 있다는 윤리적 민감성이 높아지고, 무엇보다 가짜 뉴스와 허위 정보가 사회의 신뢰 시스템 자체를 위협하는 심각한 문제로 대두하고 있다. 우리는 더 이상 가벼운 거짓말조차 웃어넘길 수 없게 됐다. 만우절의 실종은 역설적으로 우리 사회가 얼마나 '진짜' 와 '신뢰'에 목말라 있는지를 보여주는 가장 명확한 증거다.

시그널 2 '안전과 신뢰: 떠오르는 가치'는 안심의 경제학, 사라진 안전에 대한 이야기다. 현재의 대한민국에서 안전은 더 이상 특정일을 기리는 구호가 아니라 일상에서 가장 절실하게 갈망하는 가치가 됐다. 예측 불가능한 재난, 고도화되는 기술의 역습, 무너진 사회적 신뢰 속에서 우리는 눈에 보이지 않는 불안과 매일 싸우고 있다. 단순히 위험이 없는 상태를 넘어 불안감 없이 편안함을 느끼는 상태, 즉 안심 peace of mind을 구매하려는 거대한 욕망. 이것이 우리가 마주한 새로운 경제학이다.

시그널 3 '권위를 이기는 다정함'에서는 우리 사회가 마주한 권위의 위기를 정확히 겨냥하며 낡은 권력의 시대가 끝나고 새로운 질서가 태동하고 있음을 이야기한다. 이제 권력은 위에서 아래로 흐르는 것이 아니라 옆에서 옆으로 연결되는 관계와 신뢰에서 나옴을 이야기한다. 그 새로운 권력의 핵심에는 가장 부드럽고 인간적인 가치, '다정함kindness'이 있다.

두 번째 흐름: 근본에서 다시 시작하다 Re:Start

지난 수십 년간 계속된 밀물의 시간은 다했고 이제 썰물의 시간이다. 그리고 시장은 성장의 종말이 아닌 성장 방식의 근본적인 전환기에 들어섰다. 겉으로 드러나는 화려함, 무조건적인 속도, 경계 없는 확장을 추구하던 시대가 저물고 안으로 파고들어 가장 근본적이고 본질적인 가치에서 새로운 자부심과 성장 동력을 찾는 시대가 열렸다.

시그널 1 '오리지널리티: 근본을 찾다'에서는 본질 회귀의 시대, 모든 것의 근본을 다시 생각하고 재정비함에 대해 이야기한다. 한때 성공 공식이라고 믿었던 것들이 한순간에 부끄러운 과거가 되고, 시장을 주도적으로 이끌던 기업들조차 '우리가 정말 잘해온 것인가?'라는 근본적인 질문을 던지기 시작했다. 위기 속에서 맞이하는 '진실의 순간'이다. 모든 것이 리셋되는 지금, 바로 이 '본질'에서 새로운 가치가 시작될 것이다.

시그널 2 '필로테라피: AI 시대, 나를 찾는 인문적 처방전'에서는 AI가 일상으로 스며들고, 15초짜리 쇼트폼이 세상을 지배하는 가속의 시대에 살고 있는 우리를 돌아본다. 끊임없는 자극과 정보 과잉 속에서 깊은 피로감을 느끼게 된 사람들은 가장 근본적인 가치, 즉 '인문人文'에서 마음의 안식과 정체성을 찾기 시작한다. 이는 단순한 복고풍 취미가 아니라 혼란스러운 세상에서 '나'를 잃지 않으려는 본능적인 자기 치유 과정이다.

시그널 3 '고유함이 브랜드'에서는 글로벌 공급망이 흔들리고 국가 간의 갈등이 일상화된 시대를 짚어본다. 불안한 세상에서 맹목적인 애국주의가 아니라 우리 고유의 역사와 전통을 가장 힙한 방식으로 재해석하고 즐기는 움직임이 강해지고 있다. 이는 낡은 것을 그대로 따르는 것이 아니라 나의 역사와 전통을 현대적 감각으로 재창조하며 새로운 자부심을 만들어가는, 가장 창의적인 로컬리즘의 진화다.

세 번째 흐름: 도파민 대신 의미를 남기는 소비 Re:Balance

우리는 지금 '더 많이, 더 빨리, 더 화려하게'를 외치던 과잉의 시대era of excess가 막을 내리고, '나'라는 강력한 필터를 통해 모든 것을 걸러내는 필터링 경제filtering economy로 전환되는 변곡점에 서 있다. 과거의 소비가 사회적 관계 속에서 나를 드러내고 증명하는 확장의 개념이었다면, 현재의 소비는 외부의 소음과 불필요한 정보를 차단하고 나의 내면을 보호하는 수축과 보호의 개념으로 진화하고 있다. 이때 실용과 실속이 하나의 기준점이 된다. 양 극점 사이에서 거리감을 조절하며 나를 기준으로 밸런스를 되찾고자 하는 흐름이다.

시그널 1 '미코노미Meconomy: 나를 중심에 둔 경제'에서는 초연결의 시대에 관심의 초점이 나의 세계로 변화하고 있음을 이야기한다. 우리는 타인의 삶을 실시간으로 소비하며 살아왔다. 소셜미디어는 세상을 넓혀주었지만, 동시에 '비교'라는 피로감을 일상화했다. 이런 감각 과부하의 시대에 거대한 반작용이 시작됐다. 이는 단순히 이기적인 태도가 아니라 외부의 소음 속에서 온전한 나의 가치와 경험을 지키려는 가장 적극적인 생존 전략이다. 이제 소비는 나를 증명하는 수단이 아니라 나를 찾아가는 여정이 되고 있다.

시그널 2 '코스터마이징Costomizing: 실용 가치의 역습'에서는 플렉스flex의 종말, 가치 증명의 시대를 이야기한다. 나에 대한 선물과 나에 대한 칭찬조차 현실적이다. 이제 '나'를 과시하는 문법은 없어지고 철저히 '가치 증명'으로 이동한다. 단지 돈을 아끼는 절약과는 차원이 다른 이야기다. 이 제품이 나의 시간, 돈, 공간을 들일 만한 가치가 있는지를 스스로 증명해야만 비로소 지갑을 연다. 이것이 바로 새로운 소비의 문법, '실용적 가치주의'다.

시그널 3 '고요소비: 고요를 구매하다'는 궁극의 럭셔리, '고요함'에 대한 이야기다. 언제부터인가 우리는 조용한 순간조차 비용을 지불해야만 얻을 수 있게 됐다. 한때는 공기처럼 당연했던 고요함이 이제는 희소하고 값비싼 자원이 됐다. 현대인의 일상은 감각 과부하의 연속이다. 침묵의 경제학은 시끄러운 세상으로부터 나를 지키고 고요함 속에서 온전한 나를 찾으려는 본능적인 생존 전략이자 새로운 소비 패러다임이다.

네 번째 흐름: 진화하는 AI, 변화하는 일의 세계 Re:Volution

우리는 지금 AI를 도구로 사용하는 시대를 지나 AI가 사회의 기본 운영체제가 되는 시대로 진입하고 있다. 사회구조, 현실 인식, 경제활동 등 모든 영역에서 AI와의 관계 설정이 개인과 사회의 명운을 결정하는 핵심 변수가 되고 있다. 이 거대한 전환에서 핵심은 대체가 아닌 재편이다. AI는 인간의 지적 능력을 보조하는 것을 넘어 새로운 사회적 자본을 만들어내고 가장 기본적인 감각(시선)을 새로운 인터페이스로 바꾸고 있으며, 그럼으로써 역설적이게도 가장 원초적인 '육체'의 가치를 끌어올리고 있다. 따라서 미래 시장의 성패는 단지 AI 기술을 도입하는 것이 아니라 AI 기술로 재편되는 인간의 역할과 가치를 어떻게 새롭게 정의하고 비즈니스 기회로 연결할 것인가에 달렸다.

시그널 1 '뉴 칼라 vs. 노 칼라'에서는 AI의 급격한 발전에 따른 기존 산업의 생태계 변화와 직업의 위계 변화를 다룬다. 현재 AI는 우리의 일상과 업무 수행 방식, 나아가 사회구조의 근간을 뒤흔드는 가장 강력한 변수가 됐다. 스마트폰이 우리 삶의 운영체제를 바꿨듯, 이제 스스로 추론하고 행동하는 AI 에이전트가 효율성 향상을 넘어 가치를 창출하는 방식 자체를 재정의하고 있다. AI를 다루는 능력이 새로운 권력이자 부의 원천이 되면서 우리는 역사상 가장 거대한 사회적 재편을 마주하고 있다. 과거의 화이트칼라, 블루칼라 구분은 무의미해지고 AI와의 관계 설정에 따라 새로운 계급이 탄생하는 새로운 사회구조가 만들어질 것이다.

시그널 2 '스마트글래스가 여는 세상'은 '글래스홀 Glasshole (구글글래스+애스홀 asshole)'이라는 조롱과 함께 사회적 저항에 부딪히며 실패한 미래로 기록됐던 스마트글래스의 부활에 대한 이야기다. CES 2025의 스포트라이트를 받으며 스마트글래스가 화려하게 부활했다. 과거의 스마트글래스가 정보를 눈앞에 띄워주는 단순한 스크린이었다면, 2025년의 스마트글래스는 사용자의 시선과 맥락을 이해하고 스스로 행동하는 지능형 동반자로 진화했다. 단순히 보는 기기를 넘어 세상을 인식하고, 사용자와 상호작용하는 새로운 패러다임의 등장이다.

시그널 3 '하이퍼 블루의 역습, AI가 재편하는 노동의 가치'에서는 AI와 대척점에 있다고 생각되는 블루칼라 직업군과 1차 산업의 비즈니스들이 새로운 기술들과 함께 예상 밖의 주인공으로 등장하고 있음을 소개한다. 시장의 현실은 우리의 예상을 흥미롭게 배신하고 있다. AI가 고도화될수록 가장 아날로그적이라고 여겨졌던 '손과 몸의 가치'가 재조명받는 역설적 현상이 두드러지기 때문이다. 단순히 블루칼라의 부상이 아니라 기술과 전문성으로 무장한 '네오블루neo-blue'의 탄생이자, 가장 오래된 1차 산업이 최첨단 기술과 결합하는 '애그테크AgTech'의 귀환이다. 우리는 이 거대한 흐름을 '하이퍼 블루hyper blue'라고 명명한다. 이는 AI 시대에 기술과 육체가 만나 만들어내는 새로운 부가가치이자 노동시장의 권력이 재편되는 거대한 지각변동을 의미한다.

다섯 번째 흐름: 속도보다 깊이를 찾다 Re:Vitalization

효율과 통제를 최우선으로 여기던 인위적 최적화의 시대가 저물고, 그 피로감에 대한 반작용으로 자연적 생명력을 갈망하는 시대로 넘어가고 있다. 과거의 패러다임은 노화에 저항하고, 계절과 상관없이 원하는 것을 얻으며, 모든 것을 계획하고 통제하는 것이었다. 그러나 새로운 패러다임에서는 노화의 과정을 현명하게 관리하고, 오직 그 계절에만 허락된 것을 즐기며, 의도적으로 예측 불가능한 상황에 자신을 던져 살아 있음의 감각을 되찾으려 한다. 수동적인 현실 도피가 아니라 삶의 주도권을 되찾아 진정한 활력을 느끼기 위한 가장 적극적인 선택이다.

시그널 1 '나오미 시대: 나이보다 나다움이 중요한 사람들'에서는 장수 시대의 새로운 역설, '얼마나'가 아니라 '어떻게' 살 것인가에 대해 이야기한다. 세계보건기구WHO가 정의하듯, 건강은 단순히 질병이 없는 상태가 아닌 '신체적·정신적·사회적으로 안녕한 상태'다. 이런 상황에서 '건강'의 패러다임이 송두리째 바뀌고 있다. 노화는 더 이상 싸워야 할 적anti-aging이 아니라 현명하게 관리slow-aging해야 할 과정이 됐고, 건강은 신체를 넘어 마음의 영역으로 확장되고 있다. 이제 건강은 특정 세대의 관심사가 아니라 전 세대를 관통하는 가장 중요한 삶의 기술이자 새로운 시대의 '청춘'을 정의하는 기준이 되고 있다.

시그널 2 '제철코어: 계절의 낭만을 소비하다'에서는 언제든 무엇이든 원하면 얻을 수 있는 '온디맨드on-demand'의 시대에 Z세대는 오히려 가장 아날로그적이고 한정적인 가치, 바로 '제철'에 열광하고 있음을 이야기한다. 기후변화로 계절의 경계가 흐릿해지고 디지털 세상이 우리의 감각을 획일화할수록 오직 그 계절에만 허락된 경험의 가치는 더욱 귀해진다. '제철코어seasonal-core'는 이런 배경에서 잃어버린 계절감을 되찾고, 예측 불가능한 자연의 리듬 속에서 힙과 진정성을 발견하려는 Z세대의 창의적인 응답이다.

시그널 3 '세렌디피티: 예측할 수 없는 즐거움에 빠지다'에서는 스트레스가 만연한 시대에 소비자들은 예측 가능한 일상의 지루함과 통제된 삶의 압박감에서 벗어나기 위해 예상치 못한 즐거움을 선택하고 있음을 이야기한다. 의도적으로 '예측 불가능성'을 탐색하고, 그 안에서 예상치 못한 즐거움을 발견하려는 움직임, 즉 '세렌디피티 시킹serendipity-seeking'의 부상이다. 단순히 우연을 기다리는 수동적 태도가 아니라 '뜻밖의 기쁨'을 찾아 적극적으로 소비하고 경험하려는 새로운 라이프 스타일이다.

2026년, 이제 우리는 거품이 걷힌 세상의 민낯과 마주한다. 성장의 신화는 낡은 서재의 먼지 쌓인 책이 됐고 속도의 미덕은 피로감이라는 이름으로 돌아왔다. 그 빈자리로 AI라는 가장 차가운 기술의 파도가 밀려온다.

더 이상 남들이 무엇을 가졌는지 좇지 않는다. 그 대신 이 제품의 본질은 무엇인지, 이 정보는 진짜인지, 이 브랜드는 믿을 수 있는지를 집요하게 파고든다. 화려한 로고가 새겨진 가방보다 내 손때 묻은 물건의 단단함을, 검증되지 않은 인플루언서의 추천보다 데이터로 증명된 실용적 가치를 더 신뢰한다.

AI와 친숙하게 대화를 나눌수록 우리는 오히려 어눌하지만 진심이 담긴 사람의 목소리를 그리워한다. 알고리즘이 완벽한 취향을 추천할수록 우리는 흙냄새 나는 제철의 맛과 서툰 손으로 만든 투박한 공예품에서 위안을 얻는다. 권위의 왕좌는 비었고, 그 자리에는 '다정함'이라는 가장 부드러운 권력이 들어서고 있다.

과잉 연결의 소음 속에서 우리는 필사적으로 나만의 세계를 지킨다. 고요함을 구매하고, 안심을 소비한다. 기술이 인간을 대체하는 것이 아니라 오히려 진짜 인간다움의 가치를 역설적으로 증명하는 시대. 가장 차가운 이성이 가장 뜨거운 감성의 소중함을 일깨워주는 시대. 2026년, 우리는 어쩌면 가장 혼란스럽고 가장 이질적인 두 세계의 경계에 서 있다. 한쪽 발은 가장 지능적인 기술의 세계를, 다른 한쪽 발은 가장 근본적인 인간성의 세계를 딛고 서서 필사적으로 균형을 잡으려 애쓰고 있다. 거품이 꺼지는 세상은 불안해 보이지만, 바로 그 때문에 우리는 비로소 진짜를 볼 수 있게 된다.

차례

《입소스 마켓 트렌드 2025》를 돌아보며   004
《마켓 트렌드 2026》을 시작하며   016

PART 1. 리어슈어 Re:Assure: 확실한 것만 원하는 시대

SIGNAL 1. NO만우절: 거짓과 가짜 뉴스에 대한 거부   039
            마켓 리서처의 시각   053
SIGNAL 2. 안전과 신뢰: 떠오르는 가치   056
            마켓 리서처의 시각   066
SIGNAL 3. 권위를 이기는 다정함   068
            마켓 리서처의 시각   075

PART 2. 리스타트 Re:Start: 근본에서 다시 시작하다

SIGNAL 1. 오리지널리티: 근본을 찾다 … 082
마켓 리서처의 시각 … 095
SIGNAL 2. 필로테라피: AI 시대, 나를 찾는 인문적 처방전 … 098
마켓 리서처의 시각 … 112
SIGNAL 3. 고유함이 브랜드: 트렌드와 전통의 만남 … 114
마켓 리서처의 시각 … 130

PART 3. 리밸런스 Re:Balance: 도파민 대신 의미를 남기는 소비

SIGNAL 1. 미코노미: 나를 중심에 둔 경제 … 139
마켓 리서처의 시각 … 150
SIGNAL 2. 코스터마이징: 실용 가치의 역습 … 153
마켓 리서처의 시각 … 171
SIGNAL 3. 고요소비: 고요를 구매하다 … 175
마켓 리서처의 시각 … 185

PART 4. 레볼루션 Re:Volution: 진화하는 AI, 변화하는 일의 세계

- **SIGNAL 1.** 뉴 칼라 vs. 노 칼라 — 194
  - 마켓 리서처의 시각 — 210
- **SIGNAL 2.** 스마트글래스가 여는 세상 — 213
  - 마켓 리서처의 시각 — 232
- **SIGNAL 3.** 하이퍼 블루의 역습, AI가 재편하는 노동의 가치 — 235
  - 마켓 리서처의 시각 — 245

PART 5. 리바이탈라이제이션 Re:Vitalization: 속도보다 깊이를 찾다

- **SIGNAL 1.** 나오미 시대: 나이보다 나다움이 중요한 사람들 — 252
  - 마켓 리서처의 시각 — 272
- **SIGNAL 2.** 제철코어: 계절의 낭만을 소비하다 — 275
  - 마켓 리서처의 시각 — 282
- **SIGNAL 3.** 세렌디피티: 예측할 수 없는 즐거움에 빠지다 — 284
  - 마켓 리서처의 시각 — 297

부록 | 2026 글로벌 트렌드 리포트

불안한 10년: 사회, 기술, 그리고 글로벌 경제의 재편	300
Trend 1. 세계화의 균열 Globalization Fractures	305
Trend 2. 분열된 사회의 가속화 Splintered Societies	309
Trend 3. 새로운 기후 공감대 Climate Convergence	312
Trend 4. 기술의 경이로움과 우려의 공존 Technowonder	316
Trend 5. 통합적 건강관리 Conscientious Health	320
Trend 6. 과거에 대한 향수 Retreat to Old Systems	324
Trend 7. 현실주의 부상 Nouveau Nihilism	328
Trend 8. 더욱 중요해진 신뢰 The Power of Trust	331
Trend 9. 개인주의 세분화 Escape to Individualism	335
감사의 글	339
도와주신 분들	342
참고 자료	344

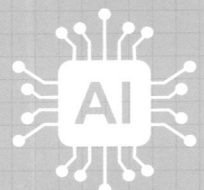

PART 1.

리어슈어 Re:Assure

확실한 것만 원하는 시대

우리는 하루에도 수십 건의 메일을 주고받는다. 메일에서 일반적으로 영문은 'Dear', 'Hello'와 더불어 'Good morning', 'Good day'로 시작한다. 그런데 한글 메일의 첫머리는 항상 "안녕하세요?"다. 처음 만나는 사람뿐만 아니라 잘 알고 지내는 사람에게도 마찬가지다. 너무 일상적이어서 별생각 없이 써온 인사말인데, 이상하게도 2025년 들어서는 자꾸 감정이입이 된다. '정말 잘 지내고 있나?', '별일은 없나?' 의례적인 말인데도 밤사이 편안히 주무셨느냐, 그간 별고 없으셨느냐 하는 본래 뜻에 무게중심이 조금 더 실린다.

2025년은 어느 해보다 경제적 불확실성이 극심해져 정부, 기업, 소비자 모두가 마음 편한 날을 보내지 못해서인지도 모른다. 세계는 정치적 양극화가 심각한 지경에 이르렀으며, 그 때문에 국가 간뿐만 아니라 개인 간 신뢰가 약화되고 있다. 특히 한·미 동맹이 위협받는 가운데 한국이 '민감 국가'로 지정돼 불안이 가중됐다. 경제적으로 불확실한 미래와 인플레이션 탓에 가계 부담이 증가하고 소비 양극화가 심화되고 있으며, 기후변화의 장기적 영향과 파괴적 기술 혁신의 빠른 속도를 고려할 때 우리는 사상 유례 없는 불확실성에 직면해 있다.

이런 격동의 시기일수록 경제적 성과에 대한 불신, 기관에 대한 의구심, 정보의 신뢰성 문제 등이 만연하기 마련이다. 글로벌 컨설팅사 에델만Edelman이 발표한 〈2025년 신뢰도 지표 조사2025 Edelman Trust Barometer〉에 따르면, 한국은 조사 대상 28개국 중 27위를 기록해 불신이 상당히 깊은 것으로 드러났다. 에델만 측은 "경제적 공포가 불만으로 전이돼 응답자

자료: 에델만, 〈2025년 신뢰도 지표 조사〉

10명 중 6명이 불만을 느끼고 있다"라고 강조했다. 상황이 개선되리라는 희망이 부족한 데다 사회적 분열, 리더에 대한 신뢰 부족, 정보 출처에 대한 불신이 주된 원인으로 보이며 전반적인 비관론이 확산되고 있는 것으로 나타났다. 특히 정부 38%(-3%p), 기업 43%(-2%p), 미디어 38%(+1%p), NGO 46%(-3%p) 등 주요 기관의 신뢰도가 50% 이하로 평가됐다(괄호 안은 2024년 대비 2025년 변화 폭). 더욱이 응답자의 46%가 변화를 위한 수단으로 온라인 공격(30%), 허위 정보 확산(32%), 폭력 행사(25%), 공공 및 사유재산 훼손(29%)을 정당화하는 것으로 나타나 더욱 우려스러운 상황이다.

지속적인 불확실성과 불안은 주요 기관과 인물에 대한 신뢰도를 떨어뜨리고, 그 여파가 사회 전반으로 확산되고 있다. 독일 뇌신경학자이자 정신과 전문의 볼커 부슈Volker Busch 박사가 저서 《걱정 해방: 불안 과잉 시대, 마음의 면역력을 키우는 멘탈 수업》에서 소개한 유니버시티 칼리지 런던의 한 실험을 주목할 만하다. 실험에서 참가자들은 불쾌한 전기 충격을 받았는데, 언제 전기 충격이 가해질지를 예고받은 그룹은 충격이 강해도 비교적 침착하게 반응했다. 반면, 시점을 예고받지 못한 그룹은 극심한 스트레스를 겪었다. 일어날 일이 불확실할수록 스트레스가 커진다는 사실을 방증한 실험이다.

최근 대내외적인 불확실성 중에서 가장 두드러지는 부분은 가짜 뉴스를 비롯한 피싱이나 딥페이크 같은 정보 및 메시지에 대한 불확실성 그리고 산업재해, 자연재해, 일상생활의 각종 사고 등 다양한 안전 문제들이다. 이런 측면에서 전반적인 신뢰를 만들어가는 가장 중요한 키워드로 안전이 부상하고 있으며, 그 기본적 토대에서 심리적 안심을 끌어내는 것이 중대한 전략으로 꼽히고 있다.

이 파트에서는 현재 우리 사회에서 지속적으로 발생하고 있는 다양한 가짜 뉴스와 피싱 문자 그리고 AI를 활용한 다양한 페이크 영상 등으로 야기된 불신을 어떻게 관리하고, 신뢰와 안전을 어떤 방식으로 강화할 수 있을지를 살펴본다. 이런 목표를 실현하기 위해 어떤 접근 방식이 필요한지를 함께 모색하면서 현대 사회가 진정으로 필요로 하는 리더십의 정체와 이를 구현하기 위한 실질적인 방안을 탐구할 것이다. 아울러 기업 브랜드와 고객 간의 변화하는 관계에 주목하여 양자 간에 진정한 소통이란 무엇인지를 살펴보고자 한다.

SIGNAL 1.
NO만우절:
거짓과 가짜 뉴스에 대한 거부

4월 1일 만우절, 가벼운 장난이나 허황된 이야기로 즐거움을 나누던 그날이 점차 존재감을 잃어가고 있다. 과거에는 세계적으로 수많은 신문이 만우절 특집 기사를 실었고 화제성도 대단했지만, 지금은 한때의 추억으로 느껴질 정도다. 오늘날 사람들은 프라이버시 문제에 극도로 민감하다. '장난'으로 포장된 행위가 누군가에게는 명백한 모욕으로 여겨질 수 있고, 학교나 직장에서는 괴롭힘으로 이어질 가능성도 커졌다. 그래서 특히 교육기관과 기업에서는 만우절을 경계하는 분위기다.

이 같은 사회적 흐름은 만우절을 둘러싼 인식의 변화를 보여준다. 과거에 만우절이 단순히 '장난치는 날'로만 인식된 것은 아니다. 권위에 대한 유쾌한 반란이자 위트 있게 틀을 벗어나는 해방구라는 상징을 지니고 있었다. 그러나 현대 사회가 사실 확인과 투명성을 중시하는 방향으로 변화하면서 지금은 유희보다 윤리적 책임이 더 부각된다. 정부, 언론, 기업 모두 신뢰를 가장 중요한 가치로 여기기에 '농담이 허용되는' 그 하루조차 진지함에 묻힌다.

1990년대 초 모 방송사 TV 쇼를 통해 몰래카메라(몰카)라는 말이 등장한 후 TV 프로그램이나 온라인 콘텐츠에서 웃음을 유발하는 인기 콘텐츠로 흔히 사용됐다. 상황을 설정해놓고 당사자만 모르게 촬영했을 때 그 사람의 인간적인 면모를 가감 없이 볼 수 있다는 즐거움과 '누군가를 속이는 순간'이 주는 짜릿함이 더해져 폭발적 반응을 일으켰다. 그러나 1인 미디어 시대가 열리면서 주변 사람들의 몰카를 방송하는 이들이 급증했고, 애초 의도와는 다른 형태로 흘러가기도 했다. 재미로 키득거리는 사이 몰카는 우리의 일상이 돼 누군가의 사적 공간을 침범하기 시작했다. 그러면서 몰카는 가볍고 소소한 재미를 넘어 무겁고 불쾌한 의심의 영역으로 들어가 버렸다.

가짜 뉴스의 실태와 위험성

2024년 배우 신애라 씨는 자신이 체포됐다는 딥페이크를 이용한 가짜 뉴스와 심지어 사망했다는 가짜 뉴스까지 떠돌아 큰 피해를 봤다. 신애라 씨는 지인이 울며 전화를 했다고 하면서 인스타그램에 불쾌감을 드러내기도 했다. 이런 가짜 뉴스를 만든 이들에 대한 법적 대응이 이루어지는데도 유사한 행태는 여전히 반복되고 있다. 사망설, 이혼설, 결혼설 등 연예인을 대상으로 한 가짜 뉴스는 이제 정치, 경제, 사회 모든 곳으로 영역을 넓혀가고 있다.

뉴스 미디어의 형식을 모방하지만 불순한 의도가 담겼거나 내용이 왜곡된 허위 정보, 즉 가짜 뉴스는 민주주의, 공중보건, 사회적 결속에 깊은 영향을 미치는 글로벌 문제로 떠오르고 있다. 코로나19 팬데믹 기간에 잘못된 정보가 공중보건 노력에 심각한 영향을 미쳐 백신 접종을 방해하는 바람에 사망자 수가 급증한 사례는 전 세계인이 생생하게 겪은 일이다. 일부 국가에서는 백신의 대안으로 제시된 하이드록시클로로퀸 등 입증되지 않은 치료법 탓에 약물 부족과 중독 사례가 보고되기도 했다. 높은 농도의 알코올이 바이러스를 죽일 수 있다는 민간요법이 널리 퍼진 이란 등지에서는 메탄올 중독으로 인한 사망 사례가 발생했다. 다른 한편으로는 마스크 착용이나 예방 접종과 같은, 과학적으로 입증된 건강 조치를 반대하는 회의주의가 만연했다. 이는 책임 당국의 효과적인 개입을 지연시키고 의료 시스템에 부담을 가함으로써 바이러스가 더 빠른 속도로 널리 확산되게 했다.

이런 가짜 뉴스와 정보는 정치적·사회적 영향 외에도 뉴스 정보에 대한 신뢰 저하로 이어진다. 더 나아가 기업의 평판과 소비자의 인식에 영향을 미치면서 비즈니스와 브랜드에도 위험을 제기한다.

전통적인 미디어 채널에서 디지털 플랫폼으로의 전환은 가짜 뉴스와의 싸움을 더욱 복잡하게 만들었으며, AI 생성 콘텐츠의 증가와 결합된 디지털 미디어의 잘못된 정보가 쏟아져 나오면서 실제 뉴스와 가짜 뉴스를 구별하기 어려워졌다. 잘못된 정보는 단순히 거짓말을 퍼뜨리는 것을 넘어 종종 진실을 왜곡하거나 편향된 측면을 과장하는 방식으로 미세하게 여론을 형성한다. 이는 기존의 편견을 강화하고 제도에 대한 신뢰를 떨어뜨리며 사회적 의사결정에 영향을 미침으로써 장기적으로 심각한 결과를 초래할 수 있다.

미국 여론조사 업체 퓨 리서치 센터Pew Research Center가 35개국을 대상으로 한 '2024 글로벌 의식 조사2024 Global Attitudes Survey'에 따르면, 한국인은 73%가 허위 정보 확산을 심각한 사회문제로 인식하고 있다. 이는 미국(51%), 심지어 전 세계 평균(35%)보다 높은 수치다.

특히 한국에서는 정치 관련 허위 정보를 가장 빈번하게 접하는 것으로 조사됐으며, 이는 정치적 이슈에 대한 높은 관심이 반영된 결과다. 여기에 유튜브의 역할이 중요한데, 2024년 한국에서 유튜브를 통해 뉴스를 소비하는 비율은 전 세계 평균을 크게 웃돌았으며 2017년 28%에서 2024년 51%로 꾸준히 증가했다.

상황이 이런 터라 참여와 개방성을 내세워 소통의 장을 제공하고자 한 애초 의도와 달리 유튜브가 가짜 뉴스의 산실이 되고 정치 양극화와 사회 갈등의 온상으로 변질되고 있다는 지적이 제기된다. 특히 유튜브의 알고리즘이 이용자들의 확증 편향을 강화하는데, 전문가들은 유튜브가 가짜 뉴스의 근원지가 되지 않도록 규제를 강화해야 한다고 주장한다.

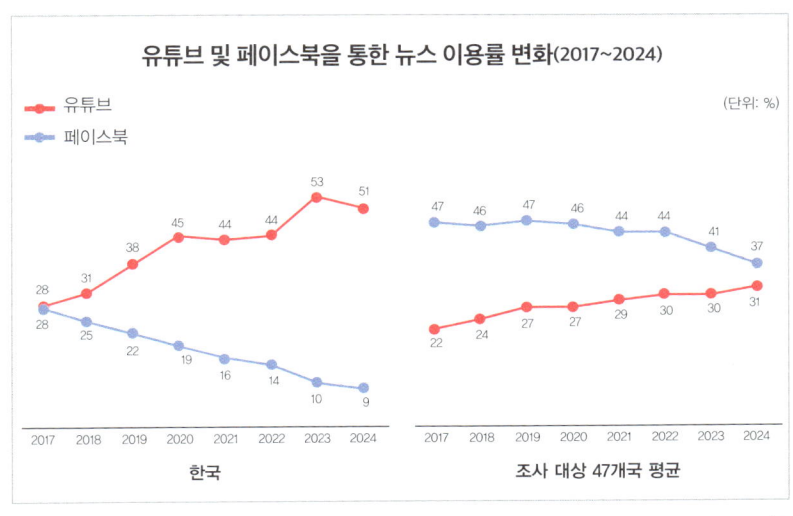

자료: 〈디지털 뉴스 리포트 2024〉 한국

음모론적 믿음과 편견을 기반으로 한 가짜 뉴스의 유혹

입소스에서 2025년 4월 10일 홈페이지에 게재한 "잘못된 정보 해독: 우리가 가짜 뉴스에 빠지는 이유Decoding Misinformation: Why we fall for fake news" 자료의 연구 결과는 음모론을 강하게 믿는 사람일수록 진리를 분별하는 능력이 약하다는 것을 이야기한다. 음모론적 믿음은 확증 편향, 즉 자신의 기존 견해와 일치하는 정보를 더 강하게 신뢰하는 인지적 경향과 연관돼 있다. 이런 경향은 특정 유형의 뉴스 콘텐츠를 비판적으로 평가하는 능력을 떨어뜨린다.

이는 '눈덩이 효과'를 만들 수 있다는 점에서 더욱 우려스럽다. 초기 음모론적 믿음은 잘못된 정보를 더 수월히 받아들이게 하며 시간이 지남에 따라 고립적 사고 증가, 주류 출처에 대한 불신 강화, 음모성 콘텐츠 노출 증가와 같은 지속적인 연쇄 작용을 일으켜 음모론적 믿음을 가속화하고 강화하여 되돌리기 어렵게 한다.

지난 10년간 입소스는 '인식의 오류Perils of Perception' 연구를 통해 다양한 문제에 대한 사람들의 인식과 실제 상황 사이의 격차를 연구해 왔다. 대중의 잘못된 인식은 전 세계 대부분 국가에 광범위하게 퍼져 있는데 사회적 이슈나 건강 이슈, 개인과 가족의 문제, 심지어 테러의 위험성, 기후변화의 영향 등 주제는 다양하다. 특히 사람들은 자신이 걱정하는 문제의 규모를 과대평가하는 경향이 있다. 예를 들어 경제 불평등이나 자국 내 이민자의 비율 등에 대한 인식에서도 그 점을 확인할 수 있다.

사람들에게는 기존의 믿음과 일치하는 방식으로 정보를 해석하고 공유하려는 경향이 있기에 편견은 잘못된 정보 때문에 발생하는 여러 가지 어려움을 더욱 증폭한다. 소비자들의 잘못된 인식은 기대 불일치를 초래할 수 있으며, 인식과 현실 사이의 격차는 본인이 의도했든 아니든 대중의 신뢰에 부정적인 영향을 지속적으로 전달하는 상황을 만들 수 있다. 이는 일반적으로 정부, 기업, 전문가, 심지어 선거의 신뢰성에도 영향을 미친다.

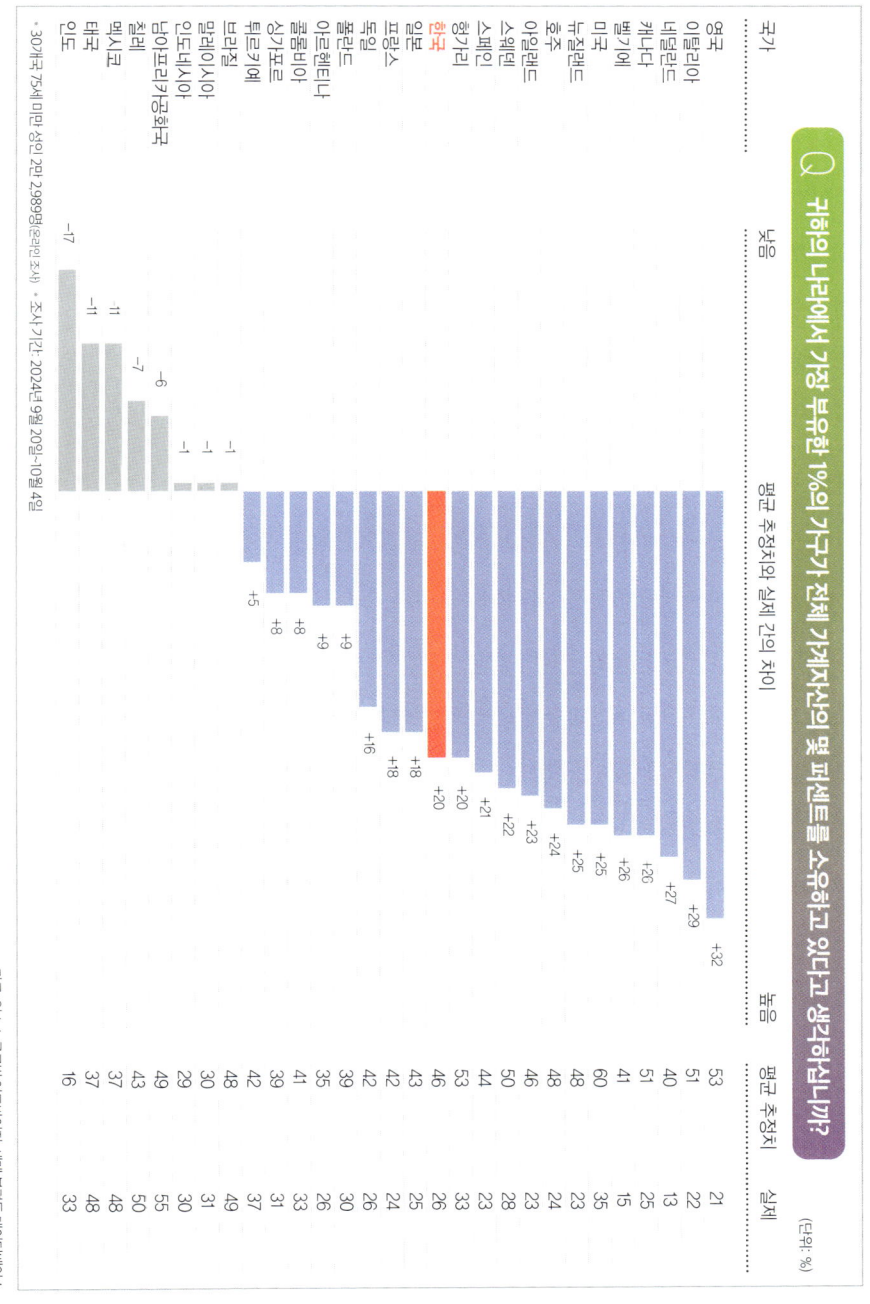

PART 1. 리어슈어(Re:Assure): 확실한 것만 원하는 시대   045

진화를 거듭하며 점점 더 정교해지는
피싱과 딥페이크

호모사피엔스가 네안데르탈인과의 경쟁에서 이기고 살아남은 가장 중요한 이유가 허구를 창조하고 '거짓과 사기'로 상대방을 속이는 능력이었다고 하니, 우리에게는 누군가를 속이는 것을 즐기는 유전자가 내재해 있나 싶다. 인간은 진실보다 거짓말을 더 쉽게 믿는 경향이 있는데, 《군주론》의 저자 마키아벨리는 이런 본성을 간파했다. 그는 사람들이 필요에 따라 단순하고 순응적으로 행동하기 때문에 속이는 사람은 언제나 속아 넘어갈 사람을 찾을 수 있다고 봤다.

오늘날 스마트폰과 같은 디지털 기기를 통해 일어나는 사이버 범죄는 마키아벨리의 통찰을 떠올리게 한다. 대표적인 예가 피싱이다. 보이스피싱과 스미싱(SMS를 통한 피싱)은 특히 경계해야 할 비대면 사기 수법이다. 이런 사기 수법이 기승을 부리며 점차 교묘해지고 있다. 예를 들어 스미싱은 신뢰할 수 있는 사람이나 기업인 척하며 개인정보를 요구하거나 휴대전화 결제를 유도한다.

'입소스 소비자 인식 조사 2025'에 따르면 전체 응답자의 77%가 보이스피싱 또는 스미싱 문자 등을 접해본 경험이 있는 것으로 나타났으며, 연령별로 큰 차이가 없었다. 대다수의 국민이 이미 피싱과 스미싱에 노출됐다는 점에서 좀 더 심각하게 바라봐야 한다.

스미싱 문구들은 주로 사용자의 불안감을 자극하고 긴급함을 느껴 행동하게 한다. 예를 들어 '계정이 해킹됐습니다'라거나 '보안 인증을

Q	보이스피싱 전화나 스미싱 관련 메시지를 한 번이라도 받아본 적이 있으십니까?						
		전체	20대	30대	40대	50대	60대
예(%)		77	80	76	73	78	75

자료: 입소스 소비자 인식 조사 2025

완료하십시오'라는 경고 메시지를 보내 링크를 클릭하도록 유도하는 식이다.

금융기관 사칭 스미싱은 승인되지 않은 거래가 발생했다거나 환급금을 확인하라는 식으로 메시지를 구성해 금융기관에서 보낸 것처럼 가장한다. 메시지를 클릭하면 피싱 사이트나 전화번호로 링크되도록 설계돼 있다. 기업이나 광고를 사칭할 때는 '무료 쿠폰 도착'이나 '이벤트 당첨' 같은 문구를 사용해서 프로모션 메시지처럼 보이게 한다. 또한 스미싱 유포자는 사회적 관심이 집중되는 트렌드를 반영한다. 입시 시즌에는 '대학 합격 통보' 같은 문구를 사용하고, 인기 있는 드라마에 편승해 일테면 〈오징어 게임〉 시리즈 등의 콘텐츠를 활용하기도 한다. 또한 '건강검진 결과 통보'와 같은 문구로 이용자를 유인하려는 움직임도 식별됐다. 2025년 7월 정부가 민생지원 소비쿠폰을 발행하여 소비를 활성화하고자 노력을 기울이던 시기에는 사용 조건 설명 등을 내건 스미싱 메시지가 범람해 혼란을 가중시키기도 했다.

한편 딥페이크 기술의 발전이 새로운 위협으로 떠오르고 있다. '딥러닝deep-learning'과 '페이크fake'의 합성어인 딥페이크는 AI를 활용해 특정 인물의 얼굴, 목소리, 행동 등을 조작하여 실제처럼 보이게 하는 것을 말한다. 원래는 영화나 광고 등을 제작할 때 사용됐으나 현재는 사기, 디지털 성범죄, 금융 사기 등의 수단으로 악용되고 있다. 특히 딥보이스(음성 합성) 기술이 보이스피싱에 결합되면서 실제 영상이나 전화에서도 상대방의 진위를 분간하기 어려울 정도가 됐다.

딥페이크 범죄는 이미 실질적인 피해로 나타나고 있다. 국내에서는 한 유명 여성 연예인의 얼굴이 음란물에 사용돼 사회적 충격을 안겼다. 유럽의 대형 제조 업체에서는 딥페이크 영상 통화를 통해 CEO의 외모와 목소리를 모방하여 수십억 원을 사취하는 사건도 발생했다. 이는 딥페이크가 단순한 이미지 조작에 그치지 않고 경제와 기업 보안을 위협할 수 있는 강력한 수단임을 시사한다.

AI를 악용하는 범죄는 더욱 정교해지고 있으며, 딥페이크와 딥보이스 기술은 범행 대상자의 목소리나 얼굴 등을 몇 초만 학습하고도 제작할 수 있는 수준에 이르렀다. 정치인이나 연예인뿐만 아니라 일반인들도 딥보이스 범죄의 타깃이 될 수 있으며, 전화 통화만으로도 목소리가 녹음되어 악용될 위험이 있다. 보이스피싱은 널리 알려져 피해가 예전보다는 줄어드는 추세지만, 딥보이스 기술의 발전으로 가족이나 지인의 목소리를 흉내 내어 저지르는 범죄가 증가하고 있다.

또한 텔레그램이나 구직 사이트 등을 통한 허위 고소득 채용 광고에 속아 조직 범죄에 연루되는 사례도 늘고 있다. 2025년 상반기에 보도된 캄보디아 취업 사기가 대표적이다. 피해자들은 '특별한 기술 없이도 월 수백만 원을 벌 수 있다'는 광고에 속아 입국했다가 여권을 빼앗기고 연락까지 차단된 채 불법 활동에 강제로 투입됐다. 이런 현상은 국내의 계속되는 취업난과 해외 취업 선호 경향, 소셜미디어를 통해 검증되지 않은 구인 공고가 늘어난 영향으로 분석된다. 무엇이 진실이고 무엇이 거짓인지 구별하기가 점점 어려워지는 세상으로 가고 있다.

가짜 뉴스에 대한 기술적 대응

가짜 뉴스의 확산이 사회적 문제로 대두됨에 따라 이를 방지하려는 기술적 대응이 활발히 이루어지고 있다. 가장 주목받는 방법이 AI를 이용해 뉴스의 진위를 판별하려는 시도다.

대표적으로는 미국의 비영리단체 뉴스가드NewsGuard에서 제공하는 서비스가 있다. 저널리즘 전문가와 AI가 협력하여 각 뉴스 사이트의 신뢰성을 평가하고 신뢰 등급을 부여하는 서비스다. 사용자는 브라우저 확장 프로그램을 통해 기사별 신뢰도를 직관적으로 확인할 수 있다. 또한 구글이 운영하는 팩트체크 익스플로러FactCheck Explorer는 주요 팩트체크 기관의 검증 결과를 모아 제공하여 사용자가 특정 정보의 진위를 빠르게 검증할 수 있도록 돕는다. 텍스트의 비문맥성, 감정 과잉, 출처 불명확성 등을 분석해 가짜 뉴스 가능성을 평가하는 GPT제로GPTZero 같은 AI 기술도 속속 등장하고 있다. 국내에서도 한국과학기술원KAIST 연구팀을 중심으로 소셜미디어 기반 뉴스의 진위를 분석하는 AI 모델 개발이 활발히 진행 중이다.

그러나 AI 기술이 모든 가짜 뉴스를 완벽하게 걸러낼 수 있는 것은 아니다. 고도로 조작된 콘텐츠나 정치적·사회적 맥락에 따라 해석이 달라질 수 있는 이슈에 대해서는 AI조차 정확한 판단을 내리기 어렵다. 진위 판단의 기준 자체가 문화적·정치적 환경에 따라 달라질 수 있다는 점은 여전히 과제로 남아 있다.

미디어 리터러시 필요

결국 가짜 뉴스에 대응하기 위해서는 AI 기술의 발전과 함께 시민 개개인이 미디어 리터러시media literacy를 갖춰야 한다. 즉 가짜 뉴스와 같은 무분별한 정보가 넘쳐나는 환경에서 신뢰할 만한 정보를 골라낼 줄 알고, 이를 비판적으로 이해하고 분석하며, 더 나아가 효율적으로 활용해 창조적인 콘텐츠를 생산해내는 능력이 필요하다. 이 모든 활동에 책임감을 가지고 참여하는 자세를 갖춰야 한다.

앞서 언급한 입소스의 "잘못된 정보 해독: 우리가 가짜 뉴스에 빠지는 이유" 연구 결과에서는 뉴스 콘텐츠에 대한 감정적 반응이 진실 판단에 중요한 역할을 한다고 강조한다. 특히 개인이 헤드라인을 보고 긍정적인 감정을 느끼면 이를 진실로 판단할 가능성이 크고, 반대로 부정적인 감정적 반응은 더 비판적인 평가를 촉진하여 진실 편향의 가능성을 줄이는 것으로 나타났다. 따라서 잘못된 정보와 싸우기 위해서는 초기 감정적 반응과 상관없이 콘텐츠를 비판적으로 평가할 수 있는 시각이 필요하다. 특히 감정적으로 격앙되는 자료에 대해 신중한 참여와 감정적 분리를 촉진하는 것이 비판적인 미디어 소비 습관을 배양하는 데 중요한 태도다.

입소스 연구에 따르면 소비한 뉴스의 양(많이 또는 적게)은 실제 뉴스와 가짜 뉴스를 구분하는 능력과 관련이 없었다. 이는 정보에 노출되는 것만으로는 진실 판단 능력을 향상시키기에 충분하지 않음을 시사한다. 재미있는 점은 이런 능력에 영향을 미치는 주요 요인은 정보 출처에 대한 신뢰였다는 것이다. 즉 웹사이트나 소셜미디어 플랫폼과 같은 온라인 미디어 소스에 대한 신뢰가 높은 사람들은 실제 뉴스와 가짜 뉴스 헤드라인을 구분하는 정확도가 낮았고, 반대로 신문·TV·라디오와 같은 전통적 미디어에 대한 신뢰가 높은 사람들은 사실과 허구를 구분하는 정확도가 높았다.

입소스의 '인식의 오류 2024' 조사 결과에서도 30개국 평균 45%의 사람들이 주요 사회 현실에 대해 잘못 인식하는 가장 큰 이유가 소셜미디어의 오도라고 응답했다. 소셜미디어상에서 더 많은 시간을 보낼수록 음모론을 믿을 가능성이 더 커지고, 엘리트·과학자·선거에 대한 신뢰는 떨어질 가능성이 커진다는 뜻이다.

더 높은 미디어 리터러시를 갖춘 사람들, 즉 출처를 적극적으로 질문하고 정보를 교차 확인하며, 미디어 편향을 인식하는 사람들은 더 엄격한 기준을 적용하는 전통적 미디어를 신뢰하는 경향이 있는 것으로 나타났다. 진실 판단 능력은 단순히 얼마나 많은 뉴스를 소비하느냐가 아니라 해당 뉴스를 얼마나 비판적으로 접하느냐에 달렸다. 검

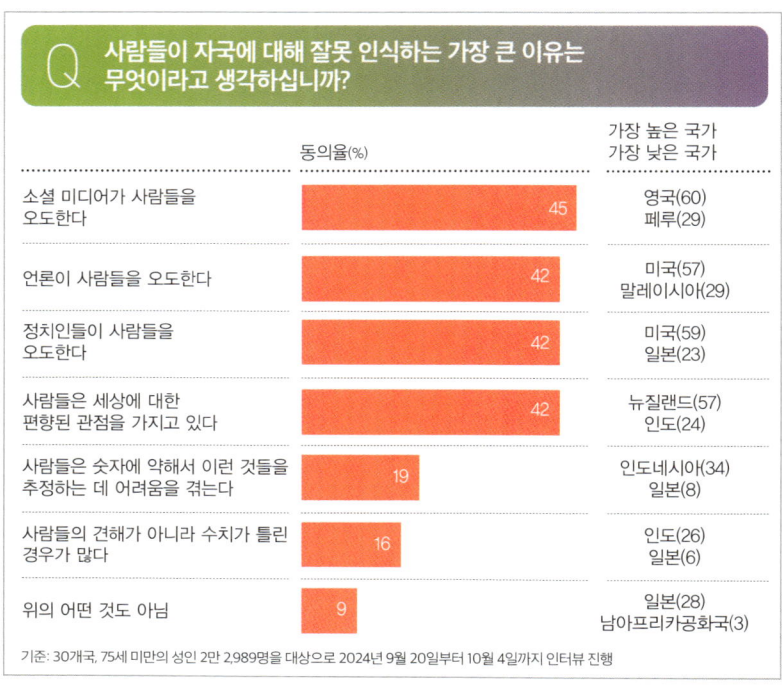

증되지 않은 출처의 정보를 무턱대고 받아들일 것이 아니라, 교차 확인 습관을 기르고, 미디어 편향에 대한 인식을 높이는 것이 오늘날의 복잡한 정보 환경을 헤쳐나가는 데 도움이 될 것이다.

마켓 리서처의 시각

만우절이 사라진 시대, '가짜'에 대한 사회적 피로감이 극에 달했다. 이 불신의 시대에 소비자들은 어느 때보다 '진정성authenticity'에 목말라 있다. 이는 브랜드와 기업에 위기이자 거대한 기회다. 이제 마케팅의 역할은 제품을 포장하고 홍보하는 것을 넘어 브랜드의 '진짜'를 증명하는 것이 되어야 한다. 투명한 정보 공개, 일관성 있는 행동, 진정성 있는 소통을 통해 고객과의 신뢰를 구축하는 것이 가장 강력한 마케팅 전략이다.

정보의 홍수 시대, 엄청난 양의 정보를 매번 검증하기란 여간 어려운 일이 아니며 인터넷상에 떠도는 정보 중에는 잘못된 내용도 많다. 콘텐츠의 주체와 출처를 확인하기 어려운 경우가 많은데, 최근에는 특정 부분만 뽑아내 유통하는 '밈' 문화가 정보 왜곡을 가중시키고 있다. 또한 딥페이크와 AI 기술의 발전은 가짜 정보를 더욱 정교하게 만들어 현실과 구분하기 어렵게 한다.

사용자가 정보를 검증하지 않고 공유하는 태도 역시 문제다. 소셜미디어의 발달로 정보 확산 속도가 빨라졌는데, 나중에 사실이 아닌 것으로 밝혀지더라도 이미 널리 퍼진 정보는 교정하기가 쉽지 않다. 더욱이 조회수와 연계돼 광고 수익이 발생하는 미디어 구조가 자극적이거나 왜곡된 정보를 퍼뜨리는 데 기여하고 있다. 알고리즘의 확증편향과 필터 버블 현상은 사용자들이 편향된 정보만 반복적으로 접하게 하며, 공공성과 신뢰성을 고려하지 않는 정보 소비를 촉진한다. 이런 문제를 극복하기 위해서는 플랫폼의 자정 노력과 유관 기관의 규제가 필요하다. 추천 알고리즘을 투명하게 공개하고, 정보의 신뢰성을 담보해야 할 때다.

이런 환경에서 개인의 노력만으로 가짜 뉴스의 파도를 막을 수는 없다. 사회 전체가 허위 정보에 저항할 수 있는 강력한 '면역 시스템'을 갖추는 것이 중요하다. 정부는 미디어 리터러시 교육을 '가짜 뉴스 판별법' 수준에서 그치지 않고 알고리즘의 원리, 확증 편향의 심리, 데이터 시각화의 함정 등에 이르기까지 심화해야 한다.

또한 빅테크 기업의 자율 규제에만 맡겨둘 것이 아니라 가짜 뉴스를 확산시키는 주체에게 법적 책임을 묻고, 유해 콘텐츠를 신속히 삭제하도록 기술적으로 지원하는 등 제도적 장치를 마련해야 한다. 광고 수익에 의존하는 상업 언론의 한계를 극복하고, 깊이 있는 탐사 보도를 수행하는 비영리 독립 언론과 공영 미디어를 지원하여 사회의 '신뢰할 수 있는 정보원'을 지켜낼 필요가 있다.

소비자는 내가 소비하는 정보의 출처를 의식적으로 다양화하고, 나의 편향을 강화하는 채널의 구독을 주기적으로 재검토하며, 의도적으로 반대 의견을 찾아보는 노력을 기울여야 한다. 분노나 불안을 자극하는 콘텐츠를 접했을 때, '공유' 버튼을 누르기 전에 잠시 멈춰 '이 정보는 사실일까?', '이것을 공유하는 의도는 무엇일까?'라고 질문하는 습관을 들여야 한다. 나의 소비와 관심이 곧 내가 원하는 세상을 만드는 한 표임을 인지하고 투명하고 정직한 기업의 제품을 구매하고, 신뢰할 수 있는 미디어를 후원하며, 가짜 뉴스를 퍼뜨리는 플랫폼에 대해서는 비판의 목소리를 내는 '행동하는 시민'이 되어야 한다.

무엇보다 기업은 불신의 시대에 소비자의 마음을 얻는 길은 '진실'을 상품으로 만드는 것임을 명심해야 한다. 이제 마케터는 화려한 포장 전문가가 아니라 신뢰를 설계하는 건축가가 되어야 한다. 브랜드에 투명성은 이제 선택이 아니라 제품의 가장 중요한 스펙이 된다. 고객이 직접 성분이나 원산지를 확인할 수 있는 QR코드나 인증 시스템을 제품에 포함해 브랜드의 주장을 고객 스스로 '검증'할 수 있도록 권한을 부여하는 것도 효과적인 접근 방식이다.

마케팅 커뮤니케이션 측면에서는 "우리를 믿어주세요"라고 말하지 말고, "이것이 우리를 믿을 수밖에 없는 이유입니다"라는 '증거'를 보여주어야 한다. 예를 들어 칭찬을 하는 인플루언서가 아니라 제품을 꼼꼼하게 분석하고 비판적인 시각을 제시하는 전문가나 리뷰어와 협업하는 방법도 고려할 만하다. 그들의 날카로운 검증이 곧 가장 객관적인 추천서가 된다. 의도적으로 화려한 광고를 배제하고, 제품의 본질과 철학만을 담백하게 전달하는 방식을 통해 '우리는 광고에 돈을 쓰는 대신 제품에 투자한다'는 진정성 있는 메시지를 전달하는 것도 좋은 접근 방식이다.

SIGNAL 2.
안전과 신뢰: 떠오르는 가치

4월 16일은 '국민 안전의 날'이다. 2014년 세월호 참사를 계기로 과거의 아픔을 기억하고 안전의 중요성을 되새기기 위해 2015년 국가 기념일로 지정했으며, 2025년에 11주년을 맞이했다.

산업 현장에서 흔히 보고 듣는 '안전제일'이라는 슬로건은 단순한 표어가 아니라 기업과 산업 전반에 걸쳐 필수적인 경영 철학으로 자리 잡아왔다. 그 시작은 1906년, 미국 철강 회사인 유에스스틸U.S. Steel의 엘버트 H. 게리Elbert H. Gary 회장이 회사의 운영 방침을 '안전 제1, 품질 제2, 생산 제3'으로 정하고 생산보다는 안전을 우선하는 방향으로 전환한 데서 비롯됐다. 이 결정은 재해의 감소, 품질과 생산성의 향상이라는 결과를 가져오며 '안전제일주의'라는 개념이 전 세계 산업계로 퍼져나가는 계기가 됐다. 이런 철학은 미국을 철강 제조 강국으로 발전시키는 데 중요한 역할을 했으며, 이어진 1912년의 미국 국민안전협회 창립과 1917년 런던의 안전제일협회 출범을 통해 안전의 중요성이 세계적으로 더욱 확산됐다.

일단 정착된 안전 문화는 기업의 장기적인 안전성으로 이어진다. 기업이 지속적으로 안전 관리 체계를 개선하고 정부가 법 제도를 강화하여 안전의 중요성을 강조하는 것이 중요하다. 장기적인 투자를 하면서 일관되게 노력하는 기업은 '안전이 곧 힘이다'라는 메시지를 강하게 전할 수 있다. 따라서 우리는 단순히 안전을 관리하고 규칙을 준수하는 것을 넘어 안전 문화를 형성하여 중대재해를 예방하고 더 나은 안전 성과를 달성해야 한다. 정부 정책 역시 산업 현장에서 발생한 안전 관련 사고에 대해 처벌을 하기 전에 안전 문화를 잘 구축하고 사고를 예방한 기업을 칭찬하고 지원하는 방향으로 이뤄질 때 더 긍

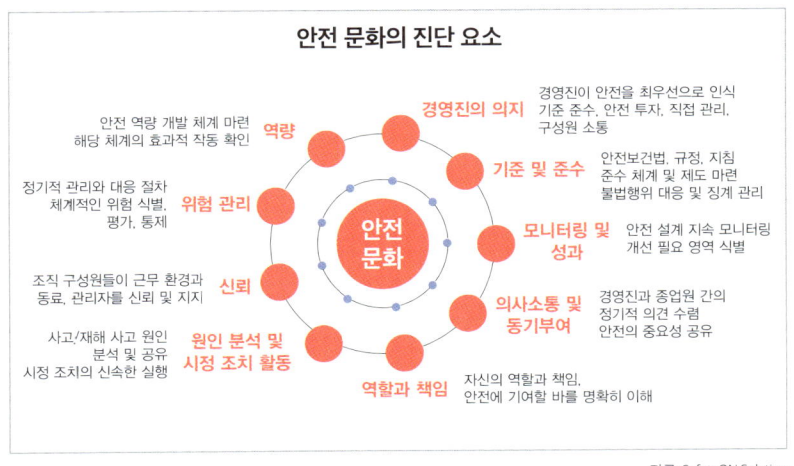

자료: SafetyON Solution

정적인 안전 문화를 만들 수 있을 것이다.

기술의 양면성: 새로운 불안과 새로운 안심

2025년 상반기 SK텔레콤에서 발생한 유심 해킹 사건은 정보 보안의 중요성을 사회적으로 다시 한번 일깨웠다. 이 사건은 SK텔레콤뿐만 아니라 KT와 LG유플러스 등에서도 보안을 강화하는 계기가 됐다. SK텔레콤은 시스템의 전반적인 보안을 점검하고, 지속적인 모니터링으로 취약점을 보완하고 있다. 고객의 개인정보가 안전하게 보호된다는 확신을 주기 위해 안내 문자와 공지를 통해 지속적으로 소통하고 있으며, 타 통신사들 역시 유사한 조치를 취하며 신뢰를 회복하기 위해 노력하고 있다. 보안 문제가 발생하면 가입자 이탈뿐만 아니라 사회적으로 비난의 대상이 될 수 있기 때문에 각 기업은 보안을 강화하고 사용자를 안심시키는 데 사활을 건다. 정보의 안전이 곧 기업의 신뢰를 의미하며, 신뢰는 기술력의 문제를 넘어 고객과의 지속적인 소통과 공감을 통해 이루어진다. 이런 노력을 통해 기업들은 보다 안전하고 신뢰할 수 있는 서비스를 제공하게 될 것이다.

또한 AI의 급격한 발전이 가져오는 안전성 문제 또한 심각하다. 2024년 12월 소프트웨어정책연구소가 발표한 〈AI 안전의 개념과 범위〉 보고서에 따르면, AI는 다양한 산업에 혁신을 가져오고 있지만 그만큼 안전성에 대한 걱정도 커지고 있다. 생성형 AI, 예를 들어 챗

GPT(ChatGPT)처럼 정보를 만들고 제공하는 시스템은 경제적으로 큰 중요성을 지니지만, 잘못된 정보를 제공하거나 악용될 가능성이 있기 때문에 안전 관리가 필요하다.

국제사회에서도 AI 안전이 매우 중요한 이슈다. 2023년 영국의 AI 안전성 정상회의와 2024년 AI 서울 정상회의에서는 AI의 위험을 줄이고 안전을 강화하기 위한 노력이 계속 강조됐다. 특히 유럽연합(EU)은 AI 사용 시 문제가 발생하지 않도록 법적인 규제를 도입했다. AI 안전과 관련해서는 기술적 안정성뿐만 아니라 윤리적 책임도 중요하다. AI 안전은 시스템이 견고하고 투명하게 작동하도록 보장하는 것을 포함한다.

국제기구들은 AI의 안전성을 보장하기 위해 여러 가지 표준을 만들어가고 있다. EU의 AI법은 AI 사용 시 개인의 권리가 침해되지 않게 하고 안전한 사용을 보장하기 위해 노력하고 있다. 또 영국의 AI 회의에서는 다양한 나라의 협력이 중요하다는 점이 부각됐다.

AI 안전을 위해서는 기술적 안정성과 함께 제도적·사회적 노력이 필요하다. 기술적으로는 시스템 오작동 방지, 데이터 보안 강화, 시스템 설명 가능성 확보가 필수적이다. 제도적으로는 국제표준에 따라 안전을 검증할 수 있는 체계를 갖춰야 한다. 그리고 사회적으로는 AI가 잘못 사용될 때 대응할 수 있는 보험 체계와 같은 경제적 대응책이 필요하다.

AI 안전성은 신뢰할 수 있는 AI 실현의 중심이다. 기술적 관점을 넘어 개발자와 사용자, 정부가 협력하고 함께 책임을 져야 한다. 정부와 기업은 안전 생태계를 만들기 위해 허용할 수 있는 위험 수준과 잘못됐을 때의 책임 소재를 명확히 해야 한다. 이런 체계가 마련되어야 AI의 혁신적 잠재력을 안전하게 활용할 수 있다.

생활 속 안전: 안심을 구축하다

최근 빈번하게 발생하는 지진과 화재는 또 다른 걱정거리다. 일본은 자연재해에 대응하기 위해 철저하고 조직적인 자세를 유지하고 있다. 이 나라에서는 '지진, 천둥, 화재, 아버지'라는 속담이 재해의 위험성을 경고하는 상징으로 자주 언급된다. 일본은 세계에서 지진이 자주 발생하는 대표적인 지역으로, 소규모 지진은 거의 매일 일어나고 심각한 피해를 주는 강진도 종종 일어난다. 지진뿐만 아니라 폭염과 태풍 같은 기상이변으로도 큰 타격을 받고 있다.

빈번한 자연재해에 대비하기 위해 일본 사회는 어릴 때부터 체계적인 재난 대비 교육을 실시하고, 내진 설계를 포함한 엄격한 건축 법규와 인프라를 관리한다. 또한 NHK와 같은 공영방송을 통해 긴급 재해 뉴스가 즉시 제공되며, 지자체는 정리된 방재 책자를 배포한다. 일본 시민들은 비상 상황에 대비해 비상식량과 휴대용 발전기를 준비해두고 있으며, 대피 계획도 철저히 숙지하고 있다.

기술적으로도 일본은 IT 기술을 활용해 재해 발생 시 신속한 정보 전달을 지원하고 있다. 예를 들어 '스마트 뉴스' 앱은 사용자 지역에 특화된 지진 정보를 실시간으로 제공하며, 방재 채널로서 최신 재해 정보와 안전 노하우를 공유한다. 일본의 사례는 자연재해에 대응하기 위한 철저한 준비의 중요성을 일깨워주며, 한국을 비롯한 다른 나라들도 이런 예방책과 시스템 구축의 필요성을 인지하고 대응해야 할 것이다.

기후변화는 더 이상 미래의 문제가 아니다. 2024년 11월의 폭설은 가을의 소멸을 예고했고, 2025년의 폭염은 기후변화의 심각성을 체감케 했다. 이는 패션 산업의 계절성을 바꾸고, 수종과 어종의 북상으로 식탁에도 영향을 미치고 있다.

생활 속 안전 중 또 다른 중요한 부분은 먹거리다. 매년 5월 14일은 식품의약품안전처가 제정한 '식품 안전의 날'이다. 식품 안전의 중요성을 강조하고 국민의 관심과 관련 종사자들의 안전의식을 높이고자 하는 취지에서 제정됐다. 식품 안전은 국민 건강에 직결되는 중요한 요소다. 먹거리는 우리가 매일 접하는 것이기 때문에 더욱 꼼꼼한 관리가 필요하다. 시간이 갈수록 사람들은 식품의 원산지와 유해물질 여부에 더 신경을 기울이면서 안전한 먹거리를 찾는데, 친환경 농산물이나 무농약 채소가 인기인 것도 그 때문이다.

소비자의 선택 기준에서 과거에는 가격이 주요 요소였지만, 이제는 그 이상을 요구한다. 품질과 안전 그리고 신뢰가 구매 결정에 미치는 영향이 커지고 있으며, 이는 '안심 구매'라는 새로운 트렌드를 만들어 내고 있다. 2025년 상반기에 외식 사업가이자 유명 방송인의 잇따른 논란과 구설수가 이어지며 그가 운영하는 주요 브랜드 가맹점 매출이 급격히 감소한 것으로 나타났다. 통조림 햄 제품 가격 논란을 시작으로 원산지·함량 허위 표시, 녹슨 엔진오일 드럼통 조리, 무허가 조리 기구 사용 등 위생 및 안전 관련 문제들이 지속적으로 불거졌다. 그 업체는 식품 안전과 관련된 사고를 엄중히 인식하고 식자재 및 위생 관리를 전면 강화했다며, 외부 QSC(품질, 서비스, 위생) 전문 업체를 통한 관리 실태 점검을 통해 위생 수준을 지속적으로 개선할 예정이고 가맹점에 대한 점검과 교육도 확대하고 있다는 입장을 내놓았다. 하지만 이미지는 이미 추락했고 여론은 반전되지 않는 분위기다.

안전한 먹거리를 확보하고 이를 국민들에게 제공하는 것은 직접적으로 건강을 지키는 것 외에 심리적 안정에도 큰 영향을 미친다. 누구나 안심하고 먹을 수 있는 식품을 제공한다면 신뢰를 얻을 수 있을 것이다. 식품 안전을 통한 국가적 신뢰성 강화는 글로벌 시장에서의 경쟁력 증대로 이어질 수 있다.

전국적으로 시행되는 다양한 식품 안전 캠페인은 이런 노력의 일환이다. 식품 안전이라는 과제는 국내에서 그치는 것이 아니라 국제무대에서 표준화를 이뤄내는 것이 중요하다. 이런 노력이 현실화될 수 있도록 지속적인 지지를 보내고 관심을 기울여야 한다.

안전에서 안심으로 패러다임 전환

안전이 재해와 위험이 없는 상태를 뜻하는 데 비해 안심은 객관적인 안전에 대한 주관적인 신뢰가 더해진 개념이다. 즉, 개인이 불안감 없이 편안함을 느끼는 상태를 의미한다. 현대 사회는 4차 산업혁명으로 더욱 복잡히 연결되기에 물리적 안전만으로는 불안에서 벗어날 수 없다. 미래의 안전 패러다임은 사고 예방을 넘어 사람들이 안심할 수 있는 환경을 조성하는 방향으로 나아가야 한다.

한국마케팅협회와 〈소비자평가〉가 공동 주최한 '2025 제12회 한국산업의 구매안심지수KPEI' 조사 결과를 보면, 소비자들의 구매 우선순위는 제품을 넘어 안심할 수 있는 브랜드에 집중되고 있음을 알 수 있다.

이번 조사는 전국 3,000명의 소비자를 대상으로 온라인 설문을 통해 진행됐으며, 73개 산업군(소비재 53개, 내구재 10개, 서비스 10개)에 걸친 289개 브랜드가 평가됐다. 조사 결과에 따르면 평균 구매안심도는 818점으로 2024년의 834점보다 16점 하락했는데, 이는 소비자들의 기대 수준이 전년 대비 높아졌음을 보여준다. 구매안심지수 상위 10개 브랜드 대부분이 건강과 안전을 중시하는 산업군에 속해 있는

자료: 한국마케팅협회, 〈소비자평가〉

데, 직접 섭취하거나 실생활에서 자주 사용하는 제품일수록 소비자들이 더 높은 수준의 안전성을 요구한다는 점을 알 수 있다.

소비자들은 품질뿐만 아니라 신뢰성과 안전성을 점점 더 중시하고 있다. 이와 같은 배경에서 철저한 품질 관리와 확고한 신뢰를 제공해온 브랜드들이 꾸준한 지지를 받으며 성장하고 있다. 예를 들어 유기농이나 친환경 인증을 받은 제품들이 '안심 구매'의 대표적인 사례다.

미래의 안전 목표는 물리적인 안전을 넘어 심리적 안심을 제공하는 방향으로 빠르게 전환되고 있다. 따라서 안전 기술은 AI와 빅데이터를 활용하여 사고 발생 전 위험을 예측하고 대응책을 제공하는 흐름으로 발전해나갈 것이다. 그 궁극적인 목표는 사고를 예방하고 안전을 도모하며 일상에서 심리적 안심을 제공하는 것이다.

시민안전보험

우리는 보통 예기치 않은 사고나 질병에 대비하고 가족의 경제적 안정을 도모하며, 노후 준비를 위한 자금 마련 또는 세금 혜택 등의 이유로 보험에 가입한다. 나와 가족에게 닥칠 수 있는 미래의 불확실한 상황에 대처하는 최소한의 안전장치로 여기기 때문이다. 그런데 개인이 아닌 관할 지자체가 보험료를 부담함으로써 일상생활 중 예기치 못한 사고를 당했을 때 지원해주는 제도가 있다는 사실을 아는 사람은 많지 않은 듯하다. 바로, 시민안전보험이다.

시민안전보험은 재난·사고로 피해를 본 시민의 생활 안정 지원을 위해 지자체가 조례에 근거해 자율적으로 가입하는 보험이다. 2015년 충남 논산시에서 처음 도입한 이후 현재 전국 228개 지자체가 가입했다. 시민은 가입 절차도 보험료 납부도 필요 없으며, 개인보험과 중복 보장도 된다. 해당 지자체에 주소를 두고 있다면 자연 재난, 폭발, 화재 등 다양한 재난 사고와 대중교통 안전사고에서 발생한 인적 피해를 보상받을 수 있다. 내가 사는 곳의 지자체가 보험에 가입했는지 궁금하다면 재난보험24(ins24.go.kr) 사이트의 '시민안전보험' 탭에서 확인해보자.

물론 살면서 이런 보상을 받을 일이 없는 것이 중요하겠지만, 만약의 상황을 대비해서 관련 정보를 알아두면 좋을 것이다. 피할 수 없는 재난·사고로 인한 경제적 손해를 최소화할 수 있다면 극심한 신체적·정신적 스트레스가 조금이나마 해소될 수 있지 않을까 생각한다.

시민안전보험 우리 지역 조회하기

자료: 재난보험24

마켓 리서처의 시각

　불안이 일상이 된 시대에 시장은 안전을 넘어 안심을 요구한다. 소비자는 이제 제품의 기능이 아니라 브랜드가 주는 '믿음'을 구매한다. 핵심은 소비자의 불안을 잠재우는 것이다. 불안의 시대, 안심이 최고의 럭셔리가 된다.
　사후약방문처럼 소 잃고 외양간 고치기 식이 아닌 사전 예방으로 관점을 전환해 사회적 안심 인프라를 구축해야 한다. 개인의 불안을 사회가 함께 책임지고 흡수할 때 비로소 안심 사회로 나아갈 수 있다. '시민안전보험'처럼 이미 마련돼 있지만 잘 알려지지 않은 사회적 안전망을 국민들이 명확히 인지하고 활용할 수 있도록, 정부와 지자체는 적극적이고 반복적인 홍보 캠페인을 펼쳐야 한다. AI, 전기차, 스마트글래스 등 새로운 기술에 대한 막연한 불안감을 해소하기 위해 정부는 독립적이고 신뢰할 수 있는 기관을 통해 명확한 안전 표준과 인증 제도를 마련하고, 그 결과를 투명하게 공개해야 한다.
　기업의 안전 규정 준수를 처벌과 규제만으로 강제할 것이 아니라 안전 문화를 성공적으로 정착시킨 기업에 세제 혜택이나 공공 입찰 가산점 등 긍정적인 인센티브를 제공하여 자발적인 투자를 유도할 필요도 있다.
　개인은 수동적인 보호 대상이 아니라 자신의 안전과 안심을 적극적으로 관리하고 투자하는 주체여야 한다. 근거 없는 음모론이나 가짜 뉴스에 휘둘리지 말고, 공신력 있는 기관의 데이터와 통계를 직접 찾아보며 실제 위험과 과장된 불안을 구분하는 능력을 길러야 한다. 제품의 안전 정보와 데이터 활용 정책에 대해 기업에 구체적으로 질문하고 투명한 공개를 요구할 필요도 있다. 또한 안전성이 검증된 제품을 구매하고, 신뢰할 수 있는 브랜드를 선택해 불안을 줄이고, 더 나은 시장을 만드는 데 기여해야 한다.

불안이 새로운 질병이 된 시대, 브랜드의 가장 중요한 역할은 고객의 마음을 편안하게 해주는 심리적 안전처가 되는 것이다. 고객이 불안을 느끼기 전에 그 불안을 예측하고 해소하는 시스템을 제품과 서비스에 내재화해야 한다. AI와 데이터를 활용하여 잠재적 위험(예: 제품 고장, 보안 위협, 유해 성분 등)을 사전에 예측하고, 문제가 발생하기 전에 고객에게 먼저 알려주고 해결책을 제시하는 것이 한 가지 예다(예: 자동차의 예측 정비 알림, 금융 앱의 의심 거래 사전 차단 등). 또한 고객이 궁금해할 만한 안전 관련 정보를 숨기지 말고 가장 이해하기 쉬운 방식으로 상시 공개해야 한다. 식품의 원산지 이력 추적 시스템, AI의 윤리 가이드라인, 전기차 배터리의 안전 테스트 결과를 투명하게 공개하는 것 등이 몇 가지 예다.

마케팅 커뮤니케이션 측면에서는 불안을 자극하지 않고 신뢰를 증명하는 긍정의 언어로 소통해야 한다. 전기차 화재처럼 인식된 위험과 실제 데이터 사이에 간극이 큰 경우, 감정적인 반박 대신 객관적인 데이터와 신뢰할 수 있는 기관의 보고서를 근거로 대중의 오해를 바로잡는 캠페인을 지속적으로 전개해야 한다. 제품과 서비스를 통해 불안을 해소하고 안심을 얻은 실제 고객들의 구체적인 경험담을 발굴하고 확산시키면 어떤 광고보다 강력한 사회적 증거의 효과를 거둘 수 있다.

안전·안심의 경제학은 우리에게 기술의 발전만큼이나 신뢰의 회복이 중요함을 말해준다. 이 새로운 게임의 법칙을 이해하고, 고객의 불안한 마음에 가장 먼저 손을 내밀어주는 능동적 접근을 통해 더욱 신뢰받는 기업으로 자리매김해야 한다.

SIGNAL 3.
권위를 이기는 다정함

2001년부터 〈교수신문〉에서는 연말 기획으로 그해를 상징하는 사자성어를 발표해왔는데, 2024년에는 '도량발호跳梁跋扈'가 선정됐다. '제멋대로 권력을 휘두르며 날뛰다'라는 뜻으로, 만연한 권력 남용과 권력 사유화의 문제점을 지적한 것이다.

권력의 문제는 권위와 밀접하게 연결돼 있다. 최근 우리는 이런 질문에 직면했다. "나의 권위에 도전하는가?" "나의 권위를 무시하는가?" 매우 비이성적인 접근으로 보이기는 하지만, 현재 미국의 트럼프 대통령이 전 세계에 이렇게 묻고 있는 듯하다. 그는 모든 국가를 향해 미국과의 관세 협상을 위해서 최선의, 최종적인 무역 협상안을 테이블에 올리라고 촉구했다고 한다. 각국이 가진 모든 것을 미국 앞에 펼쳐놓으라는 이야기로 들린다. 우리는 이 관세 협상과 더불어 러시아와 우크라이나, 이스라엘과 중동 간 전쟁을 목격하고 있으며 국내적으로는 계엄이라는 역사적 사건을 극복했다. 발생 원인과 이유는 조금씩 다르지만 그 가운데 버티고 있는 단어는 권위가 아닐까 한다.

권위는 사회적으로 인정된 힘을 의미하지만, 그 힘이 어디서 오는지에 따라 '권위 있는'과 '권위적인'으로 나뉜다. '권위 있는' 힘은 주로 능력이나 과제 수행력에서 나오며, 개인이 특정 분야에서 인정받고 영향력을 행사하는 능력이다. 남의 말을 들을 줄 아는 사람은 '존경'받고, 다른 사람이 자기 말을 들을 수 있도록 하는 사람은 '권위'를 얻는다. 반면 '권위적인' 힘은 지위나 신분에서 나오는데, 종종 남을 통솔하는 수단으로 사용되어 비민주적이고 독재적이라는 평가를 받기도 한다. 다른 사람의 말은 들으려 하지 않고 자기 말만 들으라고 하는 권위주의적인 인간들은 그저 자신에게 부여된 외면적인 권력을 내세울 뿐이다.

권위와 권위주의는 근본적으로 다르다. '권위'가 능력과 역량과 성과에 대한 자발적 인정과 존경에서 생겨난다면, '권위주의'는 존경받지 못하는 사람이 권위를 내세워 복종을 강요하는 것이다. 권위는 자연스럽고, 권위주의는 인위적이다. 아이러니하게도, 권위주의적 태도가 강할수록 권위가 사라진다. 그리고 이 시대에는 그 속도가 더 빨라졌다. 현대 사회에서 권력과 권위는 지위나 신분보다 능력과 신뢰를 바탕으로 세워진다. 이런 변화는 신뢰와 소통을 우선하는 방향으로 나아가면서 새로운 리더십 모델의 필요성을 부각하고 있다.

소통은 리더의 실력이다

리더에게 의사소통은 정보 전달을 넘어 불필요한 잡음을 제거하고 오해를 방지하며 행동을 이끄는 과정이다. 뛰어난 리더는 복잡한 메시지를 간결하게 정리하고, 적절한 근거를 활용하고, 다양한 청중 사이에서 아이디어에 대한 공감을 불러일으킨다. 〈포브스Forbes〉가 꼽는 훌륭한 리더 역시 단지 말을 잘하는 사람이 아니라 효과적으로 소통하는 사람이다. 이런 리더는 복잡한 내용을 쉽게 전달하고 청중에 맞춰 언어를 조정함으로써 메시지가 오래 기억되게 한다.

효과적인 리더십을 위해서는 고객 및 투자자를 포함하여 조직 내 다양한 그룹과 의사소통하는 방법을 알아야 한다. 각 그룹은 서로 다른 커뮤니케이션 및 리더십 스타일을 요구할 수 있는데, 리더는 현재 커뮤니케이션하고 있는 그룹에 따라 적절하게 대응할 수 있어야 한다.

입소스의 주요 연구 결과를 기반으로 소통 리더십을 구성하는 여섯 가지 핵심 요소를 정리하면 다음과 같다.

1. 공감 능력empathy: 가장 중요한 능력이다. 적극적인 경청을 통해 직원들의 의견을 진심으로 듣고 이해하려는 노력이 필요하다. 또한 직원 개개인에게 관심을 가지고, 개인적인 어려움이나 필요에 공감하는 자세를 가져야 한다.
2. 진정성authenticity: 투명한 소통을 통해 솔직하게 정보를 공유하고 숨기는 것이 없도록 노력해야 한다. 말과 행동이 일치하는 모습을 보

여주고 신뢰를 구축해가며 솔직함, 투명성, 정직함, 헌신, 열정을 보여줘야 한다. 또한 일관성과 진솔함이 필요하다.

3. 가시성visibility: 다양한 소통 채널을 활용하여 직원들과 자주 소통해야 한다. 대면 소통을 통한 직접적인 상호작용을 중시하고, 쌍방향 소통이 가능한 채널을 활용해 직원들의 피드백을 적극적으로 수용해야 한다. 최소 세 가지 이상의 다양한 소통 활동에 참여하는 리더와 함께하는 직원들은 직장에 대해 더 긍정적이라는 결과가 있다.

4. 명확한 전달력clarity: 전략, 계획, 변화 등 중요한 정보를 명확하고 간결하게 전달해야 한다. 메시지의 핵심 내용을 정확하게 파악하고, 다양한 사람들에게 효과적으로 전달하는 능력이 중요하다.

5. 적극적 경청 및 피드백 수용active listening and openness to feedback: 직원들의 피드백을 경청하고, 이를 바탕으로 개선하려는 의지를 보여주어야 한다. 열린 마음으로 피드백을 주고받으며 지속적으로 성장하려는 자세가 필요하다.

6. 권한 위임empowerment: 직원들에게 업무에 대한 책임과 권한을 부여하고 자율성을 존중하는 리더십이 필요하다. 혁신과 민첩성을 촉진하는 문화를 조성하는 데는 경청과 권한 부여가 중요한 요소다.

심리학자 앨버트 메라비언Albert Mehrabian은 감정적 메시지를 전달할 때 각 소통 요소가 차지하는 비율은 언어적 표현 약 7%, 음성적 요소 약 38%, 비언어적 요소(표정, 몸짓, 등) 약 55%라는 연구 결과를 발표했다. 소통에서 언어 이외의 요소가 그만큼 중요하다는 뜻이다. 또한 심리학자 대니얼 골먼Daniel Goleman은 감성적 리더십의 중요성을 강조하며, 리더가 구성원들과 감정적으로 연결될 때 그들의 동기가 더 강해지고 성과도 높아진다고 말한다. 리더는 단순히 지시를 내리는 사람이 아니다. 구성원의 감정적 요구를 이해하고, 이를 적절히 지원해줄 수 있는 소통 능력을 갖춰야 한다.

소통에서 매우 중요한 것은 리더가 소통을 이끌고 직원은 따라가는 것으로 이해해서는 안 된다는 점이다. 예를 들어 직원들이 MZ세대라면 오히려 그들이 소통의 주도권을 쥘 수도 있다. 일방적으로 소통을 강제하며 관계를 확장하려고 한다면 그들이 관계 안으로 쉽게 들어오지 않을 수도 있다는 얘기다. 직원의 의도적인 침묵은 그들의 권한인데, 리더에게는 극복할 수 없는 장벽이 될 수도 있다. 실력 있는 리더라면 직원이 소통을 이끌고 자신이 참여하는 분위기를 만들어갈 것이다. 리더의 소통은 조직을 관통하는 행위이면서 상호 평등한 교류이고 공감이어야 한다.

다정한 리더십

소통의 감성적 측면에서 최근 가장 강조되는 부분은 다정함이다. 유은혜 전 부총리는 변화의 시대에 필요한 리더의 덕목으로 감성지능과 공감을 강조하며, 디지털화·다양화·불확실성의 시대에는 과거의 목표 지향적인 리더십이 한계를 드러낸다고 지적했다. 그녀는 브라이언

헤어Brian Hare의 책 《다정한 것이 살아남는다》를 인용하며, 친화력과 협업하는 능력이 생존과 진화의 주인공이었다고 설명했다.

이 새로운 리더십 모델의 구체적인 사례로 앙겔라 메르켈Angela Merkel 전 독일 총리, 엘런 존슨설리프Ellen Johnson-Sirleaf 전 라이베리아 대통령, 저신다 아던Jacinda Ardern 전 뉴질랜드 총리를 꼽았다. 메르켈은 유로존 금융위기와 난민 사태에서 소통과 협력으로 위기를 극복했고, 설리프는 에볼라 사태에서 국제 협력을 통해 국민의 신뢰를 얻었으며, 아던은 투명한 소통과 약자를 우선하는 정책으로 사회적 신뢰를 쌓았다. 이 사례들은 권위와 통제가 아니라 다정함과 이해로 무장한 리더십이 조직의 지속 가능성과 혁신을 이끄는 원동력임을 보여준다.

컬럼비아대 메디컬센터 정신의학 교수 켈리 하딩Kelli Harding이 저술한 《다정함의 과학》은 조지아공대 생명공학과 로버트 M. 네렘Robert M. Nerem 박사의 연구 결과에 기반하여 '토끼 효과'라는 놀라운 사실을 제시한다. 같은 고지방 사료를 먹는데도 사랑받고 자라는 토끼들이 더 건강하다는 연구 결과는 다정한 돌봄과 건강 상태의 관계를 과학적 근거를 바탕으로 분석한 것으로, 다정함이 건강과 행복에 미치는 긍정적인 영향을 보여준다. 하딩 교수는 동료의 다정함을 느낀 직원은 업무에 더 몰입하게 되고 사랑과 공감이 오가는 조직 문화는 비약적인 성과 향상을 일으킬 것이라며, 다정함은 숨겨진 '슈퍼파워'라고 주장한다. 직장 내 다정한 문화가 직원들의 몰입도와 생산성을 높인다는 사실을 강조하며, 리더가 다정함을 먼저 실천함으로써 긍정적 조직 문화를 조성할 수 있다고 말한다. '다정한 리더는 약하다'는 고정관념을 깨고 다정함을 슈퍼파워로 인식하는 새로운 리더십 패러다임을 제안한 것이다.

   세계적인 기업 넥스트도어Nextdoor의 전 CEO 세라 프라이어Sarah Friar는 다정한 리더십의 대표적인 사례로, 사회적 미션과 긍정적 영향력을 중시하는 경영을 통해 성공을 이끄는 리더로 꼽힌다. 다정함은 개인의 성격을 넘어 조직의 성공을 견인하는 강력한 힘으로, 현대 리더십의 핵심 가치로 자리 잡고 있다.

마켓 리서처의 시각

권위적일수록 권위가 사라지는 시대에 진정한 권위는 무엇일까? 권위authority라는 단어의 라틴어 어원인 '아욱토리타스auctoritas'는 '증가하다, 성장하다'라는 뜻의 동사 '아우게레augere'에서 파생됐다고 한다. 원래는 전통을 이어받아 장차 올 모든 일의 기초를 놓는 정치인들, 즉 권위를 가진 사람들이 증대하는 상황을 일컬었다. 로마 시대에 정치인들은 조상들로부터 혈통과 전통을 통해 권위를 부여받은 이들이었으니 시간이 갈수록 수가 늘어날 수밖에 없지 않았겠는가. 그러나 오늘날에 이르러서도 시대의 변화에 맞춰 사회의 기초를 세우고 전통이 이어질 수 있도록 사회에 기여하는 정치인이 권위를 얻는다는 사실에는 여전히 변함이 없는 걸까? 아니다. 모든 자료가 그것을 부정한다.

역사학자 브루스 커밍스Bruce Cumings는 "한국 민주주의는 압축적인 성장의 그늘에서 권위주의적 유산과 끊임없이 줄다리기를 하며 발전해왔다. 현재의 위기는 어쩌면 그 불안정한 균형이 다시 깨지고 있다는 징후일 수 있다"라고 경고한다.

정치적인 시각에서 벗어나 폭넓게 바라볼 때, 여전히 수직적 리더십이 조직을 움직이는 데 효과적일까? 그렇지 않다. 이미 사회 및 조직의 구성과 구성원 간의 관계가 그것이 비효율적임을 이야기하고 있다. 따라서 현대의 권위에 대한 정의와 관리는 필연적으로 재조정되어야 한다. 즉 조직 전체를 관통하는 소통, 소통을 이끌 수 있는 공감 능력, 공감 능력을 기반으로 한 리더십이 새로운 권위가 아닐까 생각한다.

그러므로 사회는 '수직적 위계'에서 '수평적 연대'로 전반적인 조직 구조와 협력 구조를 변환해야 한다. 정치·경제·사회 각 분야에서 권위 대신 소통과 공감으로 성과를 만들어내는 리더들을 적극적으로 조명하고, 이들의 성공 사례를 사회적으로 확산시켜야 한다. 특히 위계적인 조직 문화에서는 실패에 대한 두려움 때문에 창의적인 시도나 수평적인 소통이 어렵다. 따라서 실패를 비난하기보다 성장의 과정으로 인정하고 격려하는 사회적 분위기가 필요하다. 또한 시민들이 정책 결정 과정에 직접 참여하고 목소리를 낼 수 있는 다양한 온라인 플랫폼을 활성화하여 일방적인 통치가 아닌 '협치'의 경험을 확대해야 한다.

권위가 사라진 시대에 개인은 외부의 권위에 의존하지 않고 스스로의 가치와 기준으로 관계를 맺고 영향력을 만들어가는 주체가 되어야 한다. 타인과의 관계에서 다정함을 타고난 성품이 아니라 의식적인 노력과 학습을 통해 키울 수 있도록 노력하며, 건설적으로 피드백하고 작은 친절을 표현하는 습관 등을 통해 '다정함 스펙'을 높여야 한다.

기업은 다정함을 단지 감성적 접근으로 생각해서는 안 된다. 소비자의 지갑이 아닌 마음을 열게 해 브랜드의 격을 높이는 가장 정교한 기술이자 지속 가능한 성장을 위한 핵심 자산으로 인식해야 한다. 훌륭한 고객 경험CX은 만족한 직원의 경험EX에서 시작되므로, 먼저 조직 내에 다정함이 흘러넘쳐야 한다. '이번 분기 친절 직원' 같은 표면적 캠페인을 넘어 리더와 직원 간의 진솔한 1:1 미팅, 자율적인 프로젝트 제안 제도, 실패를 용인하는 문화 등을 시스템으로 구축해야 한다.

또한 소비자들은 더 이상 완벽하게 포장된 결과물에 열광하지 않는다. 브랜드가 어떤 고민을 하고 어떤 실패를 거쳐 성장하는지 등의 과정을 공유할 때 깊은 유대감을 느낀다. 신제품 개발 비하인드 스토리, 고객의 불만을 개선하기 위한 노력, 더 나은 사회를 만들기 위한 내부 캠페인 등을 콘텐츠로 만들어 적극적으로 소통하는 것도 좋은 방법이다.

결국 다정함은 개인에게는 새로운 역량이며, 기업에게는 전략적 자산이다. 권위와 위계가 무너진 시대일수록 관계의 본질은 '다정함'에 의해 다시 세워진다. 소비자는 다정함을 통해 브랜드와 관계를 맺고, 브랜드는 다정함을 통해 성장의 발판을 마련한다. 이는 더 이상 부드러운 이미지나 감성 마케팅의 부속물이 아니라, 시장의 새로운 표준이 되어가고 있다.

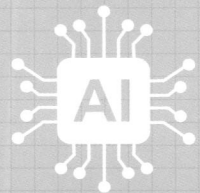

PART 2.

리스타트 Re:Start

근본에서
다시 시작하다

세계은행은 2025년 6월 발표한 〈세계 경제 전망Global Economic Prospects〉 보고서에서 2025년 세계 경제 성장률을 2.3%로 예측했다. 글로벌 금융위기가 발생한 2008년 이후 가장 낮은 수준인데, 무역 긴장 고조와 정책적 불확실성이 주요 원인으로 꼽힌다. 또한 2026년과 2027년 성장률도 각각 2.4%, 2.5%에 그칠 것으로 예측하면서 관세 전쟁과 지정학적 갈등이 개발도상국들에 더 큰 피해를 줄 것으로 전망했다.

2025년 발표한 WEF 보고서에서도 향후 미국 정부 정책의 영향력이 확대되고, 보호무역주의 강화 등 전 세계 분열이 점점 더 심화될 것으로 전망했다. 낙관론이 전반적으로 줄어들고 지정학·경제·기술 등의 측면에서 분열이 나타남에 따라 무력 충돌과 무역 분쟁 그리고 AI 발전과 그 이면의 폐해를 주목해야 한다고 강조했다. 실제로 각국은 자국 중심의 경제 정책을 강화하고 있으며, 이런 대응은 당분간 계속될 것으로 보인다.

"인간이 현명해지는 것은 경험에 의한 것이 아니고 그 경험에 대처하는 능력에 따른 것이다"라고 데카르트는 이야기했다. 2025년, 우리는 전례 없는 변화의 시대를 맞이했다. 지난 몇 년간 코로나19라는 질병과의 싸움을 끝냈고, 이제는 글로벌 전쟁 위기와 급격한 기후변화 그리고 불확실한 세계 경제라는 위기와 혼란을 앞에 두고 있다. 본질적 가치로의 회귀와 새로운 질서 재편을 위한 중대한 변곡점 위에 서 있다. 후퇴가 아니라 더 나은 미래를 위해 재정비를 해야 하는 시간이다.

역사를 거슬러 올라가 보면 이런 혁명적인 시기가 여러 차례 있었다. 인류는 늘 거대한 변화의 파도를 헤치며 살아왔고 그 과정을 통해 새로운 발전을 이뤄왔다. 이번에도 예외가 아닐 것이다. "한 번도 실수를 해보지 않은 사람은 한 번도 새로운 것을 시도한 적이 없는 사람이다"라는 아인슈타인의 말처럼, 우리가 겪는 어려움은 새로운 혁신과 성장의 밑거름이 될 것이다.

2024년부터 2025년까지 겪은 정치적·경제적 불안정은 우리 사회의 근본을 재고하게 한다. 2026년은 우리에게 큰 도전이자 기회의 해가 될 것으로 보인다. 기존 성장기에 누적돼온 외형적 거품과 과장된 움직임에 대해 철저한 검증과 평가를 해내야 한다. 이런 큰 흐름 속에서 본질적 가치를 기반으로 한 새로운 출발, 인문적 가치에 대한 재조명, 문화적 정체성의 재발견 등이 주요 트렌드로 부상할 것으로 예상된다. 이런 변화의 물결 속에서 우리는 더욱 균형 잡히고 의미 있는 미래를 구축해나갈 수 있을 것이다.

SIGNAL 1.
오리지널리티: 근본을 찾다

1997년 외환위기와 2008년 리먼 사태로 촉발된 글로벌 금융위기를 거치는 와중에도 한국은 경제, 사회, 기술, 문화 측면에서 지속적인 발전을 이루어왔다. 한국은 어느 나라보다 오랫동안 밀물의 시간을 보내야 했다. 외환위기 이전까지는 7% 이상의 높은 경제 성장률을 유지했으나, 글로벌 금융위기와 유럽 재정위기가 연달아 발발해 세계 경기가 침체함에 따라 성장률이 3% 내외로 저하됐다. 급기야 2020년 코로나19 팬데믹과 국제 경제의 불안, 기후변화, 전쟁 등의 여파로 이제는 1%대 성장을 감사히 여겨야 할 지경에 이르렀다.

한국은행은 2025년 1분기 실질 국내총생산GDP 성장률(직전 분기 대비)이 -0.2%로 집계됐다고 발표했다. 2024년 2분기에 직전 분기 대비

－0.2%의 성장률을 보여 역성장을 기록한 이후 제대로 반응하지 못하고 불과 세 분기 만에 다시 후퇴한 것이다. 한국은행은 2025년 연간 경제 성장률도 당초 예상한 1.5%보다 크게 낮아질 가능성이 커졌다고 설명했다.

시간과 경험 속에서 어느 정도 가치 있다고 평가받던 것들이 어느 순간 거품처럼 사라지고 부끄러움으로 남는 경우가 비일비재하다. 어쩌면 지금 이 순간 우리가 그런 상황에 직면하고 있는지도 모른다. 워런 버핏은 버크셔 해서웨이Berkshire Hathaway 주주들에게 해마다 공개 서한을 보낸다. 지난 40여 년 동안 이 편지의 내용은 투자자뿐만 아니라 시장을 이해하고자 하는 모든 이들에게 반드시 읽어야 할 내용으로 인식되어 왔다.

버핏은 2001년 주주들에게 보낸 편지에서 "썰물이 되면 비로소 누가 발가벗고 헤엄쳤는지 알 수 있다"라는 명언을 남겼다. 시장 호황기에는 투자 자산의 실체가 가려져 있지만, 불황기가 오면 어떤 투자자 또는 어떤 회사들이 발가벗은 채 투자 또는 사업을 하고 있었는지 드러난다는 의미다.

사회의 양극화 현상은 국제 정세 불안, 시장경제의 불안정성 등과 더불어 기존 체제를 붕괴시키고 있다. 특히 2025년에는 미국 트럼프 대통령이 불을 댕긴 관세 전쟁으로 세계 시장의 불확실성이 더욱 높아져 사람들은 좀 더 근본적인 가치를 생각하게 됐다.

실제로 입소스의 연구에서도 근본·기본에 대한 관심이 지속적으로 높아지는 현상이 관찰된다. 입소스 신세시오팀에서 2025년 2분기에

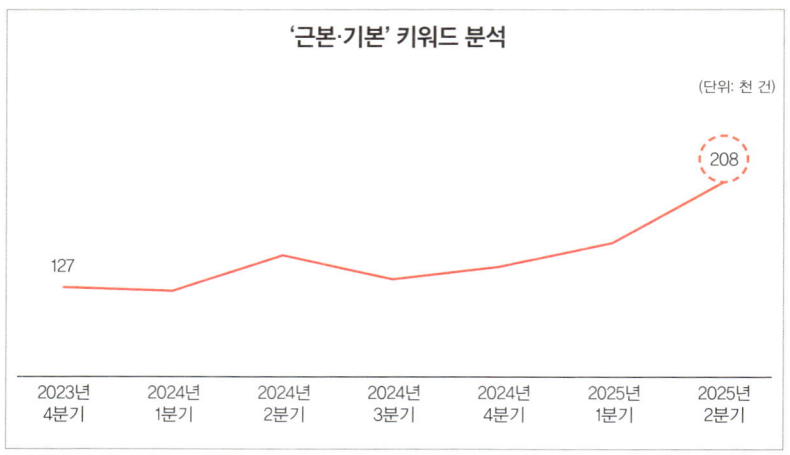

자료: 입소스 신세시오팀

진행한 신문 기사, 뉴스, X(트위터), 인스타그램, 유튜브, 포럼·카페, 블로그 등 주요 온라인 채널에서 언급된 핵심 키워드 들을 담은 빅데이터 분석결과, '근본·기본'과 관련된 언급이 20만 건 이상으로 나타났다. 2023년 4분기 대비 64% 증가한 수치다.

그렇다면 우리에게 근본적으로 필요한 가치는 무엇일까? 우리 생활에서 가장 소중한 것은 무엇일까? 긍정적인 미래를 위해 무엇을 준비해야 해야 할까? 이것은 위기가 아니라 '진실의 순간moment of truth'이다. 모든 것이 리셋되는 지금 우리는 화려한 껍데기를 벗어 던지고 가장 근본적인 가치, 즉 '본질'로 돌아가야만 한다. 새로운 시대는 바로 이 본질에서부터 시작될 것이기 때문이다.

아드 폰테스적 고민

'아드 폰테스Ad Fontes'라는 말이 있다. 라틴어로 '근원으로 돌아가자 back towards an origin'라는 뜻이다. 라틴어 '아드ad'는 영어로 전치사 'to'이며, 폰테스fontes는 'fountains' 또는 'sources'를 뜻한다. 즉 아드 폰테스는 '근원, 원천, 기본으로to an origin, sources, basics'라고 번역되며, 500여 년 전 종교개혁 당시 '성경으로 돌아가자, 기본으로 돌아가자back to the bible, back to the basic'가 핵심 구호로 쓰이기도 했다. 물론 여기서 종교적인 이야기를 하려는 것은 아니다. 다만 새로운 시대, 새로운 출발을 위해 과정의 중간이 아닌 출발점, 즉 근본으로 돌아가야 함을 강조하는 아드 폰테스 정신은 '원칙 또는 기본으로 돌아가자'라는 맥락에서 기업 혁신에 적용될 수 있다.

스타벅스를 세계적인 기업으로 키운 하워드 슐츠Howard Schultz CEO는 2000년에 일선에서 물러났다. 그런데 2007년에 스타벅스의 고객 증가율이 사상 최저치로 떨어지고 주가가 42%나 하락하는 등 총체적 위기에 빠지자 CEO로 복귀해 혁신 프로젝트를 시작했다. 그 덕에 2010년에는 11조 원의 사상 최대 매출을 올리며 제2의 전성기를 맞이했으며, 그는 2011년을 빛낸 기업인으로 선정됐다. 슐츠의 혁신에서 핵심이 바로 '기본으로 돌아가자'였다. '커피 전문점의 기본은 무엇일까?'라는 기본적인 질문의 해답, 즉 '최고의 커피를 제공한다'라는 스타벅스의 철학에 충실한 것이었다.

슐츠는 CEO로 복귀한 지 일주일도 채 지나지 않아 경영 방향을 관료 체계가 아닌 고객에게 집중시켰다. 또한 모든 직원에게 고객의 입장에 서라고 강조하면서 성장 저하의 원인을 파악하고 새로운 동력을 얻기 위해 고객 및 직원들과 적극적으로 소통했다. 소통의 결과로 얻게 된 두 가지 답은 커피의 질이 일정하지 않다는 것과 바리스타가 좋은 커피를 추출하기에 충분한 기술을 갖추지 못했다는 것이었다. 슐츠는 자신이 파악한 문제들을 해결하기 위해 매우 특별한 조치를 취했다. 2008년 2월 자사 바리스타들에게 3시간 30분 동안 에스프레소 추출 기술을 재교육하기 위해 미국 전역 7,000개가 넘는 매장의 문을 동시에 닫은 것이다. 참으로 이례적인 조치였다. 비록 그날 스타벅스는 700만 달러로 추정되는 매출을 놓쳤지만, 언론이 이 소식을 요란스럽게 보도하면서 이목이 집중됐다. 바리스타들의 훈련 이후 스타벅스는 커피의 질이 두드러지게 개선됐다는 평을 받았으며, 최고의 커피를 제공하는 회사라는 신뢰를 회복했다.

이후 스타벅스 CEO에서 물러난 지금도 슐츠는 어려움에 처한 비즈니스에 대해 회사 문제를 해결하려면 집에서부터 시작해야 한다고 늘 강조한다. "매장들은 고객 경험에 광적으로 집중해야 한다. 해답은 데이터에 있는 것이 아니라 매장에 있다"라고 지적하면서 가장 기본적인 부분을 가장 먼저 점검하고 그 가치를 유지해야 한다고 이야기한다.

여기서 중요한 포인트 중 하나는 '근본적 가치'에 대한 고민이 과거로의 회귀를 의미하지는 않는다는 것이다. 우리가 추구해야 하는 것은 특정 전통적 가치에 매몰되는 것이 아니라 우리 사회가 제대로 작동하는 데 실질적으로 필요한 것들에 대해 성찰하는 일이다.

그래서인지 최근 주요 기업의 몇몇 임원들에게 비슷한 이야기를 들었다. "우리 기업이 그리고 우리 브랜드가 시장에서 오랫동안 잘해왔다고 생각했는데, 지금 상황에서 보면 우리가 그동안 해온 활동들이 정말 잘된 것인지 다시 돌아보게 됩니다."

시장을 주도해온 기업일수록 이와 유사한 질문들을 자주 한다. 소비자의 라이프 스타일과 유통 환경이 변화하면서 기업과 전문가들은 다시 처음으로 돌아가서, 무엇을 잘해왔고 무엇이 잘못됐는지를 세심히 짚어보게 됐다. 앞으로도 지속해야 할 것과 새롭게 해나가야 할 것들에 대해 근본적으로 고민하는 모습인데, 이런 흐름이 갈수록 더욱 빠르고 강하게 나타날 것으로 보인다.

이런 상황에서는 기성세대가 지금까지 살아오면서 굉장히 좋았다고 생각되는 것들, 지금까지 해온 상호작용 방식이나 조직 운영 또는 의사결정 방식을 강요하는 것은 매우 위험하다고 생각한다. 최근의 몇몇 사례에서도 볼 수 있듯이, 한동안 시장에서 높은 인지도와 시장 점유율을 유지해왔음에도 스타 CEO의 경영 철학 또는 조직 운영 방식에 전적으로 의존해오던 기업들이 유난히 더 큰 어려움을 겪고 있다.

과거의 영광에 취할 것이 아니라 현시점 시장의 위상에서 거품은 모두 걷어내고 근본적인 가치를 중심으로 새로운 성장을 준비해야 한다. 그 가치를 제대로 활용할 실용적 접근을 모색해야 하며, 비용과 편익을 고려하여 이익이 극대화되게 하는 데 가장 큰 관심을 가져야 한다.

코카콜라: '역시, 이 맛이 근본' 캠페인

맛있는 음식이 있는 자리에 빠질 수 없는 짜릿함은 무엇일까? 한국 코카-콜라는 1,000만 배우 류승룡을 중심으로 오정세, 김신비 등의 배우들을 참여시킨 'Coke & Meal' 캠페인 영상을 새롭게 공개했다. 레스토랑에서 주문한 햄버거와 감자튀김이 나오자 김신비는 번뜩이는 깨달음과 함께 몸을 돌리고 손을 들어 콜라를 주문한다. 진정성을 인정받는 배우들이 코카-콜라에 보내는 인정과 존중의 분위기가 고조되는 가운데 코카-콜라의 짜릿함을 즐기는 김신비 뒤로 류승룡의 '역시, 이 맛이 근본'이라는 메시지로 마무리가 된다.

코카-콜라는 '역시, 이 맛이 근본' 캠페인을 통해 소비자들이 오랫

코카콜라의 '역시, 이 맛이 근본' 캠페인

자료: 코카콜라 홈페이지

동안 코카-콜라에 대해 가지고 있던 긍정적인 경험과 추억을 자극하여 브랜드의 핵심 가치, 즉 오리지널리티를 효과적으로 전달했다. 불황일수록 소비자들은 익숙하고 변함없는 가치를 제공하는 브랜드에 더욱 끌리게 되는데, 이런 심리를 잘 파악하여 성공적인 마케팅 캠페인을 펼친 것이다.

브랜드 오리지널리티의 중요성

최근 패션 업계는 다양한 브랜드가 범람하는 시장에서 자신의 위치를 지키거나 확보하기 위해 이른바 '근본 제품' 조명에 나섰다. 바로 브랜드의 역사와 전통을 중심으로 소비자에게 자사의 가치를 부각하는 '헤리티지 마케팅' 전략이다. 헤리티지 마케팅은 단순히 과거의 영광을 재현하는 것이 아니라 브랜드가 가진 고유한 가치와 스토리를 현재의 소비자들에게 전달함으로써 브랜드의 정체성을 강화하고 차별화된 이미지를 구축하는 데 중요한 역할을 한다. 특히 MZ세대는 개성과 다양성을 중시하는 경향이 강하기 때문에 브랜드의 역사와 철학을 통해 자신만의 스타일을 표현하고자 하는 욕구를 충족시키는 것이 중요하다.

즉, 브랜드 오리지널리티로의 귀환은 마케팅이 피상적인 이미지에 초점을 맞추는 것에서 진정한 연결과 가치 중심의 경험을 우선시하는 방향으로 변화하고 있다는 의미다. 소비자들은 점점 더 진정성을 추구하며 브랜드가 핵심 가치에 충실하고 행동에 투명할 것을 요구하고 있다. 세련되지만 공허한 브랜드 페르소나에서 벗어나 더 신뢰할 수 있는 접근 방식으로 나아가라는 요구다.

코오롱스포츠는 한국 최초의 아웃도어 브랜드다. 1973년 정식으로 런칭한 이후 첨단 소재와 기술을 자체적으로 개발하여 1970~1980년대 국내 아웃도어 시장을 석권했다. 하지만 1990~2000년대에 글로벌 브랜드들이 국내에 진입하면서 점차 시장을 잃었고, 다양한 노력을 했음에도 오래됐다는 이미지 탓에 어려움을 겪었다. 그래서 2019년 정통 아웃도어 브랜드로서 오리지널리티에 집중하는 대대적인 리브랜딩에 착수했다. 코오롱인더스트리 FnC 부문을 중심으로 진짜 아웃도어라는 가치에 집중하면서 핵심 고객을 위한 '솟솟618'과 '솟솟상회' 등 경험 공간을 제공하고, 홈페이지 리뉴얼과 더불어 아웃도어 액티비티 커뮤니티 '솟솟클럽' 기능을 강화했다.

또한 오프라인을 위주로 운영하면서 코오롱등산학교, 로드랩, 솟솟클래스를 솟솟클럽으로 통합했다. 코오롱등산학교는 코오롱스포츠가 1985년에 설립하여 38년간 운영해온 등산 전문 학교로, 등산의 기초부터 암벽등반에 이르기까지 전문적인 등반 이론 및 실습 교육을 진행한다. 로드랩은 2020년 런칭한 액티비티 프로그램으로 트레일러닝, 산속에서의 요가, 플로깅 등 다양한 프로그램을 제공한다. 그리고 솟솟클래스는 주로 업사이클링 경험을 제공하는 원데이 클래스 형태로 기획돼 있으며, 앞으로도 다양한 클래스가 추가될 예정이다.

헤리티지를 가진 브랜드가 진짜 경험을 제공하면 브랜드의 오리지

코오롱의 '솟솟클럽'

자료: 코오롱인더스트리 FnC 부문 홈페이지

널리티와 신뢰도는 높아질 수밖에 없고 이는 시장의 긍정적인 반응으로 이어진다. 변화하지 않으면 살아남을 수 없다는 절박감 속에서 소비자와 약속한 정체성과 오리지널리티를 되살리는 전략은 위기에 빠진 기업을 되살린 다른 여러 CEO의 사례에서 공통으로 나타나는 요소다. 명품 패딩 브랜드 몽클레르Moncler의 레모 루피니Remo Ruffini CEO가 자사의 브랜드를 확립해준 오리털 패딩 하나에 집중해서 위기를 돌파한 사례, 실적 부진에 빠진 구찌Gucci를 맡아 두 자릿수 성장을 이뤄낸 마르코 비자리Marco Bizzarri CEO가 회사의 핵심 경쟁력인 구찌의 로고에 집중한 사례가 대표적인 예다. 브랜드의 뿌리로 돌아가는 것은 브랜드의 중심에 있는 진정한 스토리를 회복하고 이를 끌어냄으로써 핵심 고객과 진정한 연결을 재구축하는 길이다.

근본으로 돌아간다는 것은 단순히 유산과 전통에 기대거나 장밋빛 과거를 떠올린다는 의미가 아니다. 자사 브랜드를 훌륭하게 하는 요소, 즉 브랜드가 존재하는 이유, 많은 사랑을 받는 이유, 현재 사람들과 의미 있는 관계를 맺을 방법을 엄격하고 전략적으로 파고드는 것이다. 궁극적으로는 브랜드의 본질을 찾고 수년 동안 주변에 들러붙은 잡동사니를 깎아내는 것이다. 과거로 회귀하거나 복고풍 이미지를 만들간다는 얘기가 아니라, 브랜드가 고객과 가장 잘 연결됐던 순간을 정확히 찾아내고 이를 재연결의 출발점으로 삼는 것이다.

버버리Burberry는 1856년에 토머스 버버리Thomas Burberry가 설립한 영국의 럭셔리 패션 브랜드로, 주로 방수 기능이 있는 개버딘gabardine 소재의 트렌치코트로 잘 알려져 있다. 하지만 버버리는 1990년대에 단기적인 성장을 위해 라이선스 사업에 집중했다. 그 결과 버버리 체크 패턴이 우산, 모자, 강아지 옷 등 너무 많은 상품에 무분별하게 사용됐고 그 때문에 브랜드의 고급스러운 이미지가 희석됐다. 결정적으로, 영국에서 '차브Chav'라고 불리는 교육 수준이 낮고 과시적인 소비를 하는 특정 하위문화 집단이 버버리 체크 모자를 유니폼처럼 착용하기 시작했다. 이들이 버버리 체크를 입고 폭력적인 행동을 하는 모습이 언론에 자주 노출되면서 버버리는 '건달 패션', '저급한 취향'의 상징으로 전락하고 말았다. 동시에 버버리는 기성세대가 입는 낡은 브랜드라는 인식이 강해 젊은 소비자들에게 외면받았다. 한마디로 브랜드의 핵심 자산인 오리지널리티가 오히려 브랜드 가치를 갉아먹는 독이 된 것이다.

이런 혼란 속에서 크리스토퍼 베일리Christopher Bailey가 2001년 크리에이티브 디렉터로 임명됐고, 2006년 CEO로 임명된 앤절라 애런츠Angela Ahrendts 체제하에서 브랜드의 변화를 주도했다. 베일리는 "버버리의 모든 컬렉션은 트렌치코트에서 시작된다"라고 말하며 브랜드의 근간인 트렌치코트에 집중했다. 그는 100년이 넘는 트렌치코트의 역사와 기능성(견장, D링, 건 플랩 등)을 존중하면서도 현대적인 감각을 불어넣는 혁신을 시도했다. 전통적인 개버딘 소재뿐만 아니라 메탈릭한 가죽, 레이스, 스터드 장식 등 파격적인 소재를 사용했다. 또한 허리선을 잘록하게 만들거나 길이를 극단적으로 줄이는 등 실루엣을 현대적으로 변형하고, 과감한 컬러와 패턴을 도입하여 '모던 버버리'를 탄생시켰다. 또한 베일리는 체크 패턴의 노출을 전체 상품의 10% 이하로 과감히 줄이는 결정을 내렸다. 그 대신 트렌치코트의 안감이나 가방 내부, 소매를 접었을 때 살짝 보이는 부분 등에 체크 패턴을 숨겨진 디테일로 활용하여 고급스러움과 희소성을 부각했다. 이는 '아는 사람만 아는' 세련된 상징으로 체크의 위상을 되돌려놓았다.

또한 베일리는 버버리의 오리지널리티를 젊은 세대에게 알리기 위해 당시 럭셔리 브랜드로서는 파격적인 디지털 전략을 펼쳤다. 그 정점이 바로 2009년에 시작된 '아트 오브 더 트렌치Art of the Trench' 캠페인이다. '아트 오브 더 트렌치'는 전 세계 사람들이 자신만의 스타일로 버버리 트렌치코트를 입은 사진을 찍어 올리고 공유하는 온라인 플랫폼이다. 유명 포토그래퍼가 찍은 사진뿐만 아니라 일반인의 사진도 함께 올라오면서 트렌치코트는 단순한 옷이 아니라 각자의 개성과 이야기를 담는 캔버스가 됐다. 이 캠페인을 통해 버버리는 트렌치코트가 얼마나 다양한 세대와 스타일, 문화 속에서 사랑받을 수 있는지를 보여주었다. 브랜드가 일방적으로 메시지를 전달하는 것이 아니라 소비자들이 직접 브랜드의 오리지널리티를 재창조하고 전파하는 럭셔리적 경험의 시작이었다. 이처럼 크리스토퍼 베일리는 무너져가던 버버리의 오리지널리티를 현대적인 시각으로 재조명하고, 디지털이라는 새로운 소통 방식을 통해 전 세계 소비자와 교감했다.

브랜드를 근본으로 되돌리고자 한다면 단순히 과거 로고로 되돌리는 것 이상의 준비를 해야 한다. 브랜드가 존재하는 맥락과 스토리, 고객에 대한 깊은 이해뿐만 아니라 브랜드의 진정성을 기반으로 다시 연결되고자 하는 의지와 세련됨이 필요하다. 성공적인 근본 마케팅은 과거를 박제하는 것이 아니라 브랜드의 DNA를 현재의 맥락과 기술 그리고 문화에 맞게 리믹스remix하는 것이다. 브랜드의 본질을 지키면서도 새로운 세대와 가장 세련된 방식으로 연결하는 방법이다.

이처럼 '근본으로 돌아가기' 현상은 경제 불황, 사회 양극화, 가치관 변화 등 다양한 요인으로 나타나고 있으며 기업들은 오리지널리티 회복, 실용성 추구, 진정성 있는 소통 등을 통해 새로운 성장 기회를 모색하고 있다.

마켓 리서처의 시각

화려한 기술과 압도적 디자인 그리고 프리미엄이 세상을 지배하던 시기는 이제 지나가고 있다. 가장 기본이 되고 가장 중요한 '발차기' 하나를 제대로 해야 하는 상황이다. 그것이 새로운 시대로 넘어가는 데 중요한 버팀목으로 작용한다.

아마존의 창업자 제프 베이조스는 '10년 뒤에 무엇이 변할 것인가?'라는 질문보다 '10년 뒤에도 변하지 않을 것은 무엇인가?'를 묻는 것이 더 중요하다고 강조했다. 이는 고객의 '근본'에 집중하는 아마존의 철학을 보여준다. 아마존은 광고나 단기적인 트렌드에 편승하기보다는 더 저렴한 가격, 더 빠른 배송, 더 많은 선택지라는 세 가지 가치의 지속적인 개선을 위해 모든 자원과 기술을 투자한다. 그 덕에 여전히 가장 강력한 온라인 구매 채널로 자리매김하고 있다.

소비자들은 광고가 아닌 제품과 브랜드의 진정성에 반응하므로 브랜드와 제품의 철학이 모든 마케팅 활동의 중심이 되어야 한다. 다시 말해 마케팅은 제품을 판매하는 행위를 넘어 브랜드가 지향하는 가치와 신념, 즉 브랜드의 본질을 소비자와 공유하고 관계를 맺는 과정이 되어야 한다.

현시점의 마케터는 자신과 고객에게 '무엇을 팔 것인가?'를 넘어 '우리는 왜 존재하는가?'라는 근본적인 질문에 답할 수 있어야 한다. 새로움의 함정에 빠지지 말고 기본으로 돌아가 새롭게 출발해야 한다. 답은 거기에 있다. 많은 마케터가 '뭔가 새로운 것 없나?'라는 질문에 시달리며 검증되지 않은 새로운 채널이나 기법에 집착하는 실수를 저지른다. 기본적인 질문에 명확히 답하지 못하면서 최신 소셜미디어 트렌드나 AI 마케팅 툴에만 집중한다면 캠페인은 방향을 잃기 쉽다. 지금의 시장은 매우 빠르게 변화하면서 세분화되고 있다. 그렇기에 시장과 고객에 대한 근본적인 이해를 바탕으로 하지 않은 역발상은 위험할 수 있다.

사회는 속도를 넘어 깊이를, 유행을 넘어 역사를, 즉 본질의 가치가 존중받는 분위기를 만들어갈 필요가 있다. 사회 전체가 단기적인 성과보다 장기적인 가치를 존중하는 문화를 만들어가야 한다. 한 분야에서 오랫동안 쌓아 올린 기술과 지혜의 가치를 재조명하고, 이를 사회적으로 존중하고 지원하는 시스템을 강화해야 한다. '역사'를 암기 과목이 아니라 현재의 문제를 이해하는 근본적인 틀로 접근할 필요도 있다.

개인은 내 삶의 근본을 찾는 큐레이터가 되어야 한다. 유행의 추종자가 아니라 수많은 가치 속에서 나만의 본질을 찾아내고 '나에게 가장 중요한 것은 무엇인가?', '나는 어떤 가치를 지키며 살고 싶은가?'와 같은 근본적인 질문을 스스로에게 던지며 자신만의 아드 폰테스를 실천할 필요가 있다.

이런 흐름 속에서 기업은 제품 및 서비스를 개발할 때 브랜드의 존재 이유와 직결되는 핵심 가치와 기능은 철저히 고수하되, 나머지는 과감하게 덜어내야 한다. 가장 중요한 것은 '우리는 왜 존재하는가?'라는 질문으로 돌아가 브랜드의 핵심 가치를 재정립하는 일이다. 하워드 슐츠처럼, 단기적 손실을 감수하더라도 브랜드의 가장 중요한 약속(최고의 커피 경험)을 재정립하고 지켜나가는 결단이 필요하다. 이제는 단순히 스토리를 들려주는 것을 넘어 고객이 직접 브랜드의 본질을 경험하게 해야 한다.

마케팅 커뮤니케이션 측면에서는 화려한 미사여구가 아니라 브랜드의 오리지널리티를 증명하는 사실과 경험으로 말해야 한다. 브랜드의 역사적 자산(초창기 광고, 디자인 스케치, 개발 스토리)을 디지털 아카이브로 구축하고, 이를 현대적인 콘텐츠로 재가공하여 브랜드의 깊이를 알릴 필요가 있다.

시장의 모든 것이 흔들릴 때, 가장 단단한 자산은 브랜드의 본질과 그간 쌓아 올린 신뢰다. 본질로의 귀환은 과거로의 퇴행이 아니라 가장 단단한 뿌리에서부터 미래를 향한 가장 강력한 줄기를 뻗어나가려는 지혜로운 생존 전략이다. 가장 근본적인 것이 가장 혁신적인 것이 되는 시대, 이 새로운 게임의 법칙을 이해하는 자만이 다음을 현명하게 기획할 수 있을 것이다.

SIGNAL 2.
필로테라피: AI 시대, 나를 찾는 인문적 처방전

**자신의 속도 찾기가 인문적 접근으로,
세분화된 취향은 힙으로**

현재의 정보와 문화는 테크놀로지와 결합돼 빠르게 소비된다. 그래서 그런 콘텐츠를 얼마나 빠르고 인상 깊게 만드느냐에 모두가 혈안이 돼 있는 것 같다. 흥미로운 사실은 이런 상황에서도 자기 삶의 속도를 찾아가는 이들이 점차 늘어나고, 세분화된 취향이 새로운 문화를 만들어가고 있다는 점이다.

비록 사회 구성원들이 현실적으로는 각종의 서로 다른 이해관계로 연결돼 있다고 할지라도 '어떤 나라를, 사회를 그리고 조직을 원하는

가?'라는 근본적인 질문 앞에서는 모두가 '사람답게 살고 모두가 행복한 국가, 사회, 조직'이라고 답할 것이다. 우리가 사람답게 살고 함께 행복한 사회를 만드는 데 없어서는 안 될 기본적인 가치들이 바로 인문학에 있다. 그래서 필로테라피philo-therapy가 필요하다. '사랑, 철학philo'과 '치료therapy'의 조합어인 필로테라피는 자연과 교감하며 건강을 증진하는 치료 방법, 더 나아가 철학적 사유와 자아성찰을 통한 회복이라는 의미를 가진다.

끊임없이 성장해야 하는 경제와 쌓이고 쌓여도 더 필요한 자본 위에 지속적으로 강조되어온 시장경제 제일주의 논리와 성장 우선주의로 관철되어온 우리의 시장은 지금 막대한 고통과 희생, 비용 지불을 앞에 두고 있다.

지구촌이라는 단어는 매우 민감해지고 있고, 섭씨 40도가 넘는 혹서기가 늘어나고 있으며, 세계 곳곳은 전쟁의 위기 속에서 하루하루를 버티고 있다. 그래서 건강하고 행복한 사회를 유지할 수 있는 인간적 가치, 정신자세와 행동 원칙을 기르도록 도와주는 인문적 가치에 대한 관심이 커지고 있다.

인문학Humanities의 영어 어원은 '인간의 본성'이라는 뜻의 라틴어 후마니타스humanitas로, 기원전 55년경 로마의 정치가이자 웅변가이며 철학자이기도 한 키케로의 저서《웅변가에 관하여De Oratore》에서 처음 사용됐다. "인간을 인간답게 해주는 목적에 봉사하는 모든 학문은 서로가 서로를 묶는 공통의 연결 고리를 가지고 있고 마치 혈연에 의해 연결된 것인 양 상호 결속돼 있다"(〈자유교양학문(encyclo paedeia)의 형성과 전개〉,《서양고전학연구》54(2), 안재원(2015)의 아르키아스 변론을 인용한 글에서 가져옴). 키케로의 말이다.

인간 또는 인간성에 관한 탐구의 출발점은 르네상스 시대로 거슬러 올라간다. 유럽인들은 이 시대를 거치며 철학, 문학, 역사, 과학, 수학, 미술 등 다양한 분야에서 높은 성과를 이룩할 수 있었고 이제는 인류 모두의 성과가 됐다. 그러나 매우 중요하고 근본적인 문제를 다루고 있음에도 실제로 대하기는 어렵게 느껴진다. 솔직히 한발 물러서게 된다.

인문적 가치는 인간의 존엄성, 삶의 의미, 가치관, 문화 등을 탐구하고 중요하게 여기는 가치들을 가리키며 인간의 본질과 삶의 목적을 이해하고 개인과 사회의 조화로운 발전을 추구하는 데 기반을 둔다. 그 가치들은 인간의 삶을 더욱 풍요롭게 하고, 더 나은 사회를 만들어가는 데 중요한 역할을 한다. 그러나 이를 대하는 독자나 청자는 지적 욕망을 추구하면서도 어렵거나 지루하지 않기를 바라며 지적 탐구보다는 '재미난 전달'을 더 중시한다. 인문학 자체의 진입장벽과 사람들의 이런 요구가 오늘날 대한민국의 인문적 가치를 추구하는 트렌드를 만들어내고 있다.

순수를 품에 안다

2024년 인터넷 서점 예스24가 발표한 바에 따르면 2025년 1~9월 세

자료: 예스24

계문학전집 시리즈 도서의 판매량은 전년 같은 기간보다 5.8% 증가했다. 이전 3년간과 달라진 흐름이다. 특히 20대의 구매 비율이 14.3%로 5년 전인 2019년의 7.5%에서 2배가량 뛰었다. 세계문학 시리즈를 사서 보는 사람들 가운데 20대 비중이 크게 늘었다는 뜻이다. 헤르만 헤세의《데미안》과《싯다르타》, 다자이 오사무의《인간 실격》, 조지 오웰의《1984》, 알베르 카뮈의《이방인》등 청년들의 힘든 삶을 투영하거나 삶의 본질을 탐구하는 책들이 주로 판매됐다.

문학, 그것도 고전에 대중의 관심이 모이는 건 매우 고무적인 일이다. 짧게는 100년, 길게는 수 세기 전에 쓰인 고전은 늘 재해석의 대상인데 최근 들어 수요가 급증한 것을 보면 현시점에 우리가 무엇을 필요로 하는지 단적으로 알 수 있다. 바로, 근본의 힘이다. 혼란과 위기 그리고 속도와 거품 속에서 고난을 극복하고 인간성을 회복하고 보편적인 가치들을 찾아가고자 하는 귀소 본능이다.

서울대 중앙도서관에서 학부생들이 가장 많이 빌린 책(2024)

순위	도서명	분류
1위	작별하지 않는다 (한강)	소설
2위	밝은 밤 (최은영)	소설
3위	내게 무해한 사람 (최은영)	소설
4위	지구에서 한아뿐 (정세랑)	소설
5위	여행의 이유 (김영하)	산문
6위	H마트에서 울다 (미셸 자우너)	에세이
7위	여자 없는 남자들 (무라카미 하루키)	소설
8위	가녀장의 시대 (이슬아)	소설

자료: 서울대 중앙도서관

    2024년 서울대 학부생이 도서관에서 가장 많이 빌린 책 10선에서 '전공 서적'이 7년 만에 순위 밖으로 밀려난 것도 중요한 시사점이다. 1~8위가 모두 문학이었다. 대학 도서관에서 대출률이 가장 높은 책은 전공 서적이라는 통념을 깨고 문학 도서들이 높은 순위를 차지한 것이다.

    이렇듯 혁신과 속도를 뒤로하고 순수 가치에 몰입하는 현상이 점차 뚜렷해지고, 이를 통한 삶의 속도 찾기도 지속되고 있다. 더군다나 근본적 가치에 대한 인문적 니즈는 테크놀로지를 만나 더 가벼워지고 즐거워졌다.

텍스트로 힙해지기

'힙'은 흔히 말하는 일반적인 감성은 아니다. 익숙하고 정제된 대중적 느낌보다는 비주류였던 것을 자기만의 언어로 재구성하는 과정에서 만들어지는 독특한 멋부림이다. 비주류이거나 관심 밖의 무언가를 나만의 방식으로 즐기고, 그것을 사회적으로 재해석하는 행위가 요즘 '힙'의 의미로 전환되고 있다. 지역 특산물과 시장이 로컬힙local hip이 되는 것도, 책을 읽고 글을 쓰는 행위가 텍스트힙text hip이 되는 것도, 클래식 음악을 감상하는 것이 클래식힙classic hip이 되는 것도 모두 같은 맥락이다.

이 중에서 지금 텍스트힙이 주목받고 있다. MZ세대 사이에서는 단지 책을 읽고 글을 쓰는 활동을 넘어 이런 경험을 스타일로 표현하고 나누는 것이 문화와 여가 활동의 중심으로 자리 잡고 있다. 2024년 한강 작가가 한국인 최초로 노벨 문학상을 받으면서 더 많은 사람이 이 트렌드에 합류할 것으로 보인다.

입소스 조사에 따르면, 2024년 책을 1권 이상 구입한 사람은 응답자의 70%로 나타났다. 구입자들은 1년 평균 6권의 책을 구입했고 구매 비용은 12만 원이며, 서점이나 북카페를 자주 방문한다. 이 트렌드는 책을 읽는 행위 이전에 책 자체가 자신만의 감각과 개성을 나타내는 방식이 됐음을 보여준다. 또한 서울국제도서전에 많은 젊은 세대가 몰려들어 책의 매력을 직접 체험하고 공유했다. 그만큼 독서가 단순한 정보 습득을 넘어 사회적 참여와 트렌드로 자리 잡고 있음을 알 수 있다.

2024년 도서 구입 경험이 어떻게 되시나요?

	전체	20대	30대	40대	50대	60대
구매 경험율(%)	70	75	66	78	63	73
구매권수(권)	6	6	5	7	5	5
구매비용(만 원)	12	11	12	12	13	11

자료: 입소스, '입소스 인식 조사 2025'

이렇듯 젊은 세대가 독서에 열광하게 된 이유는 다채로운 방식으로 책을 접할 수 있기 때문이다. 예를 들어 책을 읽고 북카페에서 친구들과 토론하거나 인스타그램에 책 사진을 올리는 등 책을 구매하고 읽는 행위 자체를 하나의 문화로 표현하고자 한다. 이런 흐름은 책을 읽고 공유하는 새로운 트렌드이자 독서의 즐거움을 널리 퍼뜨리는 기회가 된다.

텍스트힙은 책을 읽거나 글을 쓰는 행위가 어딘지 그럴듯해 보인다는 점에서 '독자와 작가로서 힙을 수행'하는 일종의 문화 행위다. 이 행위가 지식 습득이나 교양 함양 또는 자기 자신을 들여다보고자 하는 순수한 목적에서가 아니라 자랑하고자 하는 '변질된' 목적에서 출발한다는 점에서 논쟁적일 수도 있다. 하지만 한편으로는 오히려 그 점 때문에 고전적인 문화 자본 논쟁에서 한발 물러나 편하게 서 있을 수 있다.

프랑스 사회학자 피에르 부르디외Pierre Bourdieu의 문화 자본론에서는 문화 자본이 사회적 계층구조 내에서 개인의 지위와 사회적 이동성을 결정하는 데 중요한 역할을 하는 사회적 자산으로 이야기된다. 일반적으로 문화 자본은 교육, 언어, 취향, 예술적 이해 등 문화적 지식과 능력을 의미한다. 그래서 미술관이나 갤러리를 방문하는 취향은 개인 차원이 아니라 계급에 따른 것일 수 있다는 것이다. 더 나아가 유형 재산뿐 아니라 무형 문화 자본도 계급을 나누는 기준으로 말한다.

"취향이야말로 인간이 가진 모든 것의 기준이다. 즉, 취향은 인간이 다른 인간들에게 비치는 것의 기준이다. 취향이라는 문화 자본을 통해 사람들은 스스로를 구분하며, 다른 사람들에 의해 구분된다."

- 피에르 부르디외,《구별짓기》

그러나 지금의 텍스트힙은 조금 다른 차원에서 구별짓기를 한다. 대중화된 기술과 커뮤니케이션 채널의 다양성 덕에 문화적 지식과 능력의 축적을 통한 구별짓기보다는 근본적 가치에 대한 재해석과 새로운 즐거움을 통한 구별짓기로 받아들여진다. 물론 1980~1990년대 대학생들도 일부러 두꺼운 전공 서적이나 고전을 굳이 가방에 넣지 않고 손에 들고 다니곤 했다. 그때의 힙에 팔의 힘이 필요했다면 현재의 힙에는 손가락의 힘이 필요해 보인다.

나도 작가다

텍스트힙 문화가 확산되면서 책과 글쓰기는 단순한 취미가 아니라 하나의 라이프 스타일로 자리 잡고 있다. 남녀노소 세대를 구분하지 않고 자신이 읽고 느낀 것을 다양한 채널에서 공유하고, 이를 통해 다른 사람들과 연결되고자 한다.

한강의 노벨 문학상 수상은 이 현상과 더불어 문학에 관심을 높이는 데 결정적 역할을 했다. 대표작인 《소년이 온다》, 《채식주의자》, 《작별하지 않는다》 등은 즉시 베스트셀러에 등극했고 수상 엿새 만에 100만 부가 팔려나가는 기록을 세우기도 했다.

그런 측면에서 카카오의 브런치스토리는 누구나 글을 읽고 쓸 수 있는 공간으로 인식되고 있다. 브런치스토리는 '누구나 작가가 될 수 있다'는 가능성을 강조하며, 팝업 전시 등을 통해 많은 사람이 글쓰기에 흥미를 느낄 수 있게 하고 있다. 또한 트렌드에서 밀려난 듯했던 블로그 역시 다시 떠오르고 있다. 네이버가 내놓은 〈2024 네이버 블로그 리포트〉에 따르면 블로그 사용 시간은 총 7억 시간이었고, 2024년 새로 만들어진 블로그 수만 214만 개에 달했다. 쇼트폼 형태의 커뮤니케이션이 인기를 끌고 있는 가운데 사진이나 영상과 더불어 스토리를 공유하고 싶어 하는 마음 그리고 솔직한 감정을 글로 담아내자는 측면에서 블로그가 다시금 주목을 받는 듯하다.

텍스트힙과 관련된 신조어도 여럿이다. 독서할 때 오히려 도파민이 나온다는 '독파민'을 비롯해 '독붐온(독서 붐은 온다)', '오독완(오늘 독서 완료)', '오쓰완(오늘 쓰기 완료)' 같은 말이 책 관련 게시글마다 포착된다. 그간 독서 문화를 밀어내는 데 가장 큰 역할을 했다고 할 수 있는 SNS가 요즘에는 오히려 독서를 '흥하게' 하는 채널로 자리 잡은 모습이다.

클래식 긱

텍스트힙과 함께 이제 클래식도 힙해지고 있다. 젊은 층을 중심으로 고전과 예술을 열정적으로 파고드는 사람들이 늘어나고 있는데 이 현상에 '클래식 긱classic geek'이라는 이름을 붙였다. '클래식classic'과 특정 분야에 깊이 파고드는 사람을 의미하는 '긱geek'의 합성어다. 영화관과 야구장을 중심으로 형성됐던 Z세대의 주말 움직임이 미술관과 클래식 공연장으로 확장되고 있다. 인스타그래머블한 MZ세대의 니즈가 고전과 결합하며 클래식이 다시 한번 시대의 취향으로 자리 잡아가고 있다.

한국관광공사에서 운영하는 한국관광데이터랩(datalab.visitkorea.or.kr)에 따르면 2025년 3월 20대가 많이 찾은 '세대별 핫플레이스' 상위 10곳 중 4곳이 미술관과 공연장이었다. 예술의전당 오페라하우스는 검색량이 전년 동기 대비 161.8% 증가했고 국립중앙박물관(103.7%)과 국립국악원(86.4%)도 큰 폭으로 늘었다. 해외에서도 클래식힙 현상이 관찰된다. 틱톡 해시태그 '#클래식톡#classictok'이 조회수 8,000만 회를 넘어섰다.

세계적인 피아니스트 임윤찬과 조성진이 무대에 선 모든 공연은 예매를 시작하자마자 1분 안에 매진돼 티켓을 구하기 어렵다. 2025년 6월 대구에서 열린 조성진 리사이틀 티켓도 오픈 1분여 만에 매진됐다. 아이돌 못지않은 인기를 누리는 이들의 공연을 보기 위해 해외 원정을 감행하는 팬들도 있다. 서울뿐 아니라 대전, 광주, 부산 등 지방에서도 공연 티켓을 구하기가 하늘의 별 따기만큼 어렵다 보니 상대적으로 예매가 수월한 해외로 눈을 돌리는 팬들이 생겨난 것이다.

공영예술통합전산망KOPIS의 데이터와 〈2024년 공연시장 티켓판매 현황분석 보고서〉를 기반으로 보면 2020년부터 2024년까지 클래식 음악 공연의 건수, 회차, 티켓 예매 수, 티켓 판매액 등 모든 지표가 지속적으로 상승했음을 알 수 있다. 그리고 2024년 말에는 매출 1,000억 원을 돌파했다. 롤러코스터를 타듯 하루하루 가슴 졸이며 살아가는 현대 사회에서 정서적 안정과 마음의 평화를 찾는 이들이 많

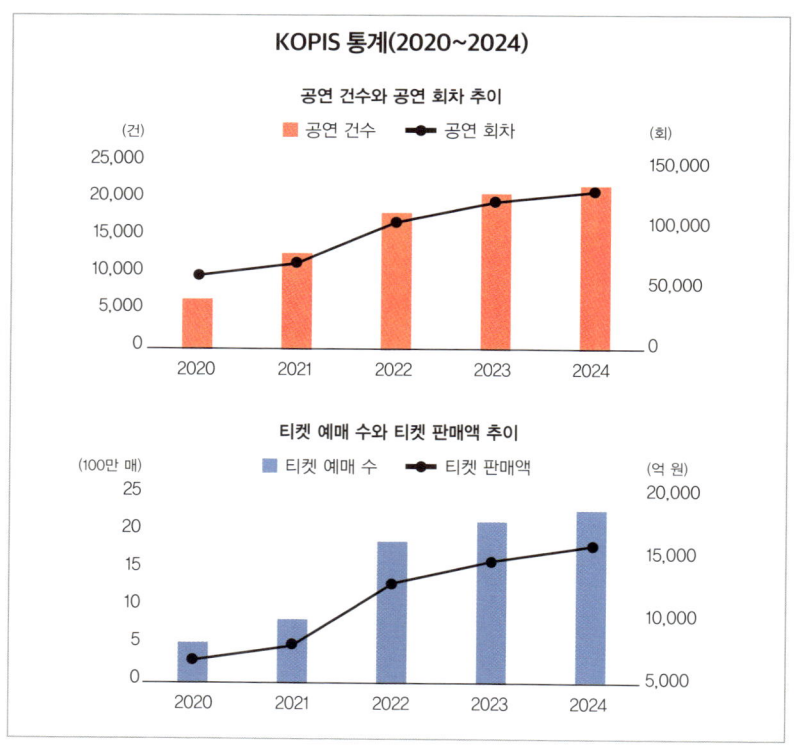

자료: KOPIS

아지면서 클래식 음악이 새로운 힙 장르로 부상하는 것으로 보인다.

2020년대에 접어들면서 유튜브는 클래식을 더 이상 소수의 취향이 아니라 누구나 쉽게 접근할 수 있는 대중적인 문화 콘텐츠로 바꿔놓았다. 우리 일상에 조용히 들어와 특별함을 더하고 있는 것이다. 다양한 유튜버가 제공하는 재미있으면서도 깊이 있는 해설과 그들만의 독특한 스타일 덕분에 클래식이 누구나 즐길 수 있는 취향으로 자리 잡아가고 있다.

SM클래식스SM Classics와 협업해 SM 명곡들을 클래식 편곡으로 들려주는 유튜브 채널 '클래식좀들어라'는 평균 조회수 5만을 기록하며 큰 인기를 누리고 있다. 클래식계의 개그맨으로 불리는 유튜버 '탱로그'와 '요를레히'는 고전음악을 쉽고 재미있게 풀어내며 대중과 소통하고 있다. 특히 틱톡을 통해 임윤찬의 연주가 널리 퍼지거나 유튜브로 조성진의 베토벤 소나타를 감상하는 것과 같은 모습은 이제 더 이상 특별하지 않다.

MZ세대는 지적 허영을 넘어 진짜 경험을 중시하며 클래식 음악을 찾는다. 자기만의 속도로 시간을 느끼고 온전히 집중하는 경험을 위해 클래식을 즐기며, 그들에게 스타 피아니스트의 이름을 검색하고 오케스트라 공연 티켓을 예매하는 것은 일상의 한 부분이 되었다. 소수의 교양이 아니라 우리의 감각을 채우는 가장 효과적인 도구로 자리 잡았다는 얘기다. 그들에게 클래식 공연은 조용히 앉아 감각을 집중시키고 자신만의 속도로 시간을 보내는 '고요한 플렉스'다. 이는 현대인의 정서적 필요와 취향의 변화를 반영한 것으로, 클래식 음악은 이제 '진짜 나'를 찾는 세대의 동반자로 자리매김하고 있다.

미술관 역시 20~30대 MZ세대의 핫플레이스로 주목받고 있다. 격식은 물론 전문 지식도 갖춰야만 갈 수 있는 장소라는 선입견에서 벗어나 사진도 찍고 문화인 인증도 하면서 가벼운 즐거움을 함께 소통할 수 있는 장소가 됐다.

2025년 4~6월에 열린 국립현대미술관의 '론 뮤익' 전시는 개막 두 달도 채 안 된 50여 일 만에 누적 관람객 수 30만 명을 넘어섰다. 전시 개최 중반을 지나면서도 하루 평균 5,500명 이상이 전시장을 방문하며 연일 화제의 전시로 회자됐는데, 관람객 중 20~30대가 72%(20대 43.8%, 30대 28.2%)로 압도적이었다. 젊은 관람객들이 가장 먼저 꼽은 이 전시의 매력은 '사진 찍고 싶은 조각'이 곳곳에 있다는 점이다. 뮤익의 작품은 정교한 표현이 돋보이는 극사실적 인체 조각으로, 관람객은 이런 인물 조각상 옆에서 자연스럽게 '인증샷'을 찍는다. 공간 안에서 예술을 경험하고 증명하길 좋아하는 2030세대의 문화 소비 방식과 잘 맞아떨어지는 셈이다.

2024년 국립현대미술관 전체 관람객 중 2030세대가 전체의 약 66%에 달하는 것으로 나타났는데, 특히 20대가 41.3%를 차지했다. 이들은 대체로 포토존 중심의 인스타그래머블한 전시를 선호했지만, 최근에는 고전미술에 대한 관심이 점차 높아져 전시 자체에 몰입하는 흐름이 뚜렷하다.

한국관광데이터랩에 따르면, 한가람미술관은 2025년 1월 기준 최근 3개월간 20대 방문 비율이 419% 증가해 급상승 핫플 2위에 올랐다. 2024년 11월부터 선보인 '빛의 거장 카라바조 & 바로크의 얼굴들'과 '불멸의 화가 반 고흐' 같은 고전미술 중심의 전시가 큰 호응을 얻은 덕분이다. 특히 '불멸의 화가 반 고흐' 전시는 두 달여 만에 관람객 35만 명을 모았다.

 혼란하고 어려운 시기, 그간 어렵게만 여겼던 인문적 가치에 젊은 층이 한 걸음 더 다가서고 있다. 고전과 순수문학을 읽고, 내 생각을 글로 쓰고, 클래식과 미술 작품을 감상하며 조용한 행복을 소비한다. 빠르지도 않고 과시적이지도 않다. 성장과 성공의 지붕 아래서 조용히 인간의 본성에 다가간다. 인간성을 회복하고 궁극적인 삶의 가치에 접근하기 위한 조용한 행보다.

마켓 리서처의 시각

20~21세기 한국은 산업화, 민주화, 디지털화, K-컬처라는 눈부신 성취를 이뤘고 현재도 이뤄나가고 있다. 그러나 한국 경제는 구조적 도전에 부닥치고 있다. 저출생·고령화로 생산력과 활력이 저하되는 동시에 정치적·경제적 양극화와 사회 갈등의 골이 깊어지고 있다. 통합과 혁신을 앞서 이끌어야 할 정치가 오히려 분열을 부추기고, 공존·공감·공익이라는 가치가 무너지면서 각자도생의 개인주의가 급격히 확산되고 있다.

민주주의와 시장경제는 인간 존엄과 행복을 바탕으로 발맞춰 발전해야 한다. 휴머니즘 가치, 도덕 감정, 개인과 공동체의 상생, 경쟁과 협력이 공존하는 시장경제 속에서 자유, 공감, 결속의 시너지를 추구해야 한다. 그래서 우리 사회에서 최근 나타나고 있는 인문적 가치에 대한 관심은 그동안 일궈온 과학경영에서 인문경영으로의 전환을 요구하는 신호라고 생각한다. '잘산다'의 기준이 경제적 수치에서 인문적 가치로 전환되고 있는 것이다. 다만, 아직 사회적 구조가 제대로 응답하지 못하고 있다. 무엇이 진짜 잘 사는 것인지에 대한 인문적인 물음에 우리는 여전히 낯설어한다.

그동안 우리는 속도와 효율을 최고의 가치로 생각해왔다. 즉 적은 비용으로 많이 생산하는 것을 가장 좋은 가치라고 여겨왔으며 모든 것이 생산성 향상을 위해 존재했다. 인문적 가치의 핵심은 우리의 삶이다. 여기서 사람이 사람을 만난다. 그런 측면에서 인간 중심적 삶의 가치에 접근하고자 하는 현재의 흐름은 매우 본능적이다.

필로테라피가 건강한 사회적 흐름이 되기 위해서는 속도와 효율만을 강요하는 사회 시스템의 변화가 필요하다. 특히 교육과 조직 문화가 정답 및 성과 중심주의에서 벗어나야 한다. 질문하고 토론하며 깊이 있게 성찰할 시간을 보장하는 사회적 분위기가 조성돼야 한다. 인문적 접근과 순수예술 및 문화에 대한 경험 측면에서 보면, 문화 예술 시설이 대도시에 지나치게 몰려 있는 것은 바람직하지 않다. 예술이 불공정하게 분배되는 현실이 개인에게 미치는 영향은 인문적 가치 경험을 넘어 문화 인프라와 사회구조 같은 광범위한 공공 문제와도 연관된다. 따라서 비수도권의 문화 경험 공간을 활성화하는 것은 매우 중요한 과제다.

기업은 이제 '철학'을 설계하고 '의미'를 판매하는 데 집중해야 한다. AI가 정답을 찾아주는 시대에 브랜드는 역설적으로 '질문'을 던져야 한다. 소비자의 삶에 기능이 아닌 의미를, 속도가 아닌 깊이를 제공하는 것이 새로운 생존 전략이다.

제품과 서비스 제공에서 단순한 사용설명서를 넘어 제품에 담긴 역사적 배경, 철학적 의미, 예술적 영감을 깊이 있는 콘텐츠로 제작하여 제공하는 것도 훌륭한 아이디어다. 패션 브랜드가 디자인의 영감이 된 특정 시대의 예술 사조를 함께 설명해주는 것처럼 말이다. 브랜드의 가치를 중심으로 고객들이 토론하고 배울 수 있는 온오프라인 커뮤니티를 구축하고 북클럽, 인문학 강연, 고전음악 감상회 등을 제공하여 고객을 충성도 높은 지적 파트너로 이끌 필요도 있다.

마케팅 커뮤니케이션 측면에서는 작가, 철학자, 역사가 등 해당 분야의 전문가와 협업하여 브랜드 메시지에 깊이와 신뢰를 더하는 접근을 고려해볼 만하다. 그럼으로써 브랜드가 단지 유행을 좇는 것이 아니라 가치를 탐구하는 진정성 있는 주체임을 공유할 수 있다.

SIGNAL 3.

고유함이 브랜드: 트렌드와 전통의 만남

도널드 트럼프 미국 대통령이 관세 전쟁을 통해 우방국을 포함한 세계 모든 국가와 새로운 관계를 형성해가는 가운데, 핵심 타깃인 중국을 전방위적으로 압박하면서 중국에선 궈차오國潮(애국주의 소비) 움직임이 확산되고 있다. 중국의 경제 발전과 더불어 애국주의 교육을 집중적으로 받은 중국의 MZ세대가 소득 증가에 힘입어 궈차오 열풍을 주도하고 있는데, 이 열풍은 중국 기업들의 성장에 날개를 달아주고 중국 소비 시장 확대를 이끌어가는 주요 트렌드로 자리 잡았다.

이런 분위기 속에 중국 최대 이커머스 기업 징둥은 앞으로 1년간 총 2,000억 위안(약 40조 원) 규모의 수출 상품을 내수용으로 구매하겠다고 밝혔다. 알리바바 산하 신선식품 브랜드인 허마(프레시포), 더우인, 콰이쇼우 등 중국 유통 공룡들도 속속 관련 대책을 내놓고 있다.

애국 소비는 중국에서만 일어나는 움직임이 아니다. "트럼프의 관세 위협에 맞서 단결해야 한다. 모든 캐나다인이 같은 정신으로 뭉쳐야만 한다." 피에르 폴리에브Pierre Poilievre 캐나다 보수당 대표가 전 국민 차원의 미국산 제품 불매운동을 독려하며 한 말이다. 캐나다 앵거스 리드 연구소Angus Reid Institute의 설문조사 결과에 따르면, 트럼프발 관세 위협 이후 캐나다인 98%가 슈퍼마켓 등에서 자국산 제품을 우선 구매하고 있는 것으로 나타났다. 캐나다 슈퍼마켓 체인 로블록스는 "캐나다산 제품의 주간 판매량이 최근 두 자릿수 이상 늘었다"라고 영국 BBC에 밝혔다.

프랑스·벨기에·네덜란드·덴마크·스웨덴 등에선 소셜미디어에 '미국 제품 불매' 모임이 생기면서 수십만 명이 동조하고 나섰다. 프

캐나다산 구입을 독려하는 밴쿠버의 한 주류 매장

자료: 〈이코노미조선〉, 〈로이터연합〉

랑스에선 맥도날드 대신 프랑스 브랜드인 퀵버거를, 코카-콜라 대신 브르타뉴산 브레즈 콜라를 마시자는 움직임도 일어났다. 2025년 3월 독일 소비자 조사에서는 53%가 '미국산 제품을 더 이상 사지 않겠다'고 응답했다. 유럽인들은 미국 여행도 자제하는 분위기다. 미 국제무역청에 따르면 2025년 3월 미국에서 1박 이상 체류한 서유럽 관광객 수는 전년 동월 대비 17% 줄었다. 코로나 팬데믹 이후 가장 큰 낙폭이다. 중국을 고립시키기 위해 뽑아 든 트럼프의 상호 관세 카드가 되레 미국을 국제사회에서 고립시키고 있는 것이다. 전 세계적인 미국산 불매운동 확산으로 미국 경제에 최대 900억 달러(약 128조 4,030억 원)의 손실이 발생할 수 있다는 전망도 나왔다.

2025년 6월 취임 후 첫 국무회의를 주재한 이재명 대통령이 왼쪽 가슴에 '찢어진 태극기' 배지를 달고 등장해 이목을 끌었다. 역사의식과 나라의 정체성 회복에 대한 강한 의지 표명으로 보인다. 이날 이 대통령이 왼쪽 가슴에 착용한 모서리가 잘려 보이는 태극기 배지는 '진관사 태극기'를 형상화한 것이다. 진관사 태극기는 3·1운동이 일어난 1919년 제작된 것으로 추정되며, 일장기 위에 먹으로 태극과 4괘를 덧칠해 만든 가장 오래된 태극기로 알려져 있다.

국가보훈부는 2025년 광복 80주년을 맞이하여 사건 중심의 독립운동을 선정해 '이달의 독립운동'으로 발표했다. 3·1운동을 비롯해 12개가 선정됐는데, 1월의 독립운동은 '국채보상운동'이었다. 국채보상운동은 일본의 침탈에 맞서 나랏빚 1,300만 원을 갚자는 범국민 애국계몽운동이었다.

서울 진관사 태극기

자료: 국가유산포털

국채보상운동을 상세히 기록한 문서

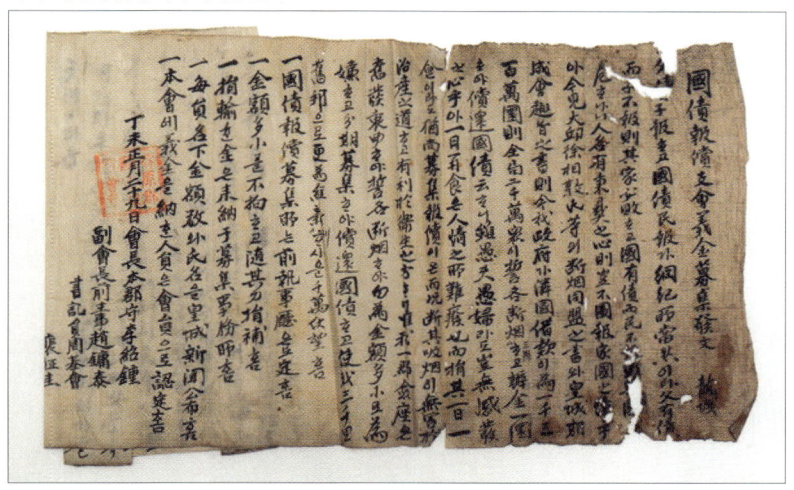

자료: 국채보상운동 기념사업회

애국심은 좀처럼 부인하기 어려운 도덕적 가치다. 애국하지 않겠다는 것은 곧 매국을 의미하기 때문에 방법이나 방향에 대한 이견은 있더라도 애국 자체를 부정하는 사람은 보기 드물다. 코로나19 시기에도 이런 자국 이기주의와 애국에 대한 논란이 있었다. 일본 제품을 쓰거나 일본 여행을 다녀오면 색안경을 끼고 바라보기도 했다. 또 중국인을 추방하라는 여론도 거셌다. 하지만 자기 나라를 사랑하고 정체성을 확립하는 것이 외국인 및 외국 문화 혐오와 연결되는 것은 결코 건강하지 않다. 그래서 중국의 궈차오와 같이 과한 애국은 반작용을 부르기 마련이다.

그에 반해 최근 우리나라에서 볼 수 있는 우리 것 사랑하기, 우리 것 찾기는 우리의 근본적 가치를 소중히 여기는 세련되고 건강한 모습이다. K-팝, K-푸드, K-컬처에 대한 관심과 소비에 이어 우리 언어에 대한 관심이 새로운 흐름으로 나타나고 있는데 이에 대해서는 더 구체적인 준비가 필요해 보인다.

힙트래디션

'힙트래디션hip-tradition'이란 트렌디하고 개성이 강하다는 의미의 '힙hip'과 전통을 의미하는 '트래디션tradition'이 합쳐진 말로, 현대적으로 재해석한 전통문화를 젊은 세대가 즐기고 소비하는 트렌드를 의미한다.

젊은 층이 관심을 보이는 전통문화는 의식주 분야를 망라한다. '할매니얼'은 약과, 떡 등 할머니들이 즐길 법한 예스러운 먹거리를 즐기는 밀레니얼 세대를 의미한다. '약과'와 '티케팅'을 합친 '약케팅'이라는 말이 등장할 정도로 약과 품절 대란이 발생하기도 했다. 약과로 시작된 전통 간식에 대한 관심은 크룽지, 양갱, 개성주악 등으로 이어져 다양한 전통 먹거리가 많은 사랑을 받고 있다. 특이함과 개성을 중시하는 MZ세대의 특성과 건강을 중시하는 트렌드가 맞물려 빚어낸 결과다.

MZ세대의 전통주 소비도 꾸준히 증가하고 있다. '할아버지 술'로만 여겨졌던 전통주가 MZ세대에게 인기를 끌며 '힙한 술'로 거듭나고 있다. 전통주는 지역, 원료, 제조 공정 등에 따라 맛과 향이 천차만별이라 취향껏 즐기는 재미가 있다. 개성을 중시하는 MZ세대가 전통주에 빠진 이유다. 더불어 집에서 술을 마시는 홈술 문화가 정착되면서 전통주가 인기를 끌었다는 분석이다. 특히 하이볼로 시작된 주류 시장 내 '믹솔로지mixology' 트렌드가 전통주에까지 영향을 미치고 있으며, 전통주를 자신의 취향에 맞춰 마시는 음용 행태도 나타나고 있다. 이런 분위기 속에서 정부는 2027년까지 전통 주류 매출액 2조 원, 수출액 5,000만 달러 달성을 목표로 세웠다.

전통문화를 활용한 굿즈도 많은 인기를 끌고 있다. 일명 뮷즈(뮤지엄+굿즈)로 알려진 이 제품들은 우리의 전통문화 유산을 현대적인 감성으로 재탄생시킨 것으로, 젊은 세대에게 힙한 아이템으로 입소문을 타며 많은 사랑을 받고 있다. 최근에 많이 알려진 뮷즈는 우리나라 국보인 금동 미륵보살 반가사유상 미니어처다. 실제 반가사유상의 8분의 1 크기로 줄인 이 미니어처는 그룹 BTS의 리더 RM이 소장하고 있다는 사실이 알려지면서 품절 사태가 일어나기도 했다.

국립중앙박물관의 굿즈

자료: 국립중앙박물관

　최근에는 국립중앙박물관 굿즈 '취객 선비 3인방 변색 잔 세트'가 큰 인기를 끌고 있다. 김홍도의 작품에 등장하는 선비를 모티브로 한 굿즈로 선비가 그려진 잔에 술이나 물을 따르면 잔에 그려진 선비의 얼굴이 붉게 달아오른다. 힙한 감성으로 재탄생한 굿즈의 인기를 바탕으로 2024년 국립중앙박물관의 굿즈 매출액은 2024년에 전년보다 42% 증가한 213억 원을 기록했다. 굿즈 매출이 200억 원을 넘은 것은 처음이다.

　이런 내셔널 굿즈의 인기 덕분에 전통 문양을 활용한 굿즈가 많아졌으며, 우리의 전통문화를 더 세련되게 표현하고 젊은 감각으로 소비자와 소통하려는 소상공인들도 늘어났다. 금하칠보는 57년간 3대에 걸쳐 한국 수공예의 전통과 역사를 지켜온 장인답게 한국의 미를 현대적으로 재해석하여 실용적인 패션 액세서리와 리빙 제품을 선보이는 K-칠보 브랜드다. 복합 문화공간 반초갤러리에서는 칠보 공예와 더불어 차 도구 및 차 체험을 제공하며 전통 공예의 대중화에 기여하고 있다. 또한 다나픽코리아는 광장시장에서 30~40년 경력의 한복 장인들과 협업하여 한국의 전통 한복과 아이템 등을 현대화하는 작업을 하고 있으며, 일상에 자연스럽게 녹아드는 전통을 소비자들에게 제안하고 있다.

　전통 문양이 가진 특유의 절제미와 단아함은 다양한 제품을 통해 현대적이고 세련된 멋으로 재해석되고 있다. 전통적 정서가 차별적 취향과 실용성이라는 요소와 결합해 감상하는 전통에서 소통하는 전통으로 진화하면서 한국 전통문화 시장의 성장을 이끌고 있다.

　전통문화의 꺼져가던 불씨를 힙하게 되살리고 한류와 더불어 글로벌 시장에 우리 문화를 알리는 중요한 출발점이 되는 긍정적인 효과를 낸다는 점에서는 환영할 일이지만, 부정적인 부분도 함께 고려해야 한다. 단기적인 호기심과 재미 위주의 가벼운 해석 그리고 과도한 상업화를 통한 전통문화의 정체성 훼손 같은 문제를 해소하기 위해 중·장기적이고 체계적인 접근과 지원이 필요하다. 전통을 사랑하고

전통문화를 현대적으로 재해석한 상품들

자료: 금하칠보, 다나픽코리아

전통의 가치를 재해석하는 것, 내가 가지고 있던 근본적 가치를 잘 유지하면서 시대에 맞게 재포장하는 것이야말로 긍정적 애국 소비의 방향이 아닐까 생각한다.

신토불이와 로카보어

글로벌 경제의 불확실성 속에 자국 제품에 대한 관심이 커지면서 지역 경제 활성화가 중요 이슈로 부상했다. 비슷비슷한 제품과 서비스가 만연한 가운데 독특하고 새로운 경험을 원하는 소비자의 니즈가 지역 고유의 가치 및 지속 가능한 발전을 중요하게 생각하는 분위기와 맞물린 것이다. 이 흐름이 MZ세대를 중심으로 가치 소비의 한 형태인 로코노미(local+economy) 트렌드를 만들고 있다. 로코노미 현상은 지역 경제의 활성화에 기여함으로써 지역 사회의 발전과 지역 간 격차 해소에 중요한 역할을 한다.

로코노미 현상 중 가장 눈에 띄는 것은 다양한 지역 농산물에 대한 소비다. 신토불이身土不二는 원래 불교 용어로, 몸과 자신이 태어난 땅은 둘이 아니고 하나라는 뜻이다. 즉, 자신의 몸과 그 몸을 키우는 땅에서 나온 음식은 서로 잘 맞고 서로에게 이롭다는 의미로 해석할 수 있다.

신토불이는 한국인의 용어이지만 신토불이를 중요하게 생각하는 데는 동서양이 따로 없다. 유럽의 광우병과 중국산 우유 스캔들 같은 식품 관련 위기를 겪으면서 세계적으로 로컬 소비에 관심이 커졌다. 디국에서는 로컬퍼스트Local First 운동이 시작됐고, 프랑스에서는 AMAP(지역농가지원협회), 영국에서는 푸드코업Food Co-op, 이탈리아에서는 공정구매그룹, 벨기에에서는 GASAP(지역농가지원 공정구매그룹)가 생겨났다. 그래서 위치를 뜻하는 라틴어 'locus'와 삼킨다는 뜻의 'vorare'가 합쳐져서 '로카보어locavore'라는 신조어가 등장해 뉴 옥스퍼드 사전에도 등재됐다. 로카보어는 자신의 지역에서 생산한 제품을 소비하고자 하는 분위기와 트렌드를 이야기한다.

2019년 옵세르바트 세텔렘L'Observatoire Cetelem에서 유럽 17개국 소비자를 대상으로 조사한 〈로컬 소비 리포트Local Consumption Report〉를 보면 유럽인들은 '현지 제품'에 대한 개념이 매우 명확한 것으로 것으로 나타났다. 평균적으로 64%는 '현지 제품'이 자신이 거주하는 지역에서 생산한 제품이라고 생각하고, 31%는 자국에서 생산한 제품이라고 생각한다. 단지 5%만이 유럽 제품, 즉 EU 제품을 의미한다고 생각하는 것으로 나타나 로컬 제품에 대한 인식은 자신의 거주 지역과 국가를 중심으로 형성돼 있는 것으로 보인다.

또한 유럽인들은 '현지 제품'에 대해 89%가 만족하는 것으로 나타났다. 특히 오스트리아(93%), 독일(92%), 이탈리아(92%), 루마니아(90%)에서 만족도가 높았다. 특히 음식·식재료에 대해서는 유럽 평균 87%가 자국에서 생산된 것을 선호하는 것으로 나타나 유럽 지역에서 로카보어의 분위기는 여전히 중요한 트렌드임을 시사한다.

로컬푸드에 대한 소비자들의 관심이 커지면서 정부와 지자체들도 지역 생산물을 적극적으로 지원하고 홍보한다. 로컬푸드란 장거리 운

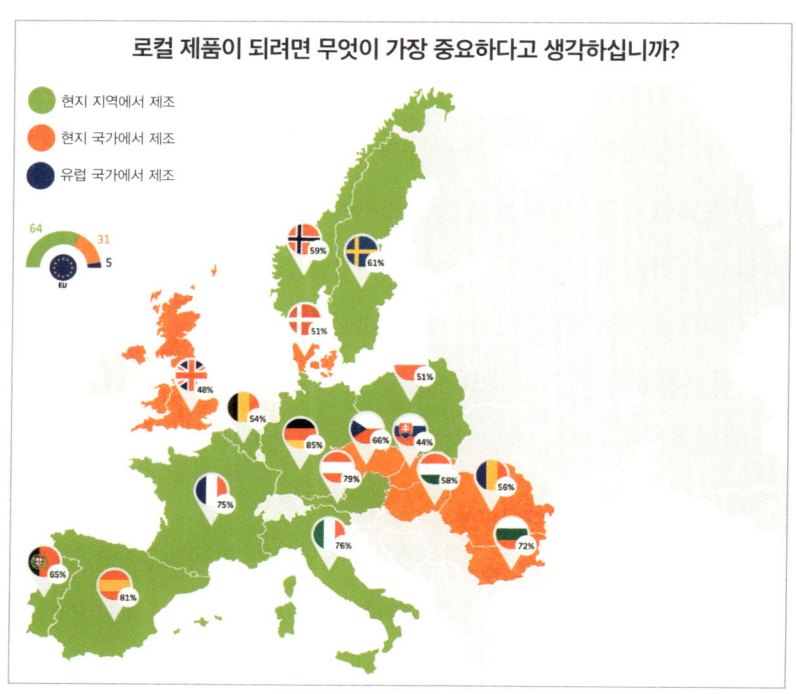

자료: 옵세르바트 세텔렘, 〈로컬 소비 리포트〉, 2019

송을 거치지 않은 지역 농산물로, 보통 반경 50킬로미터 이내에서 생산돼 당일 수확·판매하는 신선 농산물을 지칭한다. 지역에서 생산된 먹거리를 그 지역에서 소비하자는 것이 '로컬푸드 운동'이다. 내가 사는 지역에서 생산된 신선한 먹거리를 소비하면 여러 가지 장점이 있다. 생산지에서 소비자한테까지 가는 단계를 줄이면 신선도가 유지될 뿐 아니라 가격 면에서도 저렴해진다.

또한 대형 유통망을 통한 농산물의 장거리 이동이 불러온 환경 훼손과 식품 안전 문제 그리고 농촌 공동화 현상에 대한 우려를 완화할 수 있다.

로컬푸드를 소비하자는 움직임은 디지털 기술과 맞물려 과거의 지역 내 오프라인 매장을 넘어 온라인 판매를 통해 더욱 활성화되고 있고, 지역의 특성을 살리거나 개인의 아이디어가 번뜩이는 개별 브랜드들도 속속 등장하고 있다. 또한 품질 관리 및 가격 관리 등도 기술의 발전과 지자체 지원 등을 통해 빠르게 안정을 찾아가고 있다.

2025년 5월 국립극장에서 열린 '아트 인 마르쉐Art in Marche'는 국립극장과 농부시장 마르쉐가 협업하여 만든 시장이다. '마르쉐Marche'는 프랑스어로 '어디서든 열릴 수 있는 시장'이라는 의미다. 농부시장 마르쉐는 2012년 10월 처음 문을 열었는데 물건과 돈만 오가는 시장을 넘어 사람, 관계, 대화가 공유되고 교류되고 어울리게 하자는 취지에서 시작했다고 한다. 이곳은 거래와 이야기가 공존하는 시장이면서 문화

아트 인 마르쉐

자료: 마르쉐

공간이다. 각 지역의 농부들이 직접 키운 농산물을 가지고 나와 소비자들과 직접 대화를 나눈다. 지역 농산물로 만든 음식과 음료를 구매할 수 있고 그 자리에서 먹어볼 수도 있다. 또한 아티스트들이 연주하는 음악도 감상할 수 있다.

지역 생산물 경제 활성화는 이렇듯 다양한 형태로 자리를 잡아가고 있다. 과거 지역 농산물 판매장이나 코너를 넘어 온라인을 통해 개별 브랜드 형태로 성장하거나, 직접 소비자와 만나 경험을 공유하고 문화 이벤트를 병행하며 소비자에게 스며든다. 지역의 특색과 본연의 가치가 조금씩 힘을 발휘하면서 하나의 트렌드를 형성하고 있다.

새롭게 부상하는 글로벌 신제품, 한국어

'에펠탑 파코'를 아는가? 프랑스 파리 에펠탑 촬영 명소인 트로카데로 광장에 가면 능숙한 억양의 한국어로 기념품을 판매하는 파코를 만날 수 있다. 그는 20~30대로 보이는 세네갈 출신의 이주민으로, 한국을 방문한 적이 한 번도 없지만 놀라울 정도로 한국어를 잘한다. 한국인 관광객에게 '어머님', '형님'을 외치면서 사진도 찍어주고 에펠탑 모형을 판매한다. 최근 한국인 관광객 사이에서 '에펠탑 파코'는 에펠탑보다 더한 명물이 됐다.

해외 출장이나 외국인들과의 교류가 많은 사람은 비슷하게 느끼는 감정이겠지만, 한국어를 할 줄 아는 외국인들이 생각보다 빠르게 늘고 있다. 이제 어느 나라를 가든 한국어로 그 나라 문화나 사람들의 흉을 보는 것은 위험하다고 말하는 이들도 적지 않다. 갑자기 옆에서 "저기요"라며 불러 세울지 모른다.

K-팝을 선두로 한 한류 문화와 한국 기업 제품들의 영향력이 커지면서 세계 곳곳에서 한글 배우기 붐이 일고 있다. 중국, 일본, 동남아는 물론 미국, 유럽, 아프리카에 사는 사람들까지도 우리말을 배우고 사용하고 있다.

2010년대 들어 K-팝의 영향으로 노래를 따라 부르고 가사를 이해하려는 일부 팬들이 한글을 배우기 시작했다. 이어 한국 영화, 음식, 기업 제품까지 글로벌 무대에서 인기를 끌자 우리말의 인기도 덩달아 높아졌다. 일본과 동남아시아의 10~20대 사이에서는 우리말 비속어와 신조어를 따라 하는 것이 이제 일상이 됐다. '대박', '먹방', '오빠' 등의 단어는 외국인들도 일반적으로 사용할 정도다.

에펠탑 파코

자료: 유튜브 '유럽을 탐하다'

〈오징어 게임〉과 〈기생충〉, 'BTS'와 '블랙핑크'를 넘어 K-컬처를 새로운 시각으로 바라보는 움직임도 생겨났다. 이제는 편집되고 포장된 한국이 아니라 날것 그대로의 한국에 관심을 갖기 시작했다. 말 그대로 그냥 한국이다. 여기서 나타나는 가장 큰 흐름이 언어다. 이제 한국어는 호기심과 재미의 대상이 아니라 하나의 상품이 됐다.

브리태니커에 따르면, 2020년을 기준으로 전 세계에서 가장 많이 사용되는 언어 24위에 한국어가 올라가 있다. 1위는 영어(14억 5,600여만 명), 2위는 중국 베이징 표준말, 3위는 인도 힌디어, 4위는 스페인어, 5위는 프랑스어 순이다. 에스놀로그Ethnologue(전 세계의 언어 정보를 수집·분류하는 온라인 데이터베이스, ethnologue.com) 스물두 번째 판에서는 전 세계에서 한국어를 사용하는 인구가 7,700만여 명이며 전 세계 언어 중 모국어 사용자 수에 따른 한국어의 순위를 14위로 분류했다. 전 세계에서 사용되는 언어가 7,000개 이상임을 고려할 때 한국어가 최상위에 속한다는 사실을 알 수 있다.

교육부는 한국어를 제2외국어로 채택하는 국가가 2014년 11개국에서 2023년 23개국으로 꾸준히 늘었다고 밝혔다. 대학 입시에서 한국어 과목을 채택한 국가들도 2014년에는 4개국에 불과했지만, 2023년에는 일본·프랑스·말레이시아 등 10개국으로 증가했다고 한다.

이제 한글과 한국어에 대한 우리의 시각과 글로벌 공유는 지금까지와는 다른 시각에서 출발하는 것이 맞을 것 같다. 더 체계적이고 높은 수준의 교육 관리가 병행되어야 한다.

양질의 교육 제공이야말로 중장기적으로 한국과 한국 문화에 대한 올바른 이해와 더불어 한글과 한국어에 대한 글로벌 소비자들의 로열티를 만들고 많은 지한파를 만드는 출발점이다.

마켓 리서처의 시각

〈케이팝 데몬 헌터스(케데헌)〉는 대한민국의 K-팝 아이돌을 소재로 하는 최초의 해외 제작 애니메이션이다. 소니 픽처스 애니메이션 스튜디오가 특유의 미장센과 연출로 탄생시켰다. 서울의 북촌이나 성곽, 도심 명소 등을 다채롭게 선보이고 우리의 전통

외신에 소개된 〈케데헌〉

'KPop Demon Hunters' Will Submit Original Song 'Golden' for Awards Consideration (EXCLUSIVE)

The song is also becoming an official single, with a three-track bundle, including "Golden," "Golden - Instrumental" and "Golden - A Cappella," to be released on Friday.

By Katcy Stephan

자료: 〈버라이어티〉

적인 매듭, 갓, 민화 등 전통 모티프를 구체적이고 섬세하게 묘사했다.

OST는 이미 글로벌 각종 차트의 상위권을 점령했다. 미국 빌보드 메인 싱글 차트 '핫 100'에는 무려 7곡이나 진입했고, 세계 최대 음원 플랫폼 스포티파이Spotify에서도 미국 일간 차트 1위를 달성했다.

영화가 성공하자 다양한 비평과 분석이 쏟아져 나왔다. 심지어 비판도 나왔는데, 원인을 파악하고 새로운 프레임을 만들기에 급급했다. 그냥 보자. 한국인이 만들지 않았음에도 K-팝 걸그룹은 한국의 전통 무속인 무당 스토리와 연결되고, 우리 민화의 까치와 해태가 이야기의 흐름을 이끈다. 어떤 분석이 더 필요한가? 전통과 현대가 어우러져 어느 나라의 문화보다 세련되면서도 우아한 가치 그리고 강한 에너지를 지닌 우리 문화에 대한 열광이라고 하면 '국뽕'으로 치부할 것인가?

〈케데헌〉의 글로벌 흥행으로 한국 전통문화와 K-팝, K-굿즈에 세계적으로 관심이 집중됐고 해외 소비자들의 K-굿즈 구매도 눈에 띄게 늘었다. 2025년 7월 2일 국립중앙박물관은 "〈케데헌〉에 등장한 작호도(호랑이, 까치가 함께 그려진 전통 민화), 갓 등 한국 전

까치 호랑이 배지

자료: 국립중앙박물관 온라인 뮤지엄숍

통문화 요소가 주목받으며 박물관 문화 상품에 대한 관심이 높아졌다"며 "'까치 호랑이 배지', '흑립 갓끈 볼펜' 등은 입고 즉시 품절되고 있으며 '뮷즈' 온라인숍 일평균 방문자 수가 26만여 명에 달한다"라고 밝혔다. 6월 20일 〈케데헌〉이 개봉됐는데, 이전 온라인숍 일평균 방문자 수는 6만 명이었다. 〈케데헌〉 열풍에 힘입어 방문객이 한 달 새 4배 이상 증가한 것이다.

한국뿐 아니라 모든 나라의 고유한 전통문화는 우리 모두에게 존중과 다양성을 수용하게 하는 보편적 가치를 지닌다. 이처럼 중요한 유산을 잘 유지하기 위해서는 시대적 변화를 수용하는 태도 역시 중요하다. 한국은 체류 외국인이 이미 200만 명을 넘어선 나라이며, 국제결혼도 증가하고 있다. 이런 추세가 지속된다면 한국에서는 단일민족으로서의 문화가 아닌 또 다른 형태의 문화가 탄생할 것이다. 물론 시대의 흐름에 따라 문화는 자연스럽게 새로운 추세를 받아들이고 이를 통해 새롭게 발전하고 성장한다. 그것이 고유한 전통의 포기를 의미하는 것은 아니다.

국적 없는 글로벌 브랜드의 시대는 끝났다. 소비자는 이제 브랜드가 어디에 뿌리를 두고 있으며, 어떤 고유한 역사와 철학을 가지고 있는지를 묻는다. 지역의 장인과 협업하고, 전통에서 영감을 얻으며, 우리 동네의 이야기에 귀 기울이는 브랜드만이 이 새로운 시대의 진정한 로컬 히어로가 될 수 있을 것이다. 역설적이게도, 가장 세계적인 것은 가장 우리다운 것에서 시작된다. 우리의 뿌리를 파고들 시간이다.

이런 측면에서 정부와 지자체는 각 지역에 흩어져 있는 고유의 문화유산, 전통 기술, 토종 씨앗 등을 체계적으로 데이터베이스화하고, 누구나 쉽게 접근하고 활용할 수 있는 디지털 로컬 아카이브를 구축해야 한다. 또한 청년들이 자신의 아이디어로 지역의 가치를 재창조할 수 있도록 창업 자금, 공간, 법률 및 마케팅 컨설팅 등을 포괄적으로 지원하는 로컬 스타트업 인큐베이팅 시스템을 강화할 필요도 있다.

무엇보다 한글과 한국어에 대한 수요는 정부와 기업 모두에 새로운 기회로 보인다. 더욱 체계적인 한글·한국어 교육 시스템 구축과 더불어 올바른 한국어와 양질의 한국 문화 이해 프로그램을 개발하여 세계적으로 전파하고 지원할 필요가 있다.

기업은 향후 제품과 서비스에 '어떻게 한글과 한국어를 활용할 것인가'를 생각해볼 필요가 있다. 제품 및 서비스 측면에서 기존에는 어려웠던 새로운 가치 제공자의 역할을 할 것으로 기대한다.

로컬푸드 및 상품에 대한 접근성 강화도 필요하다. 대부분의 로컬푸드 직매장은 도심이 아니라 외곽에 있다. 경기연구원이 2022년 30대 이상 경기도민을 대상으로 진행한 조사에 따르면 로컬푸드 직매장 이용 경험이 없는 도민 가운데 64.8%는 '주변에 직매장이 없어서 이용하지 않았다'고 답했다. 이용 경험이 있는 도민 가운데서도 52.4%는 '거리가 멀어서 향후 이용 계획이 없다'고 했다. 이를 해결하기 위해 대형 매장보다는 숍인숍 형태 또는 유명 관광지나 호텔 내 부스 등 오프라인 매장을 작지만 다양한 장소에 유치하고 지원하는 방안이 필요하다. 이와 함께 소규모 지역 판매자들이 온라인 판매를 원활하게 할 수 있도록 브랜딩, 광고, 홍보, 판매에 대한 다양한 교육과 지원이 병행되어야 할 것이다.

장인정신과 철저한 품질 관리에 대한 지원도 필요하다. 유럽 명품 브랜드들의 성장과정은 지역의 상품 판매자들에게 시사하는 바가 크다. 철저한 장인정신과 품질 관리 그리고 자신의 제품에 대한 자부심은 구매자의 높은 신뢰를 불러일으키고 재구매를 이끈다. 이런 측면에서 와인에서 쓰이는 테루아terroir(토양, 기후 등 자연환경) 개념을 모든 제품과 서비스에도 적용할 필요가 있다. '이 나물은 지리산의 비와 바람을 맞고 자랐습니다', '이 소주는 안동의 물과 장인의 손길로 빚었습니다' 식으로 제품에 그 땅의 고유한 스토리를 담아내는 것이다.

또 다른 중요한 시장 기회는 상품의 글로벌화에 대한 시각에서 출발할 수 있다. 글로벌화가 지역적 정체성의 소멸을 의미하지는 않으며, 오히려 글로벌 시장에서 지역의 독특한 가치를 강조하고 확장할 기회를 창출할 수 있다. 우리의 지역적 특성과 문화가 글로벌 시장에서 또 다른 경쟁력으로 작용할 수 있으며, 판매자 입장에서 로컬과 글로벌의 상호 보완적 관계를 통해 더 안정적인 성장을 이룰 수도 있다.

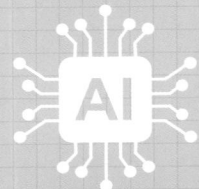

PART 3.

리밸런스 Re:Balance

도파민 대신
의미를 남기는 소비

약 3년간의 코로나 시기를 견뎌낸 우리는 포스트 코로나 시대를 살고 있다. 새벽까지 술을 마시던 사람들은 찾아볼 수 없게 됐고, 심지어 식당들도 점심시간 이후 브레이크 타임을 갖거나 10시면 문을 닫는 것이 일상화됐다. 재택근무자의 비중이 늘면서 업무의 비대면화와 디지털화가 정착되고, AI가 주요 업무 프로세스에 빠르게 적용되고 있다. 개인들은 자신의 가치를 극대화하는 데 집중하고 자신의 속도를 찾기 위한 라이프를 즐기면서 신체 및 정신의 건강을 유지하고자 노력한다.

이런 상황에서 사회는 우리를 오프라인 쪽으로 좀 더 이끄는 분위기다. 기업들이 재택근무를 줄이거나 없애는 가장 큰 이유로는 직원 간의 협업 약화에 대한 우려가 지목된다. 사무실 출근이 줄어들면서 직원 간의 자연스러운 교류와 아이디어 공유 문화가 사라질까 봐 우려하는 것이다.

카카오는 2023년 3월부터 사무실 출근을 기본으로 하는 근무 제도 '카카오 온(ON)'을 도입했다. 정신아 대표는 '오피스 퍼스트(사무실 근무 중심)'라는 명확한 방침을 밝혔다. 아마존은 2025년부터 주 5일 사무실 출근을 시작했고, 델 테크놀로지스Dell Technologies는 2025년 6월에 코로나19 이전으로 완전히 복귀했다. 이 외에도 많은 국내외 기업이 하이브리드 근무 방침을 철회했는데, 사무실 근무의 효과가 높음을 인정한 셈이다.

또한 소비자들의 취향과 경험이 중요해지면서 기업들이 오프라인 매장에 다시 공을 들이는 현상도 부쩍 눈에 띈다. 국내 기업 중 온라인 패션 카테고리에서 확고한 위치를 차지하고 있는 무신사는 서울 홍대·강남·성수, 대구 동성로, 부산 서면 등에서 PB 브랜드인 무신사 스탠다드 오프라인 매장을 공격적으로 확대하고 있다. 국외 기업의 예로는 아마존을 들 수 있는데, 유기농 식료품 전문점인 홀 푸드 마켓Whole Foods Market을 인수하여 오프라인에 공을 들이고 있다.

그리고 개인들은 취향 중심으로 새로운 관계를 형성하며 좋아하는 음악, 운동, 즐겨 찾는 카페, 읽는 책, 참여하는 취미 활동 등 자신의 독창성과 개성을 드러내는 오프라인 활동에 적극적이다. 형식적인 사회생활이나 실제 혜택이 없는 관계를 지양하고, 개인의 실질적인 기준에 부합하는 관계를 형성하려는 경향이 점점 더 선명해지고 있다. 상사, 동료, 부하 직원 간에도 과거처럼 친목이나 의리를 이유로 유지되는 형식적인 관계는 점차 사라지고 있다. 반드시 필요하지 않거나 실질적으로 도움이 되지 않는 관계는 지속하려고 애쓰지 않으며, 자신을 중심에 둔 '실용'이 중요한 판단의 기준이 된다.

이런 변화는 소비 습관에도 변화를 일으키고 있다. 과거 '욜로You Only Live Once, YOLO족'이나 '플렉스flex'라는 말이 인기를 끌었던 것과 달리, 요즘에는 '요노You Only Need One, YONO족'이라는 새로운 소비 형태가 주목받고 있다. 요노족은 불필요한 소비를 줄이고 필수적인 것에만 집중하는 이들을 가리킨다. 이들은 최소한의 소비로 삶의 질을 높이려는 생활 방식을 선호하며, 불필요한 물건을 줄이고 실용성을 중시한다. 그와 더불어, 플렉스를 통해 과시 소비를 하던 트렌드가 안티플렉스anti-flex로 변화하면서 실용적이고 실속 있는 소비를 중요시하는 경향이 강해졌다.

소비자들이 과시적 소비에서 실용적 소비로 전환하게 된 배경에는 경제 불황뿐만 아니라 타인보다는 자신에게 집중하고자 하는 사회적 흐름이 있다. 이제 소비자들은 남들의 시선을 의식하는 것에서 벗어나 개인의 만족과 필요를 추구하는 것을 더 중요하게 여긴다. 더 이상 브랜드의 명성이나 유명인의 추천에 의존하지 않고, 자신의 철학과 가치를 기준으로 소비를 결정한다는 점을 보여준다.

이제 우리는 대면과 비대면, 온라인과 오프라인을 함께 영위해야 한다. 따라서 이전 어느 때보다 밸런스가 중요해졌다. 라이프 스타일이 오프라인에서 온라인으로 이동했다가 다시 오프라인으로 이동하고 있기에 우리는 양쪽 모두와 적절히 조화를 이루며 살아가야 한다. 기존의 관계와 새로운 관계가 만나 미래의 관계가 정립되는 과정이라고도 할 수 있다.

소비자들은 이제 거품을 빼고 실용성을 바탕으로 더 균형 잡힌 삶을 추구하는 흐름이 확연하다. 제한된 경제력과 시간 속에서 자기 삶과 가치를 되돌아보고, 개인의 만족과 성장을 추구면서도 타인과의 관계에서 밸런스를 유지하며, 단순히 물건을 구매하는 행위를 넘어 실용적 가치를 극대화함으로써 가치의 밸런스를 유지하려는 태도가 점점 선명해지고 있다.

SIGNAL 1.
미코노미: 나를 중심에 둔 경제

페르소비: '나'를 추구하다

최근 현대인의 삶에서 중요한 키워드 중 하나는 '추구미'다. 추구미란 단순히 아름다움을 추구하는 것을 넘어 개인의 고유한 취향과 이상적인 목표를 표현하는 것을 일컫는다. 이는 각자의 정체성을 드러내고, 스스로를 이해하며 긍정적인 발전을 도모하는 심리를 반영한다.

추구미는 다양한 영역에서 나타나며 라이프 스타일 전반에 걸쳐 나타나기도 한다. 많은 사람이 자신만의 라이프 스타일을 발전시킴으로써 삶의 질을 향상시키고자 노력하고 있다. 이는 여행, 식생활, 운동 등 다양한 분야에서 자신만의 방식을 고수하며 생활의 만족도를 높이려는 경향으로 나타난다. 이런 라이프 스타일은 자신의 취향과 목표를 명확히 하고, 이를 실현하기 위해 노력하는 과정에서 더욱 빛나게 된다. 각자의 이야기를 바탕으로 만들어지는 이런 문화는 사회 전반에 보다 유연하고 창의적인 변화를 이끌 것이다.

추구미는 자신을 표현하고 만족감을 얻는 새로운 소비 방식을 통해서도 나타난다. 이를 우리는 '페르소비(persona+소비)'라고 부르며, 자신의 가치관과 개성을 드러내는 소비 활동으로 대변된다. 현대인의 소비 패턴은 더 이상 물질적인 충족에 머무르지 않는다.

페르소비는 브랜드와의 관계에서도 나타난다. 소비자들은 단지 제품을 소비하는 것이 아니라 그 제품이 담고 있는 브랜드의 가치와 신념에 공감하기를 원한다. 실제로 많은 브랜드가 자신들이 지향하는 가치를 명확히 하고, 소비자와의 연결을 강화하려 하고 있다. 한 유명 화장품 브랜드는 동물 실험을 하지 않는 정책을 고수함으로써 동물 보호에 진심인 고객들의 지지를 받고 있다.

많은 브랜드가 이런 흐름에 발맞추어 소비자들이 직접 제품의 일부를 선택하고 완성할 수 있게 하는 환경을 조성했다. 예를 들어 맞춤형 의류 브랜드 마이핏MyFit은 고객이 원하는 원단, 색상, 스타일 등을 선택하여 자신만의 옷을 만들 수 있는 플랫폼을 제공한다.

또한 스타벅스 코리아 1호점인 이대점에서는 텀블러 각인 서비스를 제공하는데, 이 서비스가 입소문을 타 2025년 2월에는 하루 평균 이용자 수가 2024년 3월 대비 2배 이상 증가한 것으로 나타났다. 고객들은 20여 종의 텀블러 중 원하는 제품을 선택한 후, 원하는 문구나

스타벅스의 개인 맞춤형 텀블러 각인 서비스

자료: 스타벅스 코리아

애칭을 최대 10자까지 요청할 수 있으며 폰트와 이미지도 선택할 수 있다. 스타벅스 코리아에 따르면 2025년 1월 기준 이대점을 찾은 고객 4명 중 1명은 각인 텀블러를 구매하기 위해 방문했으며, 텀블러 구매 고객의 90%가 각인 서비스를 이용한 것으로 나타났다.

나이키의 '나이키 바이 유NIKEiD'는 성공적인 페르소비 사례로 꼽힌다. 고객은 자신만의 신발을 디자인할 수 있으며, 색상·소재·디자인 등의 선택지를 통해 개성을 표현할 수 있다. 이런 맞춤형 서비스는 소비자들이 브랜드에 더욱 애착을 갖게 하는 중요한 요소다.

그래서 페르소비는 단순히 소비를 넘어 자신의 정체성을 찾고 타인과의 관계를 재정의하는 중요한 단서가 된다. 또한 브랜드와의 애착을 강화하는 과정이기도 하다. 자신과의 유대감을 브랜드에 투영함으로써 더 강한 로열티가 형성되기도 한다. 사회 전반에 걸쳐 소비자의

나이키의 'NIKEiD'

자료: 나이키

창의력이 중시되고 개성과 맞춤화가 더욱 가치 있게 평가되는 방향으로 전환되고 있다.

자중감과 작은 성취

정보기술의 발달로 우리는 언제 어디서나 다양한 정보를 접할 수 있게 됐다. 그러나 이런 편리함 이면에는 과도한 정보와 신상품 경쟁 속에서 느끼는 피로감이 존재한다. 매일 쏟아지는 수많은 정보와 새로운 제품들은 소비자에게 선택의 즐거움을 주기도 하지만, 동시에 선택의 부담과 피로를 안긴다.

특히 소셜미디어는 우리의 일상에 큰 영향을 미친다. 사람들은 하루에도 몇 번씩이나 SNS를 확인하며 친구나 유명 인사의 일상을 들여다본다. 다른 이들의 삶을 간접적으로 경험할 수 있어서 흥미롭기도 하지만, 타인과 자신의 일상을 지나치게 비교하는 부작용도 나타난다. 다른 사람들의 화려하고 행복한 순간들만을 접하면서 정작 자기 삶은 초라하다고 느끼는 경우도 많다. 그 영향으로 부지불식간에 정서적 피로감이 누적되며 자존감이 떨어지기도 한다.

 소셜미디어가 일상화된 이 시대에 이런 상황을 어떻게 극복할 수 있을까? 무엇보다 자신만의 시간을 갖는 것이 중요하다. 디지털 기기에서 벗어나 자신의 생각과 감정을 정리할 수 있어야 하는데, 그러려면 지나치게 비교하는 습관을 줄이고 자기 삶에 집중하는 태도가 필요하다. 현대 사회에서 '나'가 중심이 되는 삶, 즉 자중감은 많은 이들에게 중요한 화두가 되었다. 자중감은 개인이 자신의 가치와 경험에 초점을 맞추면서 형성되며, 이것이 새로운 소비 트렌드로 확산되고 있다.

 익스피디아 그룹Expedia Group 브랜드 호텔스닷컴Hotels.com의 2025년 여행 트렌드 보고서 〈언팩 25Unpack 25〉에 따르면, 최근 몇 년 사이 우회 여행, 현지 특산품 여행 등 독특한 여행 트렌드가 부상하고 있다. 우회 여행은 프랑스의 파리 대신 랭스, 일본의 도쿄 대신 후쿠오카처럼 유명 관광지 대신 근교의 숨은 여행지를 선택하는 새로운 여행 방식을 말한다. 한국 소비자의 71%, 전 세계 소비자의 63%가 덜 알려진 여행지에 방문하겠다는 의향을 보였다. 급부상하는 우회 여행지로는 프랑스 랭스, 이탈리아 브레시아, 멕시코 코수멜, 미국 샌타바버라, 뉴질랜드 와이카토, 스페인 헤로나, 일본 후쿠오카, 아부다비, 태국 끄라비, 캐나다 캔모어가 꼽혔다. 남들이 많이 찾는 유명 여행지보다는 나만의 경험을 얻고 싶어 하는 소비자들이 늘고 있는 것으로 보인다.

또한 SNS의 영향으로 이색 기념품을 찾아 떠나는 '굿즈 겟어웨이goods getaways' 현상도 확산됐다. 요즘 젊은 층은 두바이 초콜릿 바, 프랑스 버터, 한국 스킨케어 등 현지 특산품을 찾아 여행을 떠난다. 전 세계 여행객 39%는 현지 식료품점을, 44%는 현지 제품 쇼핑을 선호했다. 한국인 73%는 휴가 중 현지 식료품점 방문을 우선시했다. 코스타리카 커피 투어, 중국 차 시음, 일본 말차 체험도 인기 높은 체험으로 선정됐다.

유명한 관광지를 찾아 사진을 찍고 오는 여행에서 벗어나 자신만의 특별한 경험을 찾는 경향이 뚜렷해지고 있다. 자신의 가치관을 기반으로 한 경험을 중시하고, 이를 통해 진정한 행복을 찾으려는 심리가 반영된 현상으로 보인다.

현대 사회는 빠른 변화와 치열한 경쟁 속에서 끊임없이 발전하고 있다. 사람들은 스마트폰과 같은 디지털 기기를 통해 실시간으로 정보를 얻고 피드백도 즉각적으로 받게 되기를 기대한다. 이에 따라 거창한 목표가 주는 압박감 대신 작지만 확실한 성공 경험을 구매하려는 '마이크로 성취감'이 일상에 스며들고 있다.

이를 잘 보여주는 사례로 '하루 한 장' 학습지가 있다. 이 학습지는 복잡한 내용을 잘게 나누어 소비자들이 점진적인 성취를 경험하도록 돕는다. 이용자들은 매일 작지만 의미 있는 진보를 경험하며 학습에 대한 재미와 자신감을 얻게 됐다고 말한다.

비슷한 맥락에서 챌린저스 앱과 클래스101 같은 플랫폼은 빠른 성과를 제공하여 사용자가 조금씩 성장하는 즐거움을 느끼게 해준다. 한 챌린저스 앱 사용자는 매일의 작은 도전이 점차 더 큰 목표로 나아갈 용기를 준다고 이야기했다. 자신을 지속적으로 개발하며, 점진적인 성취를 통해 더욱 큰 변화를 도모하는 발판이 됐다고 한다. 클래스101에서는 사용자가 자신만의 페이스로 학습을 진행하면서 작은 성취를 누릴 수 있다. 이 플랫폼의 한 사용자는 재미로 시작한 디지털 드로잉이 지금은 삶의 일부가 됐다고 말했다. 작은 성취를 자주 느끼게 해주는 경험은 자신감을 부여해 강력한 동기부여 요소가 된다.

챌린저스 앱

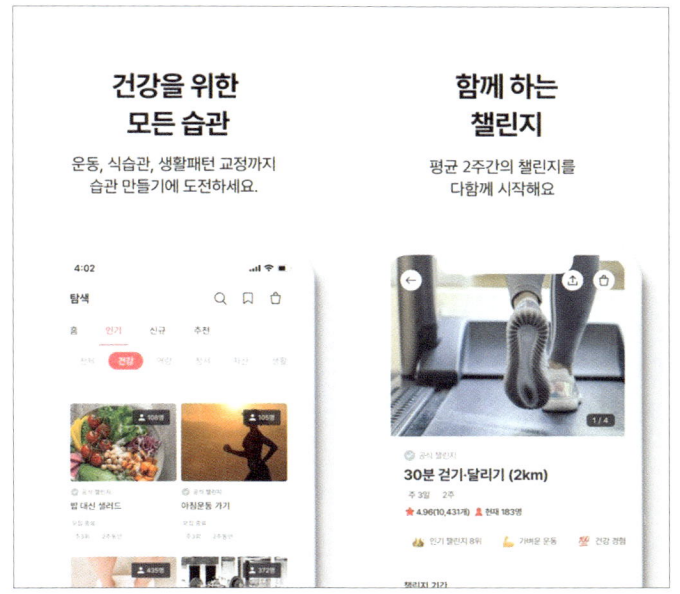

자료: 챌린저스

내면으로의 탐험: '나'를 파고드는 시간, 셀프디깅

나를 중심으로 나를 존중하는 흐름이 강해지면서 '미타임me-time'이라는 개념이 많은 이들의 삶에서 중요한 요소로 자리 잡고 있다. 복잡한 일상과 끊임없는 사회적 요구 속에서 사람들은 이제 오롯이 자신에게 집중하는 시간을 소중히 여기게 됐다. 미타임은 단지 혼자 시간을 보내는 것을 넘어 자신만을 위한 고유한 시간을 만드는 것이다.

미타임 문화의 흔적은 곳곳에서 찾을 수 있다. 점심시간에 잠시 공원에서 마음을 가라앉히거나 명상을 하는 것, 주말 아침 혼자 산책을 나가 자연과 교감하며 자신을 돌아보는 것 등이 가장 흔한 예다. 혼자서 밥을 먹거나 영화 보기를 즐기는 사람들도 부쩍 늘었다. 자신에게 온전히 집중할 수 있는 시간이 얼마나 중요한지를 많은 사람이 알아가고 있다. 자신에게 집중하는 시간은 다른 무엇보다 개인의 경험이 중시되는 시대적 흐름과 맞물려 있다. 미타임은 자기 자신을 위한 시간이자 내면의 충만함을 느끼는 시간이다. 이런 시간이 쌓여갈수록 우리는 더욱 단단해지고 더 나은 삶을 향한 길을 찾게 될 것이다.

미타임과 더불어 끊임없이 자신을 탐색하는 '셀프디깅self-digging'도 새롭게 떠오르는 트렌드다. 요즘 사람들은 자신의 과거 경험과 감정, 가치관을 깊이 탐구하는 데 관심이 많다. 이것이 단순한 자기 이해를 넘어 더욱 근본적인 자기 탐색으로 이어지고 있다.

사람들은 자신의 과거를 들여다보는 방식으로도 셀프디깅을 실천한다. '10년 전 SNS 기록 보기 챌린지'가 하나의 문화로 자리 잡았는

데, 오래된 트위터나 싸이월드 기록을 찾아보고 당시의 자신을 회상하는 경험은 특별하다. 한 SNS 사용자는 "10년 전의 나를 보면서 얼마나 성장했고 어떻게 변화했는지를 깨달으며 새롭게 동기부여가 됐어요"라고 말했다.

셀프디깅 릴스에서도 유년기 사진과 현재 사진을 나란히 비교하며 자신이 어떤 길을 걸어왔는지를 직접 확인하는 트렌드가 이어지고 있다. 이는 단순한 놀이를 넘어 자신의 정체성과 성장 과정을 확인하는 장치로 작용한다. 셀프디깅 워크숍에 참여한 사람들은 유년기 사진과 현재 사진을 비교하며 그사이 삶이 어떻게 변화했는지를 생각해보고 서로 이야기를 나눈다고 한다. 과거의 나와 현재의 내가 어떤 차이가 있는지를 살펴보면서 앞으로 어떻게 변화하고 싶은지를 생각해보는 과정이다.

자신의 성격과 가치관을 깊이 이해하기 위해 '백문백답'을 여러 차례 작성하기도 한다. 시간이 흐름에 따른 자신의 변화를 반추하면서 자신의 발전을 이해는 과정으로 삼는다. 최근에는 '백문백답'에 이어 '에겐-테토 테스트'가 인기를 끌고 있는데, 개인의 성향을 호르몬의 특성에 빗대어 정의하는 방식이 특징이다. 이 테스트에서는 '에겐녀, 테토녀, 에겐남, 테토남' 등으로 사용자의 성격을 분류하고, 더 나아가 연애 스타일과도 연결해본다.

셀프디깅 콘텐츠는 MBTI 성격 검사나 퍼스널 컬러 같은 초기 형태에서 발전했다. SNS를 통해 타인의 삶을 지나치게 들여다보면서 느끼는 피로감이 증가하는 가운데 사람들은 자신에게 집중하는 방향으로 관심을 돌리기 시작했고, 그와 함께 셀프디깅 열풍이 확산되고 있는 것으로 분석된다. 셀프디깅은 자신을 돌아보고 이해하는 방식에서 새로운 길을 제시하며, 개인의 행복뿐만 아니라 기업과 소비자 간의 관계를 재정립하는 데도 큰 역할을 한다. 앞으로는 더 많은 사람이 자기 자신을 알아보면서 고유한 이야기를 만들어갈 것이다.

현대인들은 이제 자신의 내면 상태까지 과학적으로 조절하는 데 주목한다. 그 중심에는 뇌파와 호르몬 같은 생물학적 리듬을 직접 관리하고자 하는 의지와 이를 뒷받침하는 기술들이 있다. 서울 강남의 한 뉴로피드백neurofeedback 센터. 이곳에는 매일 20~30대 직장인들이 찾아와 뇌파 측정 기기에 연결된 채 스크린을 응시한다. 실시간으로 나타나는 뇌파 그래프를 통해 자신의 집중 상태와 이완 정도를 눈으로 확인하고, 스스로 조절하는 방법을 배우는 것이다. 뉴로피드백은 뇌의 전기적 활동을 분석하고 훈련함으로써 자신의 뇌파를 의식적으로 조절할 수 있도록 돕는 기법이다. 과거에는 주로 주의력결핍 과잉행동장애ADHD·불면증·외상후스트레스장애PTSD 같은 임상적 치료에서 사용됐지만, 최근에는 심리상담센터나 멘탈케어센터에서도 쉽게 접할 수 있는 일상적 심리 관리 수단이 됐다.

실제로 서울대학교 의과대학 연구팀이 진행한 임상 실험에서는 하루 12분씩 주 2회, 2주간 뉴로피드백을 적용한 결과 스트레스 척도PSS 점수가 6.45에서 3.00으로 감소했고, 불안·우울감·수면 불편감 등에서도 전반적인 개선 경향이 나타났다. 특히 참여자의 전반적 만족도가 대조군 대비 유의미하게 증가해($P=0.008$) 과학적으로도 효과가 검증된 심리 조절법임을 입증했다. 무엇보다 중요한 건 이 기술이 사람들에게 주는 심리적 자율감이다. '내 마음을 내가 조절할 수 있다'는 실질적 경험은 바쁜 일상에서도 자신을 지키고 싶어 하는 현대인들에게 깊은 위로와 회복의 감각을 선사한다.

마켓 리서처의 시각

과잉 연결의 시대, 우리는 타인의 삶을 실시간으로 소비하며 살고 있다. SNS는 세상을 넓혀주었지만, 동시에 '비교'라는 피로감을 일상화했다. 타인의 화려한 일상과 나의 현실 사이의 간극에서 자존감은 흔들리고, 수많은 정보와 선택지 속에서 길을 잃곤 한다.

이런 감각 과부하의 시대에 거대한 반작용이 시작됐다. 바로 세상의 기준을 '타인'에서 '나'로 옮겨오는 움직임, 미코노미의 부상이다. 이는 단순히 이기적인 태도가 아니라 외부의 소음 속에서 온전한 나의 가치와 경험을 지키려는 가장 적극적인 생존 전략이다. 이제 소비는 타인과의 관계에서 나를 증명하는 수단이 아니라 나를 찾아가는 여정이 되었다. 자신의 가치를 극대화하고 자신을 객관화하는 과정이 외적 영역으로부터 내면으로 빠르게 옮겨오고 있다.

미코노미 시대의 소비자는 더 이상 통계 속 숫자가 아니다. 각자의 우주를 가진 창조자이자 자기 삶의 주인공이다. 따라서 미래의 브랜드는 제품을 파는 공장이 아니라 개인의 서사를 완성하는 무대가 되어야 한다.

사회가 개인의 고유성이 존중받는 토양을 마련할 때, 미코노미는 더욱 풍성한 문화로 꽃필 수 있다. 정답을 찾는 교육에서 벗어나 각자의 추구미와 재능을 발견하고 탐험할 수 있도록 돕는 자기 발견 교육을 강화해야 한다. 또한 사회적으로 규정된 성공의 기준(좋은 대학, 좋은 직장)에서 벗어나 다양한 삶의 방식과 개인의 고유한 성취를 존중하고 조명하는 사회적 분위기를 조성할 필요가 있다. 개인의 가치관과 라이프 스타일에 맞춰 커리어를 설계할 수 있도록 유연 근무, 긱 이코노미gig economy, 평생 교육 시스템을 더욱 활성화해야 한다.

기업은 이제 '무엇을 팔 것인가?'에서 '고객이 어떤 나를 발견하고 표현하도록 도울 것인가?'로 핵심 질문을 바꿔야 한다. 고객에게 '나'를 탐험할 도구를 쥐여주고, 그들의 이야기가 곧 브랜드의 이야기가 되게 하는 것이 중요하다. 가장 개인적인 것이 가장 강력한 커넥션이 되는 시대가 이미 시작됐다.

'나'라는 우주를 탐험하는 소비자 앞에서 브랜드는 더 이상 주인공이 될 수 없다. 최고의 조력자이자 그들의 서사를 빛내줄 무대가 되어야 한다. 제품 및 서비스 개발 측면에서 완성된 제품을 제안하지 말고, 고객이 자신의 스토리를 담아 완성할 수 있는 캔버스를 제공하자. 마치 레고처럼 부품, 기능, 디자인을 고객이 직접 조합해 자신만의 제품을 만들 수 있는 시스템을 구축해야 한다(예: 나이키 바이 유, 맞춤형 가구). 또한 고객의 취향과 목표 데이터를 기반으로 그들의 성장을 도울 수 있는 경험(클래스, 챌린지, 여행)을 맞춤형으로 제안하고 설계해주는 라이프 코치 역할을 수행하는 것도 좋은 방향이다. 단순한 제품 판매를 넘어 고객이 자신의 취향, 성향, 가치관을 발견할 수 있도록 돕는 진단 툴이나 워크숍, 커뮤니티 프로그램을 브랜드 경험의 일부로 제공하는 것도 고객의 로열티를 높이는 방법이다.

또한 커뮤니케이션 측면에서 고객을 수동적인 소비자로 보지 말고, 브랜드의 스토리를 함께 만들어가는 창조자로 대우할 필요가 있다. 고객들이 페르소비를 통해 만들어낸 자신만의 스토리를 브랜드의 공식 채널에서 적극적으로 조명하고, 이를 최고의 마케팅 자산으로 활용해야 한다. 제품이 아니라 브랜드가 추구하는 가치를 중심으로 커뮤니티를 형성하여 제공하면, 이 공간에서 고객들은 서로의 성장을 응원하고 영감을 주고받는 파트너가 된다. 고객 데이터를 마케팅을 위한 타기팅에만 사용하지 말고, 그들의 숨겨진 욕망과 페르소나를 이해하여 더 깊은 공감대를 형성하는 콘텐츠와 경험을 제공하는 데 활용해야 한다. 고객의 페르소나는 점점 더 정교해지고 세심해져야 한다.

미코노미 시대의 개인은 자기 삶을 직접 기획하고 브랜딩하는 CEO다. 자신의 일상을 꾸준히 기록·성찰하고, 다양한 경험을 통해 '내가 무엇을 원하는가'를 끊임없이 질문하며 자신만의 답을 찾아나가는 것이 중요하다. 소비를 통해 '어떤 나'를 표현하고 싶은지 명확히 해야 한다. 자신의 가치관과 일치하는 브랜드를 선택하고, 구매한 제품과 경험으로 나만의 스토리를 구축하는 가치 소비를 실천해야 한다. 이런 고유한 스토리가 곧 개인의 가장 강력한 자산이 된다.

결론적으로, 미코노미는 나를 세상의 중심에 놓는 이기주의가 아니다. 오히려 나에 대한 깊은 이해를 바탕으로 세상과 더욱 건강하고 다채롭게 연결되려는 새로운 움직임이다.

SIGNAL 2.

코스터마이징:
실용 가치의 역습

최근 몇 년 사이 "나 오늘 플렉스했어"라는 말이 유행하며 SNS에서 내가 얼마나 소비를 했는가를 인증하는 문화가 유행처럼 번졌다. 오마카세나 파인다이닝 같은 고가의 식사, 명품 브랜드 소비, 호캉스와 같은 경험은 단순한 소비를 넘어 자기표현의 수단이 됐고, 자주는 아니지만 나 자신을 위해 필요하다면 과감한 소비를 해야 한다는 분위기가 강했다.

하지만 그 분위기가 빠르게 변하고 있다. 반복되는 경기 불안과 고물가에 더해 SNS 속 끊임없는 비교와 과시로 인한 디지털 피로감, 기후 위기와 같은 환경적 불안 요인들이 겹치면서 더 이상 화려하고 부담 가는 소비가 멋있게 느껴지지 않는다. 소비자들은 이제 값비싼 제품보다는 자신에게 실질적으로 가치 있고, 삶의 질을 높여줄 수 있는 제품과 경험을 찾기 시작했다.

중요한 것은 이런 소비 태도의 변화가 단지 저렴한 제품을 찾는 것이 아니라 가격 대비 실질적 효용을 따진다는 점이다. 소비자들은 제품이 나에게 어느 정도의 가치를 줄 수 있는지, 즉 실제 삶에서 얼마나 오래, 만족스럽게 사용할 수 있을지를 자세히 따져보고 신중히 선택한다.

최근 SNS에서 '실용'이라는 키워드 언급량이 급격히 늘어난 것이 이런 변화의 방향을 뚜렷하게 보여준다. 입소스 신세시오팀의 분석을 보면 2025년 2분기 26만 건 이상으로, 2025년 들어서면서 두 분기에 걸쳐 2024년 4분기 대비 85% 이상 증가했음을 알 수 있다. 이제는 브랜드나 이미지만으로는 소비자의 마음을 얻기 어렵고, 기능과 효용을 명확히 전달해야만 한다. 과시나 브랜드 중심의 소비에서 벗어나 자기 삶에 진짜 필요한 것들을 중심으로 소비하는 흐름이 강해졌기 때

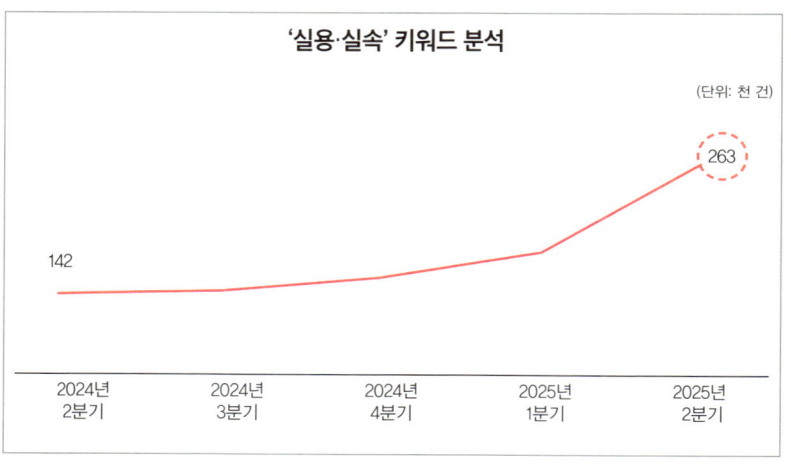

'실용·실속' 키워드 분석

자료: 입소스 신세시오팀

문이다.

이제 시장의 언어는 과시가 아닌 가치 증명이다. 소비자는 브랜드의 스토리가 아니라 자기 삶에 필요한 '쓸모'를 구매한다. 그래서 이제는 이미지가 아닌 본질을, 포장이 아닌 기능을 팔아야 한다. 핵심은 시장과 소비자에게 가치 증명 책임을 다하는 것이다. 제품과 서비스가 고객의 문제를 가장 똑똑하게 해결하는 솔루션임을 명쾌하게 증명하는 것이 중요하다.

'소유'에서 '기준'으로, 자랑의 대상이 바뀌다

최근 미국 Z세대를 중심으로 '저소비 코어 underconsumption core' 트렌드가 SNS를 통해 빠르게 확산되고 있다. '저소비 underconsumption'와 '평범함을 지향하는 패션 스타일 normcore'의 합성어인 이 신조어는 이름 그대로 적게 소비하고 깊이 있게 유지하는 것을 중요시한다. 한두 번 입고 버리는 옷이나 유행을 따라가는 디자인 대신 자기에게 진정으로 필요한 물건을 신중히 고르고 오래 사용하는 데 집중한다.

이들은 미니멀리즘을 지향하는 일상과 오래 사용해서 낡은 물건을 SNS에 공유하며 자존감을 끌어올린다. 전자제품 오래 사용하기, 빈티지 의류 착용하기, 화장 단계를 줄여 화장품 소비 줄이기 등 적게 사서 오래 버티는 생활 방식으로 자긍심을 드러낸다. 무조건 싼 것을 찾기보다는 진짜로 삶에 유용한지를 판단하는 똑똑한 소비 태도를 보여

저소비 코어의 예

자료: 틱톡 @goingzerowaste

주는 대표적인 사례다.

특히 미국 Z세대 사이에서는 트레이더 조Trader Joe's의 PB 장바구니가 큰 인기를 끌고 있다. 명품백 대신 2.99달러(약 4,000원)짜리 에코백을 사기 위해 오픈런을 하는데, 심지어 경쟁이 너무 치열해 1인당 2개까지로 판매를 제한한 매장도 있다. 이처럼 인기인 이유는 단순히 가격이 저렴해서가 아니라 에코백 자체가 환경을 생각하는 의식 있는 소비자라는 이미지를 형성하기 때문이다. 일단 실용적 가치를 충족할 뿐만 아니라 주변 사람들로부터 인정받는 사회적 가치까지 동시에 충족할 수 있다.

저소비 코어 트렌드와 함께 디인플루언싱deinfluencing도 주목받고 있다. 인플루언서들이 제품을 추천하거나 광고하며 판매를 유도하는 콘텐츠를 뜻하는 인플루언싱influencing에 반대되는 개념으로, SNS에서 사

트레이더 조의 파스텔 에코백

자료: 트레이더 조

지 말아야 할 제품에 대해 공유하는 콘텐츠를 일컫는다. 디인플루언서들은 소비자들의 충동적이고 불필요한 지출을 막고, 실질적 가치와 유용성에 근거해 합리적으로 소비할 수 있도록 유도한다. '이건 사지 마세요', '이거 사고 후회했어요'와 같은 콘텐츠를 전달하며 기존 소비 유도 중심의 SNS 문화를 역주행하는 동시에 합리적인 소비를 독려하는 새로운 유형의 콘텐츠 제작자라고 할 수 있다.

물론 저소비 코어나 디인플루언싱 역시 SNS에서의 유행이고 보여주기식 소비가 될 수도 있다는 점에서 기존 플렉스 문화와 유사한 구조이기는 하다. 다만, 본질은 명확히 다르다. 과거 플렉스 문화가 '나, 이 정도는 누릴 수 있어'라는 과시적 소비의 직접적인 표현에 불과했다면, 안티플렉스는 '나, 이런 합리적 소비 기준을 갖고 있어'라는 사고방식 자체를 드러내는 훨씬 고차원적인 자랑이다. 자랑의 대상이 소유에서 기준과 가치관으로 바뀐 것이다.

이는 단순한 반反소비가 아니라 자기만의 기준으로 소비의 우선순위를 재정비하는 문화적 이동이다. 이런 흐름은 단기 유행으로 사라질 일시적 현상이 아니다. 소비자가 자기만의 기준과 맥락을 중요하게 여기는 한 '기준을 가진 소비자'라는 이미지 자체가 또 하나의 콘텐츠이자 정체성으로 자리 잡을 것이고, 향후 몇 년간 시장의 흐름을 꾸준히 이끌어갈 것이다.

'하나면 충분하다'는 밀도의 경제학

안티플렉스 트렌드가 확산되면서 욜로족과 대비되는 새로운 소비층으로 요노족이 주목받고 있다. '하나면 충분하다'는 철학을 가진 요노족은 과잉 소비나 중복 구매를 지양하고, 자신에게 꼭 맞는 단 하나의 제품을 신중하게 고르는 소비를 실천한다.

이런 소비 태도는 미니멀리즘과 닮았지만, 단순히 소유를 줄이는 데서 멈추지 않는다. 요노족은 당장의 만족뿐 아니라 미래까지 고려한 지속 가능한 소비를 지향하며, 자기만의 기준에 따라 실용성을 따지는 스마트한 소비를 한다는 점에서 미니멀리즘과 차이가 있다. 욜로족이 '지금 이 순간의 즐거움'에 초점을 맞췄다면, 요노족은 '미래까지 고려하는 가치 있는 선택'을 중시한다. 욜로 열풍이 시간이 지나며 쾌락 지향 소비로 변질됐는데, 팬데믹 이후 경제가 불안정해지면서 MZ세대를 중심으로 자기 절제형 소비가 일상에 스며든 것이다.

무지출 챌린지, 카카오톡 거지방, 짠테크, 현금 다이어트 같은 단순한 저소비 습관을 넘어 요노족은 자신에게 진짜 필요한 것이 무엇인지 신중히 따져본 뒤 선택하는 소비 방식을 실천한다. '입소스 소비자 인식 조사 2025' 결과에 따르면 필요한 제품을 구매하기 전 그 제품을 중고 사이트나 앱을 통해 확인한다는 소비자가 응답자의 45%였으며, 특히 20대는 60%가 '그렇다'라고 답해 젊은 층일수록 더 적극적으로 실용적 소비를 실천하는 것으로 나타났다.

요노족은 제품을 구매할 때 유행이나 브랜드보다 내구성과 기능성 그리고 복합적인 활용도를 우선시한다. 여러 기능을 한데 묶은 '하나로도 충분한' 제품을 선호하는 경향이 뚜렷하다. 예컨대 전자레인지·에어프라이어·오븐 기능을 하나로 결합한 삼성 멀티쿠커, 일상복과 운동복을 겸할 수 있는 파타고니아 나노 퍼프 재킷, 선크림·프라이머·톤 보정을 동시에 해결할 수 있는 톤업 선크림 등이 그렇다. 실용성과 효율성을 동시에 추구하는 요노족은 소비의 양은 줄이되 활용도를 극대화하는 방식을 택한다.

이런 제품 선택은 공간이나 비용을 줄이려는 실용적 목적뿐 아니라 한 가지 물건을 오래 써서 환경에 가해지는 부담을 덜고자 하는 태도

Q 필요한 물건이 있을 때, 새 제품을 구매하기 전 중고 거래 사이트나 앱에 그 물건이 있는지 확인하십니까?

	전체	20대	30대	40대	50대	60대
예(%)	45	60	49	38	41	35

자료: 입소스 소비자 인식 조사 2025

에서도 비롯된다. 텀블러나 리필형 화장품처럼 재사용이 가능하거나 지속 가능한 방식으로 만들어진 제품을 선호하는 것도 같은 이유에서다. 이들은 절약을 넘어 물건을 어떻게 오래 쓰고 생산을 최소화할 것인지까지 고려하며 소비한다.

그 연장선에서 '꼭 소유하지 않아도 된다'는 인식 역시 빠르게 확산되고 있다. 일시적으로 필요한 제품은 빌려 쓰는 것이다. 대체로 사용 기간이 짧거나 특정 상황에만 필요한 육아용품, 캠핑 장비 등은 렌털 서비스를 활용하는 방식이 보편화됐고 대형 가전제품까지 렌털을 택하는 소비자도 늘고 있다. 기업에서도 이에 맞춰 다양한 렌털 서비스를 제공해 초기 비용을 줄이고 관리나 수리 부담 없이 실용적으로 사용할 수 있도록 지원하고 있다.

렌털 서비스가 구독형 모델로 진화하면서 정기적인 관리, 업그레이드, 교체 옵션까지 포함된 형태로 제공되는 것도 주목할 만하다. 사용자가 필요할 때만 이용하고, 필요하지 않을 때는 반납할 수 있다는 점에서 '최소 소유, 최대 활용'이라는 요노족의 소비 가치와 정확히 부합한다. 더 나아가 제품 사용 후 구입 여부를 결정할 수 있다는 점에서도 불필요한 소비를 줄이는 합리적 선택으로 기능한다.

요노족의 가치 기반적인 소비 행태가 주목받으면서 기업들 역시 '하나로 충분한'이라는 가치를 강조한 제품 개발과 마케팅 전략을 적극적으로 펼쳐야 하는 시점이 됐다. 불필요한 요소는 덜고 꼭 필요한 기능은 오래도록 유지할 수 있는 제품이 앞으로의 시장에서 더욱 주목받을 것이다.

브랜드의 신화를 해체하는 소비자들: 듀프 소비와 제네릭의 미학

듀프dupe란 복제를 뜻하는 '듀플리케이션duplication'의 줄임말로, 고가 제품과 디자인이나 기능이 비슷하면서 가격이 훨씬 합리적인 제품을 뜻한다. 단순 모방품이나 가품과 달리 합법적인 범위 내에서 제품의 특징을 차용한 실용적인 대체재로, 흔히 '저렴이'라고 부른다. 짝퉁(가품)은 부정적인 인식이 있어서 부끄러워해야 할 대상으로 여겨지는 데 반해, 듀프 제품은 같은 성능을 더 합리적인 가격으로 구현한 '당당한' 선택지로 인식된다. 미국의 마켓 리서치 업체 와이펄스Ypulse에서 MZ세대를 대상으로 실시한 설문조사에 따르면, 응답자 중 60%가 정품을 구매할 능력이 있음에도 듀프 상품을 구매한다고 밝혔다.

듀프 제품을 소비하는 현상은 패션, 뷰티, 가전 등 다양한 산업군에서 나타난다. 30만 원대 포터 숄더백의 저렴이 버전인 2만 9,900원짜리 유니클로 멀티포켓 숄더백, 6만 5,000원짜리 샤넬 립 앤 치크밤의 저렴이로 유명한 3,000원짜리 다이소 립밤, 디올·조말론·구찌 등 명품 브랜드 향수와 유사한 향을 합리적 가격에 제공하는 자라 향수가 대표적 사례다. 이런 소비자의 심리를 반영하기 위해 명품 브랜드들이 직접 대중 브랜드와의 협업을 통해 콜라보 제품을 선보인 사례도 주목할 만하다. 유니클로와 르메르, 이케아와 HAY, H&M과 모스키노·발망·마르지엘라 등이 대표적인 예로 고가 브랜드의 디자인을 비교적 낮은 가격에 제공함으로써 폭넓은 소비자의 요구에 대응하고 있다.

포터 숄더백과 유니클로 '포터맛' 멀티포켓

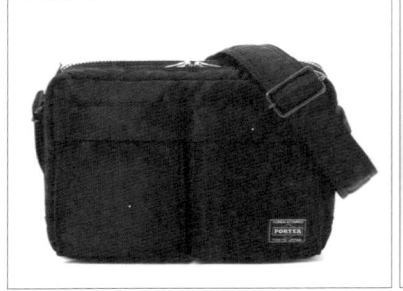 

자료: 요시다 포터, 유니클로

비슷한 현상은 해외에서도 관찰된다. 중국에서는 이를 '핑티 소비'라고 부르는데, 핑티는 '핑자티다이平價替代'의 줄임말로 '싼 가격으로 대체한다'는 뜻이다. 단순히 외형을 흉내 낸 모조품이 아니라 유명 브랜드와 동일한 원단이나 제조 공장을 사용한다는 점을 강조하며 브랜드 프리미엄을 걷어낸 실속형 선택으로 인식된다. 예컨대 고가의 요가복 브랜드 룰루레몬 대신 중국 브랜드 마이아 액티브Maia Active, 애플 에어팟 대신 QCY 무선 이어폰, 디올 립스틱 대신 퍼펙트 다이어리Perfect Diary 립 제품 등이 핑티 소비의 대표적 예다.

한편 듀프와 유사하지만 조금 다른 개념인 제네릭generic 소비도 주목받고 있다. 몇 년 전부터 일본 Z세대 사이에서 '제네릭 ○○'이라는 키워드가 유행하며 뜨게 된 소비 패턴으로, 소비자들은 브랜드보다는 본질적인 기능이나 성분에 집중해 제품을 선택한다. 예를 들어 화장품을 구매할 때 특정 성분이 모공 개선 효과를 가져온다는 것을 확인한 후 같은 성분을 함유한 저렴한 제품을 구매하는 방식이다.

듀프와 제네릭 소비 확산의 중심에는 유튜브와 틱톡 등의 SNS 콘텐츠가 자리 잡고 있다. MZ세대를 중심으로 소비자들은 SNS를 통해 상품의 주요 성분과 기능을 학습하고, 비슷한 성능을 가진 합리적 가격의 제품을 적극적으로 발굴하고 공유한다. 단지 저렴한 제품을 찾는 수준을 넘어 스마트한 정보력을 바탕으로 한 소비 행위를 자기 과시의 새로운 기준으로 삼는다. 이런 현상은 또 다른 유형의 인플루언서를 탄생시키고 지속적인 대체 상품의 발굴과 공유로 이어지는 선순환 구조를 만든다.

최근 X(트위터)에서 한 유저가 '로로정식'이라는 이름으로 다이소 기초 제품 조합을 소개하며 큰 화제가 됐다. 총 1만 1,000원 내외의 조합으로 피부과 물광 주사 500대 맞은 피부를 만들 수 있다는 내용이었고, 해당 게시물은 조회수 무려 6,400만 회를 돌파하며 전국적으로 다이소 리들샷과 래핑마스크 대란을 일으켰다. 다이소 매장에서는 관련 제품 품절 사태가 벌어졌고, 해당 유저는 X뿐만 아니라 인스타그램에서도 가성비 화장품을 추천해주는 인플루언서로 급부상했다.

이런 인기가 단지 콘텐츠의 재미 때문만은 아니었다. 이미 다수의

다이소 로로정식

자료: 로로 X

소비자는 SNS 쇼트폼 영상이나 리뷰 콘텐츠를 통해 다이소 화장품이 실제 유명 로드숍 브랜드와 같은 제조사에서 생산되고, 패키징만 다르거나 성분이 한두 가지 정도만 빠진 제품이라는 점을 인식하고 있었다. 이런 정보는 가격 대비 효능이 크게 다르지 않다는 신뢰의 기반이 됐고, 소비자들이 다이소의 저렴이 뷰티 제품을 안심하고 선택할 수 있게 했다.

이후 많은 인플루언서가 다양한 다이소 뷰티 제품을 리뷰하며 성분 분석, 사용감 비교, 추천 조합 등을 제공했고 소비자들은 이를 통해 더욱 구체적인 정보에 접근할 수 있었다. 그 덕에 다이소 화장품은 싸구려라는 기존 이미지를 벗고 듀프·제네릭 뷰티의 대표 유통 채널로 부상했다. 로드숍 브랜드들 역시 이런 흐름을 파악하고, 다이소 입점을 위한 신규 브랜드 런칭과 유통 전략을 세우고 있다. 소비자들은 이제 검증된 저가 대체제를 더욱 쉽게 찾을 수 있게 됐으며, 이런 흐름은 일시적인 유행에 머물지 않고 소비 시장을 재편할 장기적 변화를 불러올 것으로 보인다.

경험의 재설계:
만족은 유지하되, 비용은 최적화하다

한때 오마카세, 파인다이닝 등의 프리미엄 외식은 한끼 식사를 넘어 개인의 취향을 드러내고 자기 돌봄을 실천하는 행위로 여겨졌다. 하지만 경제 침체가 지속되고 외식 물가가 상승하면서 이런 소비는 점점 줄어들었다. 특히 MZ세대를 비롯한 젊은 소비자층은 자기만족과 실용성에 대한 민감도가 높아 특별한 경험에 기꺼이 투자하지만 기대한 만큼 만족스럽지 못할 때는 불필요한 지출로 인식하는 경향이 강하다. 이 때문에 프리미엄 외식은 '한 번쯤 해봤으면 됐다'는 일회성 경험으로 소비되는 경우가 많아졌고, 반복적인 선택지가 되지는 못했다. 이런 흐름 속에서 마트나 편의점에서 손쉽게 구매할 수 있고 가격도 합리적인 RMR Restaurant Meal Replacement(레스토랑 간편식) 제품이 부상하고 있다. 외식을 줄이되 경험의 질은 유지하려는 심리에 정확히 부합하는 대안으로 꼽힌다.

조선호텔의 유니짜장, 글래드호텔의 양갈비, 〈미쉐린 가이드〉에 올라온 평양냉면 맛집 봉밀가의 평양식 메밀국수, 태국 음식 전문점 툭툭 누들타이의 연남갈비국수 등 특히 유명 셰프나 미슐랭 스타 레스토랑과의 협업으로 탄생한 RMR 제품들이 마트나 편의점에서 소포장 형태로 등장해 큰 호응을 얻으며 SNS에서도 활발히 공유되고 있다.

RMR 제품은 간편식 개념을 넘어 '집에서 누리는 외식 경험'으로 자리 잡고 있다. 소비자들은 외식을 덜 하면서 경험의 질은 유지할 수 있는, 가격 대비 만족도가 높은 새로운 선택지를 발견한 셈이다. 이는 단순한 비용 절감이 아니라 소비의 효율과 만족을 동시에 추구하는 MZ세대의 심리와도 맞닿아 있다. 특별한 경험에는 기꺼이 돈을 쓰되, '정말 만족스러운가'를 기준으로 판단하는 경향을 단적으로 보여주는 사례다.

조선 호텔 유니짜장 RMR

자료:SSG닷컴

　이와 함께 프리미엄 간편식이 아니더라도 외식이나 배달을 줄이고 밀키트나 집밥으로 식사를 해결하려는 소비자 역시 늘고 있다. 여기서 '가성비와 주도성'을 모두 추구하는 소비자 태도를 엿볼 수 있는데, 단순히 저렴해서가 아니라 스스로 선택하고 통제할 수 있는 식생활이라는 점에서 만족감을 얻는 것이다. RMR제품과 집밥 모두 자기만족은 유지하면서도 최대의 효용을 얻고자 하는 소비 감각을 잘 보여준다. 고급화와 실용화라는 두 방향 모두에서 소비자는 자신의 기준과 현실에 맞는 최적의 선택지를 찾고 있으며, 그 중심에는 가볍지만 본질적인 만족을 추구하는 새로운 소비 태도가 자리 잡고 있다.

　또한 최근 DIY(Do It Yourself)는 소소한 취미 활동을 넘어 고물가 시대에 실용성과 자기만족을 동시에 추구하는 안티플렉스적 소비 방식으로 진화하고 있다. '비싸게 사느니 내가 직접 만든다'는 MZ세대의 태도는 무리한 지출 대신 합리적인 방식으로 자신만의 경험을 설계하려는 흐름을 반영한다. 단순히 절약을 위한 선택이 아니라 소비 행위에서 주도권을 쥐고 브랜드 대신 자신의 취향과 기준에 따라 결정하겠다는 선언에 가깝다. 내 손으로 만들었다는 경험은 비용을 줄이는 데 그치지 않고, 완성된 결과물을 통해 정서적 만족과 자부심까지 얻을 수 있게 한다. 소비를 줄이는 동시에 더 많은 즐거움을 찾아내려는 태도다.

이처럼 DIY 소비는 '내가 고른 것, 내가 만든 것'이라는 주도적인 태도를 통해 소비의 본질을 다시 묻는 실용적 감각과 맞닿아 있다. 더 적게 사더라도 더 깊이 즐기고 더 주체적으로 소비하고자 하는 이들의 선택이 DIY를 실용적 자기표현의 수단으로 만들어가고 있다.

필요한 것만 담는다: 도시락 패러다임

의식 물가가 급격히 오르면서 점심값 부담이 직장인들을 압박하고 있다. 이에 따라 편의점 도시락이 '가성비' 점심으로 주목받고 있다. 배우 김혜자를 모델로 하여 2010년 출시된 김혜자도시락은 '혜자롭다'라는 신조어를 탄생시킬 정도로 인기가 높았다. 실제로 7년여 동안 누적 매출액 1조 원을 달성해 GS25의 메가 히트 상품으로 꼽힌다.

모양에 따라 차이가 있겠지만 도시락은 밥과 서너 가지 반찬이 들어갈 수 있도록 구획화된 형태다. 그날 먹을 수 있는 반찬을 각각 구분된 자리에 배치하되, 밥을 먹을 때 모자라지도 남지도 않게 적절한 양을 담는다. 도시락은 혼자서 먹을 때도 실속과 건강 측면에서 최고지만 여럿이 모이면 각자 가지고 온 반찬들이 작은 잔치를 방불케 한다.

도시락의 모양과 규격에 맞춰 내가 먹고 싶은 반찬과 밥을 건강하게 담고 그 효용성을 최대한 즐기듯, 내가 원하고 가치가 있다고 생각하는 것만 선택할 수 있는 시장이 빠르게 확장되고 있다. 철저히 수요자 중심으로 사용자가 필요할 때 필요한 만큼만 재화나 서비스를 소비할 수 있다는 것은 누구에게나 매우 매력적인 일이다.

기업 역시 상시가 아닌 자신의 상황이 맞을 때만 선택해 서비스를 제공할 수 있어 큰 부담이 없다. 이처럼 수요자가 거래를 주도하며 필요할 때만 잠시 재화나 서비스를 사용한다는 개념을 온디맨드(주문형)라고 한다. 최근에는 기존 온디맨드 개념이 제품 카테고리와 서비스 영역을 광범위하게 넓히면서 더욱 소비자 중심으로 변화하고 있다.

현대자동차의 FoD 서비스

자료: 현대자동차 홈페이지

FoD_Feature on Demand_는 무선통신기술로 자동차 기능을 선택적으로 구매할 수 있는 옵션 구독 서비스다. 기존에는 자동차 출고 전에 고객이 사용할 기능을 선택하면 그 기능들만 차량에 탑재되어 출고됐지만, FoD 서비스를 활용하면 차량 출고 후에도 고객이 상황에 따라 원하는 소프트웨어 기능을 선택적으로 구매하여 추가할 수 있다. 차량 버전의 구독 서비스다. 자동차 기술이 소프트웨어 중심으로 발전함에 따라 FoD 서비스를 이용하는 고객의 선택권도 늘어날 전망이다.

토스뱅크는 국내 은행권 최초로 선보인 '지금 이자받기' 서비스를 통해 650만 명의 고객에게 6,100억 원의 이자 혜택(2024년 말 기준)을 제공했다. 2022년 3월 출시 이후 '이자는 매월 한 번 지급된다'는 금융권의 기존 관행을 깨고 고객이 원할 때 즉시 이자를 받을 수 있는 혁신적인 금융 서비스를 제시했다. 수시입출금 통장인 '토스뱅크통장' 보

토스뱅크의 지금 이자받기 서비스

자료: 토스뱅크

유 고객은 매일 한 번 원하는 시점에 이자를 받을 수 있으며, 일 복리 구조가 적용돼 자산을 더욱 효과적으로 운용할 수 있다. 서비스 출시 이후 고객들은 총 7억 1,000만 회에 걸쳐 서비스를 이용했으며, 1인당 평균 약 9만 4,000원의 이자를 받았다.

시장은 소비자 중심으로 변화하며 빠르게 세분화되고 있다. 차량을 구매할 때 옵션을 선택하거나 대리운전을 부르거나 필요시 차를 렌트하는 서비스는 이미 일반화됐다. 지금은 구매 후에도 원하면 새로운 옵션을 선택할 수 있고 자신의 라이프 스타일에 맞춰 언제든지 서비스를 바꿀 수 있다. 한 번 구매로 마무리되는 것이 아니라 소비자의 상황과 환경에 따라 선택을 변경할 수 있다는 뜻이다. 도시락의 반찬을 매일 나의 취향에 맞춰 바꾸듯, 자신의 경제적 능력 안에서 최대의 효용을 위해 선택의 조합을 바꾸는 시장이 커지고 있다.

마켓 리서처의 시각

'1년 동안 휴대전화 없이 살기 vs. 1년 동안 친구 없이 살기'
'매일 같이 3시간 운동하자는 애인 vs. 매일 같이 3시간 게임하자는 애인'

두 가지 중 하나를 선택하는 밸런스 게임은 하나를 택하기가 곤란한 상황에서 선택을 해야 하는 게임이다. 영어권에서는 '우드 유 래더Would you rather 게임'이라며 2010년대 초반에 유행했고 이를 소재로 한 호러 영화도 만들어졌는데, 몇 년 전 K-팝 스타들이 즐기면서 한국산 질문들로 새로운 유행을 타고 있다.

밸런스 게임은 다양한 선택지 속에서 균형을 유지해야 하는 우리 삶과도 관련이 있다. 특히 현대 사회에서는 다양한 환경과 가치 속에서 최선의 효용성을 위해 가치의 밸런스를 고민하며 선택을 해야 한다. 사람들은 일과 삶, 필요와 욕구 사이의 균형을 고민하게 되는데, 밸런스 게임은 이런 선택의 중요성을 가볍고 재미있게 경험할 수 있도록 도와준다. 그리고 일상생활에서 균형과 조화를 이루기 위해 어떤 선택을 해야 할지 생각하게 한다. 이런 과정은 균형 잡힌 삶의 중요성을 상기시키며, 개인의 가치 기준에 맞는 선택을 하도록 장려한다.

2026년은 '실용'이라는 새로운 소비 트렌드가 확산되는 중요한 해다. '저렴이', '짠순이' 같은 표현은 단순히 돈만 아끼는 태도로 여겨져 가볍게 취급되곤 했지만, 이제는 새로운 소비문화를 대표하며 시장의 흐름을 바꾸는 키워드로 부상하고 있다. 소비자들이 자신의 기준과 판단에 따라 '지금 필요한 것'과 '가치 있는 것'을 명확히 선별하고 최적의 조합을 만들어간다는 방증이다.

실용의 시대, 이제 브랜드는 '쓸모'를 증명해야 한다. 소비 시장의 권력은 완전히 소비자에게로 넘어왔다. 이들은 더 이상 브랜드가 들려주는 이야기에 현혹되지 않는다. 그 대신 "그래서, 이 제품이 내 삶에 구체적으로 어떤 '쓸모'가 있는데?"라고 집요하게 묻는다. 이런 변화는 깜짝 유행이나 경제가 나빠서 일시적으로 나타나는 현상이 아니라 소비자 인식이 근본적으로 변화하고 있다는 신호다. 소비자들은 이제 '누가 더 많이, 더 비싼 것을 가졌는가'보다 '본인에게 얼마나 잘 맞는 것을 가졌는가'에 더 높은 가치를 둔다.

이런 측면에서 사회는 일회성을 넘어 지속성을 사회적 자본으로 인식하고 실용적 가치주의가 건강한 문화로 자리 잡도록 노력할 필요가 있다. 한 번 쓰고 버리던 사회에서 오래도록 아껴 쓰는 사회로의 분위기 전환이 중요하다. 기업이 제품의 수리를 어렵게 하거나 과도한 비용을 청구하는 것을 막고, 소비자가 직접 제품을 고쳐 쓸 수 있는 환경을 법적·제도적으로 지원해야 한다. 즉, 수리할 권리right to repair를 보장해야 한다. 또한 낡고 손때 묻은 물건을 부끄러운 것이 아니라 현명한 소비이자 자신만의 역사를 상징하는 훈장으로 여기는 사회적 분위기 조성도 필요하다.

소비자는 소비의 주체이자 한정된 자원으로 최대의 만족을 끌어내야 하는 '내 삶의 최고가치책임자Chief Value Officer, CVO'다. 물건을 구매하기 전 '이것이 정말 필요한가?', '더 오래 쓸 수 있는 대안은 없는가?', '이 가격은 본질적 가치에 합당한가?', '이 브랜드의 철학에 동의하는가?'와 같은 질문을 자신에게 던지는 습관을 들여야 한다. 정보를 검증하는 능력을 기르고 닳아 없어질 물건보다 내 안에 남아 성장 동력이 될 경험(배움, 여행, 문화생활)에 투자하는 것이 가장 확실한 가치 투자임을 인지해야 한다.

소비자가 '가치 탐정'이 된 시대, 기업은 더 이상 화려한 포장지로 본질을 가릴 수 없다. 이제 기업의 생존은 얼마나 정직하게 쓸모를 증명하느냐에 달렸다. 제품과 서비스 측면에서 거품을 걷어낸 본질주의, 즉 고객의 문제를 가장 똑똑하고 효율적으로 해결하는 '솔루션'을 설계해야 한다. 부가 기능이 아니라 핵심 기능의 완성도에 집중해야 한다. 제품의 라인업을 재정비하고, 브랜드의 아이덴티티를 강화하고 유지할 수 있는 핵심 라인업에 집중할 필요가 있다.

과거 마케팅 담당자들은 소비자의 구매 이유와 핵심적인 요인을 파악하기 위해 KBF Key Buying Factor를 파악하고 이해하는 데 많은 시간을 들였다. 그러나 이제는 공통적인 KBF와 더불어 특정 집단 또는 개인이 중요하게 생각하는 KBF에도 관심을 가져야 한다. 물론 공통적인 주요 요소들은 여전히 관리의 대상이지만 결정적인 구매 동기는 세분 시장별로 또는 특정 집단별로 차이가 있다. 지금 소비자들은 주요 가치들 안에서 지속적으로 밸런스를 찾아가고 있다. 또한 여러 제품의 기능을 하나로 합친 멀티 제품에 대한 요구도 눈여겨볼 필요가 있다. 이는 고객의 비용, 공간 그리고 선택의 피로까지 줄여주는 가장 실용적인 혁신이다. 그리고 듀프 트렌드를 위협으로 보지 말고 기회로 활용해야 한다. 핵심 기술은 동일하게 유지하되, 부가적인 요소를 덜어낸 합리적인 가격의 제네릭 라인을 직접 출시하는 것도 고려의 대상이다.

마케팅 커뮤니케이션 측면에서는 감성적인 브랜드 스토리를 넘어 제품의 쓸모를 데이터와 결과로 명쾌하게 증명할 필요가 있다. 제품의 내구성 테스트, 실제 사용자들의 장기 사용 후기, 타사 제품과의 성능 비교 등 고객의 의심을 해소해줄 증거 자료를 적극적으로 제시해야 한다. 그리고 듀프 제품이나 성분을 분석하는 소비자들을 적으로 돌리지 말고, 그들의 정보력을 인정하며 협력의 파트너로 삼아야 한다. 그들의 날카로운 분석이 곧 가장 신뢰도 높은 추천서가 될 것이다. 그리고 제품 가격을 일회성 지출이 아니라 장기적인 투자의 관점으로 재구성하여 소통하는 것도 효과적인 전략이다. 예를 들어 '사용 횟수당 비용 Cost Per Use' 프레이밍 전략을 펼쳐 "이 옷은 10만 원이지만, 100번 입으면 한 번에 1,000원입니다"라는 논리를 제시함으로써 고객의 합리적 판단을 도울 수 있다.

실용적 소비는 단기적 유행이 아닌 구조적 변화다. 단순한 소비 행태의 변화가 아니라 가치판단 방식 자체의 이동을 의미한다. 덜 가지는 것이 오히려 더 풍요롭고, 더 비우는 것이 더 채워지는 시대. 지금의 소비자들은 자신이 가진 브랜드나 소유물보다 무엇을 왜 선택했거나 선택하지 않았는지, 어떻게 절제했는지를 통해 개성과 취향을 표현한다. 소비하지 않는 것 자체가 메시지가 되고, 그 신중함이 곧 정체성이 되는 시대다. 이 흐름 속에서 시장은 더욱 복잡하고 까다로운 소비자들과 만나게 될 것이며, 이들을 이해하고 설득하는 것이 미래 경쟁력의 핵심이 될 것이다.

SIGNAL 3.
고요소비: 고요를 구매하다

우리는 매일 수천 개의 알람에 시달리며 도시 곳곳을 채운 소음 속에서 살아간다. 카페에서 들리는 에스프레소 머신 소리, 지하철의 안내 방송, 사무실의 키보드 소리 그리고 무엇보다 머릿속을 맴도는 수많은 생각까지. 우리는 언제부터인가 진정한 고요함이 무엇인지 잊어버린 것 같다.

이런 삶이 반복되면서 사람들은 노이즈 캔슬링 noise canceling 헤드폰으로 외부 소음을 차단하고, 브랜드 로고가 없는 옷을 입어 시선을 줄이고, 전화 대신 문자로 소통하기를 택한다. 이런 변화는 단지 회피가 아니라 시끄러운 세상에서 고요함을 통해 나를 찾기 위한 본능적 생존 전략이다.

침묵의 시장: '음질'에서 '몰입'으로

헤드폰과 이어폰의 품질은 일반적으로 음질을 기준으로 하는데, 상품성을 이야기할 때는 디자인이 포함된다. 자신을 표현하는 도구로서 때로는 액세서리의 역할을 하기 때문에 매우 중요한 요소다. 그런데 최근에는 음질과 디자인에 이어 새로운 기능이 추가로 논의된다. 바로, 고요함이다.

출근길 지하철, 대부분 승객이 헤드폰을 끼고 있다. 반드시 음악을 듣기 위해서가 아니라 공공장소에서 외부와 단절되기 위해서다. 2024년에 엑스퍼트 마켓 리서치Expert Market Research는 글로벌 액티브 노이즈 캔슬링Active Noise Canceling, ANC 헤드폰 시장 규모가 그해 약 157억 9,000만 달러에 이를 것으로 전망했다. 이 시장은 2025년부터 2034년까지 연평균 11.40% 성장하여 2034년에는 약 464억 8,000만 달러 규모로 확대될 것으로 예측된다.

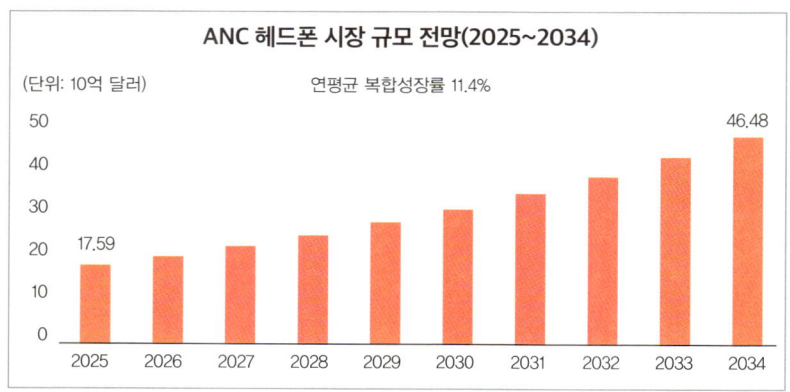

자료: 엑스퍼트 마켓 리서치, 〈액티브 노이즈 캔슬링 헤드폰 시장 규모 2025~2034〉, 2024

과거 헤드폰 시장이 '더 좋은 음질'을 추구했다면, 이제는 '더 완벽한 침묵'으로 경쟁한다. 소니, 보스Bose, 애플 같은 브랜드들의 마케팅 키워드도 '최고의 음질'에서 '완벽한 집중', '나만의 공간', '방해받지 않는 시간'으로 변화했다. 음악을 더 잘 들려주는 도구에서 세상을 더 효과적으로 차단해주는 도구로 포지셔닝이 바뀐 것이다.

특히 아시아태평양 지역에서 노이즈 캔슬링 헤드폰 시장의 성장세가 두드러진다. 이 지역은 연평균 15.5%의 성장률로 전 세계에서 가장 빠르게 시장이 확대되고 있다. 서울, 도쿄, 상하이 같은 메가시티의 초밀집 도시 환경과 대중교통 중심의 생활 방식이 만들어낸 필연적 결과로 보인다. 물리적으로 공간을 분리하기가 어렵다면, 최소한 심리적 공간에서라도 청각적으로 개인의 공간을 확보하려는 현대인들의 욕구가 반영된 것이다.

이에 따라 최근 주목받는 트렌드가 '사일런트 리스닝silent listening'이다. 요즘 노이즈 캔슬링 헤드폰은 음악 재생 없이도 사용할 수 있으며, 전원을 켜면 외부 소음을 감지하고 상쇄하는 역위상 음파를 생성한다. 이 기능을 통해 사용자들은 완전한 고요함을 경험하게 된다. 명상이나 휴식을 원하는 이들에게 노이즈 캔슬링 헤드폰은 음악 없이도 외부 세계로부터 완전히 격리된 조용한 공간을 만들어준다. 특히 카페에서 업무에 집중해야 하는 직장인들과 도서관에서 공부하는 학생들 사이에서 이런 사용법이 빠르게 확산되고 있다.

보이지 않는 럭셔리: 공간에서 존재감을 지우다

2024년 다이슨Dyson이 내놓은 온트랙OnTrac 헤드폰의 성공은 '고요함의 경제학'이 얼마나 정교해졌는지 보여준다. 500달러라는 높은 가격임에도 소비자들의 관심이 집중된 이유는 단순히 55시간 재생 시간이나 40dB 노이즈 감소 성능만으로는 설명할 수 없다. 다이슨이 30년간 축적해온 항공음향학 분야의 전문성이 녹아든 이 헤드폰은 초당 38만 4,000회 외부 사운드를 샘플링하여 소음을 정밀하게 제거한다. 8개의 마이크가 동시에 작동하며, 맞춤형 ANC 알고리즘을 통해 최적의 침묵 환경을 창출한다.

하지만 이런 기술적 우수성을 넘어 더욱 주목받은 것은 바로 '침묵의 개인화' 전략이었다. 다이슨은 2,000가지 이상의 맞춤형 색상 조합을 제공하고, 외부 캡과 이어 쿠션을 쉽게 분리하고 교체할 수 있도록 설계했다. CNC 알루미늄, CNC 코퍼, CNC 블랙 니켈, 세라믹 시나바 등 네 가지 기본 컬러에 각기 다른 소재와 마감재를 적용해 독특한 질감을 구현했다. 소비자들이 자신의 취향에 맞는 헤드셋을 완성하며 '나만의 고요함'이라는 감성적 경험을 구매할 수 있게 한 것이다.

소니의 2025년 WH-1000XM6 출시 역시 이런 럭셔리 침묵 시장의 치열한 경쟁을 상징적으로 보여준다. 세계적으로 유명한 마스터링 엔지니어들과 공동 개발하여 스튜디오급 정밀도를 구현한 이 제품은 기존 모델보다 7배 빠른 QN3 프로세서와 12개의 마이크가 실시간으로 최적화되어 완벽한 소음 차단을 구현한다. 특히 "Hey headphones,

| 다이슨의 온트랙 헤드폰 | 소니의 WH-1000XM6 헤드폰 | 보스의 콰이어트컴포트 헤드폰 |

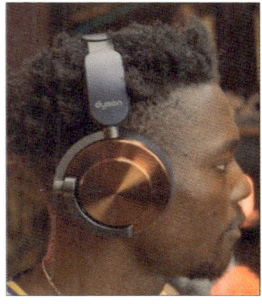 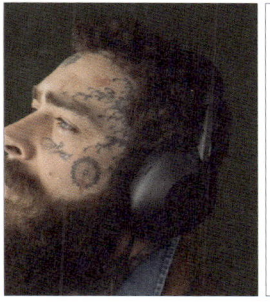 

자료: 다이슨 / 자료: 소니 유럽 / 자료: 보스

noise canceling on"과 같은 음성 명령만으로 청취 모드를 전환할 수 있어 사일런트 리스닝 기능을 더욱 직관적으로 제어할 수 있다.

보스 역시 콰이어트컴포트QuietComfort 시리즈를 통해 침묵의 럭셔리화에 한몫하고 있다. 보스의 강점은 노이즈 캔슬링의 강도를 사용자가 수동으로 미세 조절할 수 있다는 점이다. 전용 앱을 통해 완전한 침묵부터 주변 소리를 일부 허용하는 수준까지 개인의 상황과 선호에 맞춰 정밀하게 조정할 수 있게 함으로써 '맞춤형 고요함'의 새로운 기준을 제시했다. 특히 콰이어트quiet 모드에서는 외부 소음을 거의 완벽하게 차단하고, 어웨어aware 모드에서는 음악과 주변 소리를 동시에 들을 수 있게 하여 사용자가 원하는 만큼의 침묵을 선택할 수 있게 했다.

고요함에 대한 욕구가 개인용 기기를 넘어 생활 전반으로 확산되고 있다. 주방의 변화도 흥미롭다. 최신 아파트 모델하우스를 방문한 사람들이 가장 자주 하는 질문은 "냉장고가 어디 있나요?"다.

서브제로Sub-Zero의 패널 레디 냉장고는 주변 캐비닛과 완벽하게 어우러져 존재를 전혀 드러내지 않는다. 맞춤형 캐비닛 패널로 완전히 위장된 이 냉장고는 일반 냉장고보다 30% 비싼 가격인데도 주문이 줄을 잇는다. 사람들이 원하는 것은 냉장고 자체가 아니라 냉장고가 없어 보이는 주방이다.

보쉬Bosch의 800 시리즈 세탁기는 44dB의 초저소음으로 작동한다. 이는 도서관보다 조용한 수준으로 일반 대화가 60dB, 바닷소리가 55dB임을 고려하면 소음이 거의 없다고 할 수 있다. 세탁기가 작동 중인지 확인하려면 LED 표시등을 확인해야 할 정도다. 보쉬는 이를 위해 에코사일런스 드라이브EcoSilence Drive 모터, 특수 절연 매트, 부직포 절연재, 진동 방지AntiVibration 벽면 설계 등 모든 구성 요소를 새롭게 설계했다.

특히 주목할 점은 소비자들이 이런 '드러나지 않음'에 더 많은 돈을

보쉬의 800 시리즈 세탁기

자료:보쉬 홈페이지

기꺼이 지불한다는 것이다. 기능은 그대로 유지하되 존재감만 지우는 것, 이것이 새로운 럭셔리의 정의가 되어가고 있다. 집은 이제 단순한 거주 공간이 아니라 세상의 소음에서 벗어날 수 있는 피난처여야 한다. 가전제품들이 스스로를 감추려 하는 이 현상은 현대인들의 '조용함에 대한 갈망'이 얼마나 깊어졌는지를 보여주는 또 다른 증거다.

조용함에 대한 열망은 패션 소비문화에도 급격한 변화를 일으키고 있다. 서울 명동의 롯데백화점 8층에 있는 브루넬로 쿠치넬리Brunello Cucinelli 매장만 봐도 알 수 있다. 눈에 띄는 로고는 거의 없고, 브랜드 이름은 가격표에만 조그맣게 새겨져 있다. 그럼에도 이 브랜드는 2024 회계연도에 약 13억 달러에 달하는 매출을 기록해 전년 대비 12% 넘는 성장률을 보였다.

이런 움직임에는 소비에 대한 시선 자체가 바뀐 것이 한몫했다. 이제 소비는 과시를 위해서가 아니라 나만의 만족과 가치에 기반한 자기표현으로 진화하고 있다. 예전처럼 브랜드 로고가 큼직하게 박힌 가방보다 조용한 카페에서 보내는 한가로운 시간이 더 소중하게 느껴지고, 화려한 액세서리보다 오랫동안 입을 수 있는 좋은 옷 한 벌에 더 큰 의미를 두는 시대가 열린 셈이다.

전화벨이 공포가 된 세대

고요함을 추구하는 이들은 타인과의 관계에서도 새로운 방식의 소통을 원한다. 누군가의 휴대전화가 울리는 순간, 주변 사람들이 동시에 움찔하는 모습을 본 적이 있는가? 단순히 예민해서가 아니다. 이른바 콜포비아(전화공포증) 현상이다. MZ세대에게 전화는 친근한 소통의 수단이 아니라 마음을 졸이게 하는 스트레스의 상징이 되어가고 있다.

2024년 9월, 〈한국경제〉가 알바천국에 의뢰해 MZ세대 1,186명을 대상으로 실시한 조사에 따르면, 콜포비아 증상을 겪는다고 응답한 비율이 무려 39.3%에 달했다. 2022년의 29.9%와 비교하면 불과 2년 만에 9.4%p나 상승한 수치다. 전화를 받기 전 긴장감이나 불안감을 느낀다는 사람이 64.6%로 가장 많았고, 아예 전화를 받지 않는다는 사람이 55.6%, 심장이 빠르게 뛰는 등 신체 증상을 겪는다는 사람이 21.0%였다. 이들이 가장 선호하는 소통 방법은 문자나 메시지

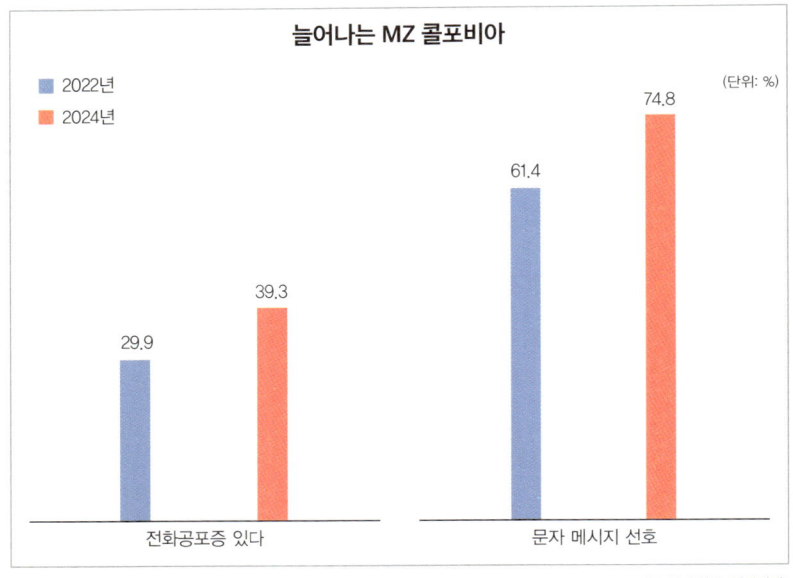

늘어나는 MZ 콜포비아

자료: 알바천국, 〈한국경제〉

앱 같은 텍스트 방식이었는데, 그 비율이 74.8%로 압도적으로 높았다. 2022년 조사(61.4%)에 비해 13.4%p 증가한 수치다. 반면 통화는 2022년 18.1%에서 2025년 11.0%로, 대면 소통은 18.5%에서 12.8%로 크게 줄었다.

왜 이들은 전화 소통을 힘들어하는 걸까? 가장 큰 이유는 '생각을 정리할 틈 없이 바로 대답해야 해서'(61.6%)였고, '제대로 말하지 못하는 게 걱정이어서'(59.2%), '문자나 메시지가 편해서'(47.6%), '할 말 없을 때 침묵이 불안해서'(25.3%)라는 답변도 많았다. 이 모든 점은 Z세대가 즉각적인 반응을 요구받는 상황에 대한 부담과 완벽한 소통에 대한 압박감을 강하게 느끼고 있음을 보여준다.

Z세대는 '연결'과 '소통'을 이전 세대와는 다른 방식으로 정의한다. 즉, 관계를 중요시하되 자신을 기준으로 재정립한다. 예전에는 메시지를 받으면 곧바로 답장하는 것이 예의처럼 여겨졌지만, 이제는 꼭 그래야만 하는 건 아니라고 생각한다. 오히려 천천히 읽고 천천히 답장하는 것이 더 섬세하고 배려 깊은 태도로 받아들여지기도 한다.

실제로 요즘 Z세대 사이에서는 카카오톡의 '읽음 표시 끄기', 인스타그램의 '온라인 상태 숨기기' 같은 기능을 활용하는 모습이 늘었다. 계속해서 '접속 중'으로 보이는 피로감을 줄이고, 자신의 리듬대로 연결되고 싶다는 마음이 반영된 변화다. 스마트폰의 '방해금지 모드' 역시 같은 맥락이다. 누군가의 메시지에 즉각 반응하는 대신, 잠시 나 자신에게 집중하는 시간을 소중히 여기는 것이다.

이런 흐름은 디지털 공간을 넘어 오프라인 공간에서도 확산되고 있다. 서울 역삼동의 '욕망의북카페'는 휴대전화는 물론 노트북도 사용할 수 없는 노폰존 카페로, 입장 시 디지털 기기를 보관함에 맡기게 돼 있다. 방문객들은 다양한 책과 독서용 도구들이 구비된 공간에서 디지털 디톡스와 몰입의 시간을 경험한다. 더 나아가, 대화 자체를 금지한 공간들도 있다. 북아현동의 '카페 침묵'은 혼자만의 고요한 시간을 위한 장소로, 주문은 말로 할 수도 있지만 대개는 쪽지를 이용한다. 을지로의 '인현골방'은 음악을 중심으로 한 대화 금지 술집이자 뮤직바다. 메뉴 주문과 음악 신청까지 모두 카카오톡 또는 인스타그램 DM으로 한다. 이곳들에서는 침묵이 깊은 감각과 집중을 불러일으키는 색다른 소통의 도구가 된다.

이런 변화는 Z세대가 원하는 선택적 단절의 모습을 잘 보여준다. 이들이 원하는 건 완전한 고립이 아니다. 완전히 독립된 나만의 고요함을 누리면서 타인과는 언제 어떻게 연결될지 스스로 선택하는 자신만의 밸런스 게임이다.

마켓 리서처의 시각

'피정避靜'이라는 말을 아는가? 일상에서 벗어나 한적하고 조용한 곳에서 머무르며 종교적인 수양을 하는 것을 말한다. 주로 가톨릭에서 많이 사용하지만, 다른 종교에도 비슷한 개념이 존재한다. 가톨릭에서는 전통적으로 대침묵 피정 기간을 갖는다. 특히 사제 서품을 받기 전에 한 달 동안 긴 침묵 피정에 들어가서 자신을 바라보고 성소를 다시 점검한다.

일반적으로 피정을 시작할 때 휴대전화는 소지하지 않으며, 본인이 원하는 대로 피정 장소에서 산책을 하거나 성당에서 기도를 한다. 아무것도 안 해도 된다. 가만히 멍때리고 앉아 있어도 된다. 식사 때는 정해진 식당으로 가서 밥을 먹으면 되는데 이때도 침묵은 이어져야 한다. 모든 게 침묵 속에 있어야 한다.

처음에는 어색하지만 시간이 지나면 침묵과 고요함이 새로운 시간이자 공간으로 느껴진다. 종교적인 시각을 떠나 침묵과 고요 속에서 철저히 혼자만의 시간을 가지는 일은 나의 본질 회복에 한껏 다가서게 한다.

그래서 현대 사회에서 고요함은 텅 빈 상태가 아니라 가장 적극적인 형태의 '채움'이다. 소음과 자극을 스스로 통제하고, 세상과 나 사이에 적절한 거리를 유지하며, 온전한 나 자신에게 집중하는 시간. 이것이 바로 침묵의 경제학이 우리에게 보여주는 새로운 럭셔리의 본질이다.

우리는 완전한 고립이 아니라 나만의 리듬에 맞춰 세상과 연결될 수 있는 자신만의 밸런스 게임을 원한다. 그리고 이 섬세하고 강력한 욕망이 앞으로의 기술, 공간, 소비 그리고 관계의 미래를 새롭게 디자인할 것이다.

따라서 침묵을 설계하고 가치로 속삭이는 전략이 필요하다. 시끄러운 시장에서 살아남기 위한 기업의 전략은 이제 역설적으로 '조용해지는 것'이다. 제품·서비스 개발 측면에서 청각적 미니멀리즘, 즉 저소음·무소음 기술에 대한 R&D 투자를 확대할 필요가 있다. 이는 가전을 넘어 자동차, 공기청정기, 심지어 사무용품에까지 적용될 수 있다.

또한 시각적 통합성 측면에서 '카멜레온 디자인'을 추구할 필요가 있다. 주변 환경과 조화를 이루는 소재, 색상, 형태로 공간의 일부가 되는 제품을 만들어야 한다. 고객이 직접 소음, 알림, 빛의 강도 등 감각적 경험을 자신의 취향에 맞게 조절수 있는 기능을 제공하는 것도 중요한 옵션이 될 수 있다.

마케팅 커뮤니케이션 측면에서 보면 조용한 접촉quiet touchpoint이 핵심이 될 것으로 보인다. 즉 고객의 시간을 빼앗는 침입자intruder가 아니라 가치 있는 정보를 제공하는 조력자enabler가 되어야 한다. 일방적인 전화나 라이브 방송 대신 고객이 원할 때 찾아서 볼 수 있는 깊이 있는 콘텐츠(블로그, 뉴스레터, VOD)에 집중할 필요가 있다. 또한 광고 메시지를 직접적으로 외치기보다 브랜드의 철학과 가치가 공간, 문화, 예술 협업 등을 통해 은은하게 스며들게 하는 것도 고려 대상이다.

사회는 '고요함'을 공공의 자산으로 인식하고 개인의 노력을 넘어 사회 시스템 전체가 그 가치를 인정하고 보호하기 위한 인프라를 구축할 필요가 있다. 공원 내 '디지털 디톡스 존'이나 '사일런트 존'을 지정하고, 도심 곳곳에 소음 공해를 줄이는 건축 설계 및 방음벽 설치를 확대해야 한다.

대중교통, 도서관, 카페 등 공공장소에서 '조용함'을 지키는 것을 성숙한 시민의식으로 장려하는 캠페인이 필요하다. 연결되지 않을 권리에 대한 사회적 합의를 만들고, 업무 시간 외 연락을 자제하는 문화, 메시지에 즉시 답하지 않아도 되는 응답의 유연성을 존중하는 문화를 확산시켜야 한다.

개인 측면에서는 타인의 시간과 공간을 존중하는 태도야말로 새로운 시대의 매너임을 인식해야 한다. 불필요한 소음을 만들지 않고, 타인의 집중을 방해하지 않으며, 상대방의 고요할 권리를 지켜주는 '무해함'이 가장 강력한 사회적 자본이 될 것이다.

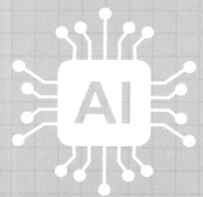

PART 4.

레볼루션 Re:Volution

진화하는 AI, 변화하는 일의 세계

마블의 슈퍼 히어로 중 하나인 자비스Just A Rather Very Intelligent System, J.A.R.V.I.S.는 아이언맨의 충실한 AI 비서다. 이름 그대로 '그냥 좀 많이 똑똑한 시스템'으로, 아이언맨의 다양한 요구를 들어주고 지원해주지만 가끔은 태클을 걸거나 비꼬는 등 감정을 드러내기도 한다. 영화에서 자비스는 그냥 똑똑한 수준을 넘어서 아이언맨의 진정한 동반자로 활약한다.

2025년에 들어서면서 우리는 자비스를 상상하며 AI와 관련된 수많은 이야기를 듣고 경험하고 있다. 우리는 이미 너무 빠른 속도로 AI 세계 안으로 들어가고 있으며, AI는 기술을 넘어 우리 일상의 필수 요소가 되고 있다. 우리가 그동안 그려온 세상이 AI를 통해 하나씩 현실화되고 있다. 이 기술은 통상의 변화를 넘어 인간 삶과 문명의 구조 자체를 근본적으로 재편하고 있으며, 삶과 기술의 가치에 대한 전반적인 패러다임을 바꾸고 있다.

특히 저성장 초고령화 사회로 빠르게 진입하고 있는 한국으로서는 매우 중요한 모멘텀이 될 수 있기에 정부와 사회, 개인 모두 큰 관심을 가지고 지켜보고 있다. 2025년 2월 한국은행이 발표한 〈AI와 한국경제〉 보고서에 따르면, 모형 시뮬레이션 결과 AI 도입으로 우리나라 경제의 생산성은 1.1~3.2% 개선되고 GDP는 4.2~12.6% 성장할 가능성이 있다. 고령화·저출생에 따른 노동 공급 감소가 2023~2050년 한국 GDP를 16.5% 깎아내릴 것으로 추정되는데, AI가 생산성과 산출을 성공적으로 늘리면 이 감소 폭도 5.9%까지 줄일 수 있다는 것이 한국은행의 분석이다.

이렇듯 현재 정부, 기업, 연구기관이 바라보는 AI 기술은 우리 삶의 질을 향상시킬 잠재력을 가지고 있다. 그러나 입소스 글로벌 트렌드 자료에서는 사람들이 기술에 대해 느끼는 흥미로운 긴장감이 엿보인다. 소비자들은 대다수가 전 세계 문제를 해결하기 위해 기술이 필요하다고 생각하지만, 동시에 기술 발전이 우리 삶을 파괴한다고 생각한다.

2025 입소스 글로벌 AI 모니터에서는 AI에 대해 전 세계 응답자의 약 절반이 흥미롭다(52%)고 응답했고, 또 약 절반이 긴장된다(53%)고 답했다. 어떤 면에서는 모순적으로 보일 수도 있다. 이와 관련해서는 2024년과 마찬가지로 지역적 차이가 분명히 있다. 영연방(미국, 영국, 캐나다, 아일랜드, 호주)에서는 AI에 대한 긴장감이 상대적으로 높다. 그에 비해 동남아시아 지역을 중심으로 한 아시아 국가에서는 훨씬 긍정적이고 흥미롭다고 생각한다.

이와 관련해서 몇 가지 중요한 인식을 추가로 분석했다. 먼저 각국 정

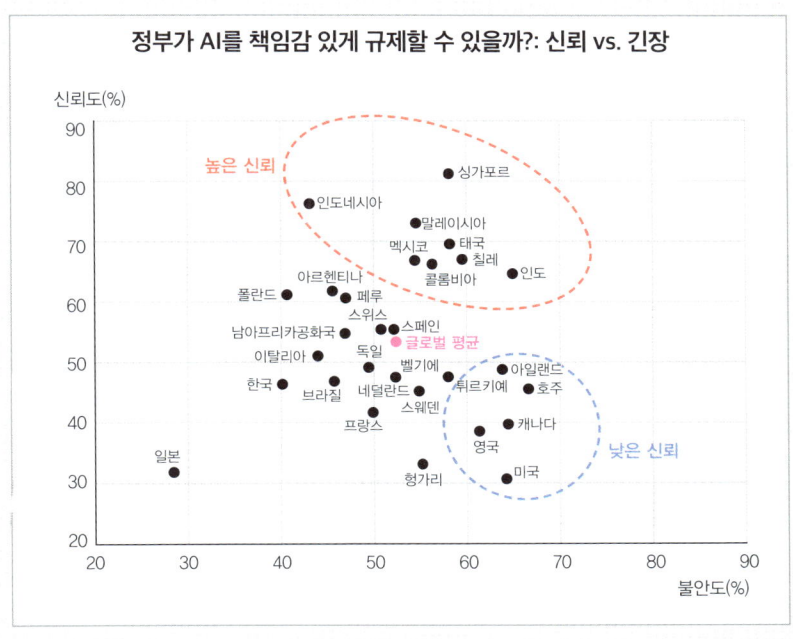

자료: 2025 입소스 글로벌 AI 모니터

부가 AI를 책임감 있게 규제할 것이냐는 질문에 대해 미국에서는 신뢰도가 31%에 그치는 반면, 긍정적이고 흥미롭다고 응답한 국가들(싱가포르, 인도네시아, 말레이시아 등)은 높은 신뢰도를 보였다.

AI에 대해 이처럼 모순적인 분위기가 존재하지만, 2022년 말 챗GPT 3.5 출시 이후 소비자와 기업의 AI 도입이 가속화되고 있다. AI는 기존 마켓 리서치 프로세스를 변화시키고 있으며, 일부 기업은 외부 조사 기관 대신 AI 플랫폼을 활용한다. 특히 단순하고 반복적인 업무들은 빠르게 AI로 대체되고 있다. 이런 상황에서 기존 시장의 구조와 위계를 새롭게 재편하는 주목할 만한 세 가지 흐름이 나타나고 있다.

그중 가장 주목받는 것이 AI 에이전트와 합성 데이터synthetic data다. AI는 사용자가 요구하는 것을 지원하고 제공하는 것을 넘어 좀 더 자율성을 가지고 스스로 생각한 맥락 속에서 사용자의 니즈를 충족시켜주는 형태로 발전하고 있다. 그래서 우리는 자율적인 AI 에이전트의 실용적인 확산과 멀티모달multimodal AI의 발전에 주목할 필요가 있다. 새로운 AI의 발전된 모습은 기존 직업과 사회 조직 체계를 조금씩 재편하고 있다. 발전된 기술에 대한 활용의 형평성과 전문성으로 인해 새로운 색깔론이 대두했다.

또한 AI의 발전은 함께하는 제품과 서비스에도 큰 변화를 일으키고 있다. 특히 최근 AI와 함께 부활한 스마트글래스가 시장의 기대를 받고 있다. 아이언맨이 헬멧을 쓰고 비행하거나 전투 도중 자비스와 대화하며 필요한 정보를 제공받는 것처럼, 내가 착용한 안경이 다양한 도움을 준다. 외부 정보를 파악하여 분석 데이터를 제공하고, 명령에 따라서 즉각적으로 임무를 수행하는 AI 비서가 더 이상 영화 속 CG가 아니라 우리 현실에 다가서고 있다. 보이는 것을 넘어서는 것을 볼 수 있는 세상이 오고 있다.

그리고 마지막으로 AI를 포함한 다양한 기술의 발전은 대척점에 있던 블루칼라 종사자와 1차 산업의 환경 및 위상에도 커다란 변화를 일으키고 있다. AI가 발전하면서 AI로 대체될 가능성이 큰 직업들과는 별개로 물리적 경험으로 축적된 전문성이 필요한 직업, 기술적인 접근을 통해 전문성을 갖추는 블루칼라 영역, AI와 로봇의 적용을 통해 효율적인 생산과 관리를 실현하는 1차 산업이 전반적인 직업의 구조와 위계의 급속한 변화를 이끌고 있다.

  이번 파트에서는 혁신을 기반으로 재편되는 현실 세계를 전반적으로 둘러보고, 긍정적인 마음으로 미래를 계획할 수 있도록 하나씩 세부적으로 접근해보고자 한다.

SIGNAL 1.
뉴 칼라 vs. 노 칼라

AI의 자율성 강화로 불거진 새로운 색깔론

2025년, AI는 우리의 일상과 업무를 새롭게 설계하며 미래를 재정의해가고 있다. AI는 효율성과 창의적 혁신을 핵심으로 기술의 한계가 무색할 만큼 빠른 속도로 발전하고 있다. AI가 고급 추론 능력을 갖추고 발전하면서 과학, 코딩, 법률, 의학 등 보다 전문적인 분야에서도 혁신이 가속화될 것으로 보인다. 또한 데이터 품질 향상 및 체계적인 관리는 맞춤형 기술의 진보와 더불어 AI의 활용 범위를 한층 넓힐 것이다.

AI의 활용은 더욱 개인화될 전망이다. 스마트폰이 일상적인 작업을 간소화하고 효율적으로 바꿨듯이, AI 에이전트는 업무 프로세스를 변화시켜 우리가 일하는 방식에 새로운 전환점을 제시할 것이다. 또한 누구나 자신에게 맞는 AI를 직접 개발하고 이용하는 방향으로 발전할 것으로 기대된다. 머지않아 AI는 일상에서 우리의 삶이 좀 더 효율적이고 편리해지도록 지원해주는 비서이자 동반자의 역할을 하게 될 것이다. 개인화된 AI는 향후 감정 지능이 향상되면서 더욱 유연한 상호작용까지 할 수 있을 것으로 기대된다.

멀티 에이전틱 AI 시스템은 브랜드 트래킹 조사, 시장 분석 등 마케팅 리서치 분야에서 데이터 수집·처리·분석을 자동화하여 연구원들이 전략적 인사이트 도출에 집중할 수 있도록 지원하고 있다. 필요한 글로벌 자료와 정보를 책상 앞에 앉아 AI를 통해 받아볼 수 있는데, AI는 소비자의 구매 패턴 및 취향 분석을 통해 개인화된 서비스를 제공한다.

이렇듯 AI는 갈수록 지능화되고 전문화되는 동시에 개인화되고 있다. 이런 측면에서 가장 눈여겨볼 부분이 AI 에이전트다.

새로운 권력의 탄생:
스스로 행동하는 AI, '에이전트'의 시대

2025년에도 AI 기술 개발 경쟁이 이어지는 가운데 인간의 개입 없이 작업을 수행하는 '에이전트'가 AI 분야 핵심 화두가 될 것으로 예상된다. 주요 마켓 리서치 기관과 기술 기업 등이 내놓은 2025년 AI 분야 전망을 보면 공통으로 AI 에이전트의 부상을 전망한다. AI 에이전트가 산업과 사회 변화를 이끄는 동력이 될 것이라는 관측이 지배적이다.

AI 에이전트란 사용자의 의도를 전반적으로 이해하고 스스로 작업을 수행하는 지능형 시스템을 말한다. 즉 AI 모델의 추론 능력이 강화되면서 학습하지 않은 새로운 상황에서도 맥락을 이해해 적절하게 대응할 수 있다는 얘기다. 기존에 우리가 경험한 생성형 AI는 사용자가 프롬프트(명령어)를 입력하면 그것에 맞는 답을 내놓거나 이미지·영상을 만들어주는 방식이 대부분이었다. 그러나 AI 에이전트는 사용자의 의도를 깊이 이해해 여러 작업을 대신하면서 인간이 창의적이고 고차원적인 업무에 집중할 수 있게 해줄 것이다.

2024년 9월 17~19일 미국 샌프란시스코에서 열린 '드림포스 2024' 현장에서 엔비디아NVIDIA의 젠슨 황Jensen Huang CEO는 "AI 에이전트에 앞으로 엄청난 기회가 있을 것"이라며 "우리는 수백억 개의 에이전트를 만들 수 있고, 이들이 인간의 작업을 보조하거나 이들과 새로운 방식으로 협업할 수 있는 시대가 올 것"이라고 이야기했다. 드림포스를 개최한 세일즈포스Salesforce의 마크 베니오프Marc Benioff CEO는 이 자리에서 새로운 AI 에이전트 플랫폼 에이전트포스Agentforce를 공개하며 "AI 에이전트는 지금까지 우리가 일해온 방식을 통째로 바꿀 혁신"이라고 강조했다.

구글 역시 제미나이 2.0Gemini 2.0을 출시하면서 "에이전트 시대를 위한 새 AI 모델"이라고 소개했으며, 이 모델을 적용한 에이전트 기능을

드림포스 2024에서 대담을 나누는 젠슨 황과 마크 베니오프

자료: 〈한경MONEY〉, 〈연합 EPA〉

다양한 분야에 맞춰 개발 중임을 알렸다.

AI 에이전트는 텍스트로 대화하는 수준에 그치는 챗봇과 달리 스스로 행동을 취할 수 있다. 예를 들어 고객 문의에 대응하는 콜센터 AI 에이전트(상담원)는 고객에게 자동으로 여러 질문을 하고, 문의에 맞춰 내부 문서 정보를 조회하거나 해결책을 찾아 대응할 수 있다. 또한 개인의 검색어와 관심 포스팅 등을 통해 영화, 도서, 여행지 등을 추천하고 예약까지 진행하기도 한다.

정보기술 연구 및 자문 회사인 가트너Gartner는 2028년까지 AI 에이전트가 일상적인 업무 결정의 최소 15%를 담당할 것으로 전망한다. 2024년 0%였던 데 비하면 놀랄 만한 수치로, 기업의 생산성을 크게 향상시킬 잠재력을 가지고 있다고 평가할 수 있다. 실제로 여러 글로벌 기업이 이미 AI 에이전트를 도입하여 업무 효율성을 높이고 비용

을 절감했다는 사례가 보고됐다.

가장 주목할 만한 변화는 자율형 AI 에이전트의 실용적 확산이다. 여기서 주목해야 할 점은 AI 에이전트의 핵심 가치가 더 이상 대화 능력 자체에 있지 않다는 것이다. AI 에이전트는 특정 업무 영역에 대한 깊은 이해를 바탕으로 프로세스 전반을 최적화하는 수준까지 고도화될 것으로 예측된다. 기술의 통합을 넘어 레거시 시스템까지 아우르는 지능형 업무 플랫폼이 곧 가시화될 것이다.

하지만 자율형 AI 에이전트 역시 AI의 태생적 난제인 '오류 가능성'이라는 큰 도전 과제를 안고 있다. 이를 극복하기 위해 '자기반성self-reflecting' 기능이 핵심 기술로 부상할 것으로 보인다. 그리고 특정 업무에 특화된 실용적 AI 에이전트의 확산이 두드러질 전망이며, AI가 단순한 피드백 기반 학습을 넘어 자신의 수행 과정과 결과를 스스로 검증하고 개선하는 고도화된 자율성을 갖추는 방향으로 발전할 것으로 예상된다.

이제 주요 기업들은 대규모 언어 모델Large Language Model, LLM에서 더 가볍고 효율적인 AI 모델에 관심을 갖기 시작했다. 이에 따라 무거운 LLM 대신 소형화된 전문 에이전트들을 상황에 맞춰 사용하는 방식이 대세가 될 것으로 보인다. 주요 기업에서는 현재 개발된 AI에도 관심이 많지만 어떻게 하면 자사의 특성과 산업 특성에 맞는 AI 에이전트를 가질 수 있을까에 더 관심이 쏠려 있다. 근래 주요 기업들이 자사 고유의 글꼴을 만들어 모든 서류에 사용한 것처럼 '맞춤형 특화 AI'라는 새로운 시그니처를 만들고자 하는 것이다.

현재 AI 에이전트 분야에는 이미 여러 기업이 뛰어들어 치열한 경쟁을 벌이고 있다. 오픈AI OpenAI, 구글, 마이크로소프트 등 글로벌 빅테크 기업들뿐만 아니라 한글과컴퓨터 등 국내 기업들도 AI 에이전트 시장에 진출하고 있다.

AI의 연금술: 무에서 유를 창조하는 합성 데이터

AI 이용이 늘어나면서 동시에 주목받는 것이 합성 데이터다. 합성 데이터는 실제 데이터를 토대로 만든 인공 데이터를 의미하는데, AI가 실제 데이터의 구조와 형태 등을 학습해 유사하게 만들어낸다. 일반적으로 AI 학습에 필요한 자료를 일일이 수집하려면 시간과 비용이 많이 드는데, 합성 데이터를 활용하면 이 문제를 해결할 수 있다. 결과를 얻기 위해 대량의 데이터를 확보하지 않더라도 일정량의 실제 데이터가 있다면 실험 목적과 방향에 맞춰 짧은 시간에 인공 데이터를 만들어낼 수 있기 때문에 다양한 연구가 빠르고 효율적으로 이루어질 수 있다.

마켓 리서치 기관 포천 비즈니스 인사이트 Fortune Business Insight에 따르면, 2022년에 북미가 글로벌 합성 데이터 생성시장에서 33.4%의 점유율을 보였다.

일반적으로 합성 데이터는 생성적 적대 신경망 Generative Adversarial Network, GAN, 대규모 언어 모델 LLM, 물리 엔진이나 게임 엔진 등 다양한

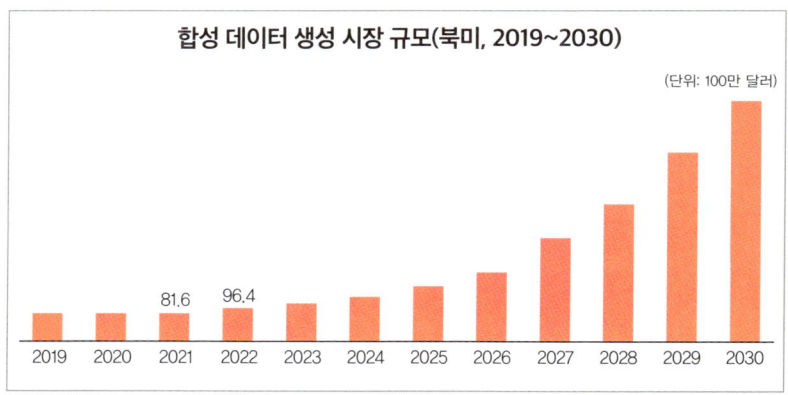

자료: 포천 비즈니스 인사이트

기술을 통해 생성되며 실제 데이터와 유사한 통계적 특성과 다양성을 지닌다. 예를 들어 은행의 고객 거래 정보를 합성하는 경우, 실제를 기반으로 허구 데이터를 설계하지만 집단 전체 패턴이나 분포는 실제와 비슷하게 재현된다. 이렇게 만들어진 합성 데이터는 사생활 침해 우려가 낮고, 다양한 규제 장벽을 우회해 분석과 연구 목적으로 활용하기에 용이하다. 합성 데이터를 활용하면 실제 데이터에 앞서 초기 모델을 구축할 수 있다는 점이 큰 장점이다. AI 모델의 개발 속도를 크게 높임과 동시에 비용을 절약하고, 궁극적으로 더 정확한 결과를 낼 가능성이 크다.

합성 데이터는 이미 여러 분야에서 폭넓게 활용되고 있다. 예를 들어 자율주행 기업들은 실제 도로에서는 자주 발생하지 않는 돌발 사건이나 특수 환경을 시뮬레이터 안에서 자유롭게 만들어냄으로써 자율주행차의 대응 능력을 크게 높이고 있다. 가상 도로 환경을 배경으로 날씨, 조도, 교통량, 보행자 행동 패턴 등을 다양하게 합성해 수많은 주행 데이터를 확보하고 이를 통해 AI 모델을 한층 더 견고하게 훈련한다. 헬스케어 산업에서는 환자의 개인정보를 노출하지 않으면서도 질병 진단 AI를 개발하기 위해 환자 데이터를 합성하는 방안을 적극적으로 모색하고 있다. 또한 금융권에서는 합성된 거래 데이터를 활용해 사기 탐지 모델을 훈련하기도 한다. 이처럼 합성 데이터는 실제로 얻기 어렵거나 민감하고 위험한 상황 등을 가상화해 모델 학습에 적용함으로써 데이터 부족과 개인정보 보호 문제를 동시에 해결하게 해준다.

입소스와 같은 마켓 리서치 회사의 업무 수행 방식은 소비자에게 직접 질문하거나 온라인 패널을 통해 데이터를 모은 다음, 그 데이터를 분석해 정부·기업·연구기관에 인사이트를 제공하는 것이 일반적이었다. 그러나 최근에는 최소한의 실제 응답자 데이터를 기반으로 합성 데이터를 만들어 분석하는 프로세스를 시작했다. 물론 모든 연구에 적용한 단계는 아니며 지역, 품목, 소비자 특성에 따라 다양한 방면에서 여전히 테스트를 진행하고 있다. 그럼에도 지금까지의 다양한 테스트에서 실제 데이터와 합성 데이터의 동질성이 매우 높게 나타나 조사 목적에 따라 매우 유용하게 활용할 수 있을 것으로 기대하고 있다.

합성 데이터 활용이 보편화되면, 전체적인 연구에서 데이터를 수집하는 데 들어가는 시간과 비용을 큰 폭으로 줄일 수 있을 뿐 아니라 비이성적 응답 데이터를 제거해 더 좋은 품질의 데이터를 확보할 수 있다. 그리고 마켓 리서처들은 인사이트를 도출하는 데 집중할 수 있기에 더 만족도 높은 고객서비스가 이뤄질 것이다.

다만, 합성 데이터는 많은 장점과 동시에 생성 과정이나 활용에서 주의해야 할 한계도 분명히 지니고 있다. 먼저, 합성 데이터를 만들어 내는 기반 모델이 현실 세계를 충분히 반영하지 못하면 결과적으로 편향되거나 왜곡된 데이터가 양산될 가능성이 크다. 따라서 합성 프로세스와 최종 산출물에 대한 철저한 검증 작업이 뒤따라야 한다. 그리고 합성 데이터가 실제 데이터를 어느 정도 대체할 수 있는지 평가하려면 현실 데이터를 일정 부분 확보하고, 이를 바탕으로 검증하는 단계가 꼭 필요하다. 이 과정에도 비용과 시간이 투입되며, 특히 의료나 금융처럼 정보 규제가 엄격한 분야에서는 합성 데이터가 실제 환경을 제대로 구현할 수 있다는 점을 지속적으로 검증하고 입증해야 한다.

또한 합성 데이터가 쓰이는 AI 모델이 상관관계나 복잡성을 완전히 이해하지 못해 기존 데이터가 갖는 복잡한 상관관계나 변형을 누락할 수도 있다. 기존 데이터가 편향성을 띤다면 합성 데이터 세트에서는 편향이 더욱 증폭될 수도 있다. 이렇게 만들어진 대량의 합성 데이터를 기존 AI가 재학습한다면 오류와 노이즈가 점차 누적될 것이고, 그 때문에 원래 데이터의 희귀한 부분이나 미세한 차이를 잃어버려 종국에는 모델 붕괴로 이어질 수도 있다. 합성 데이터 때문에 발생한 모델 붕괴가 지속되면 모델의 일반화 능력과 품질이 크게 떨어져 AI 시스템의 전반적인 성능 저하로 이어질 수 있다. 따라서 기본이 되는 실제 데이터의 품질을 제대로 확보하고, 합성 데이터를 만드는 과정에서 두 데이터 간의 동질성을 지속적으로 검증해야 한다.

AI 카스트

AI의 발전은 일상생활과 업무 환경의 변화를 넘어 전반적인 삶과 사회 조직 구조의 변화를 가져올 것으로 보인다. 지난 2017년 서울대 건설환경공학부 유기윤 교수 연구팀은 2090년경에는 전문성, 학력, 신체 능력이 아닌 AI 플랫폼(정보형 기업)이 계급을 나누는 잣대가 될 것으로 내다봤다.

연구팀에 따르면 플랫폼 소유주가 최상위인 계급1이 된다. 플랫폼에서 큰 영향력을 지닌 정치 엘리트와 예체능 스타, 소수의 창의적 전문가 등 플랫폼 스타가 계급2다. 프레카리아트precariat('불안정'을 뜻하는 이탈리아어 'precàrio'와 '노동자계급'을 뜻하는 'proletariat'의 합성어로, 비정규직이나 파견직 등 불안정 노동자를 일컫는 말)로 불리는 나머지 시민들이 플랫폼에 접속해 프리랜서처럼 살아가는데, 절대다수를 차지하는 이들이 계급4다. 아이러니하게도 계급3은 인간이 아닌 사회 전반의 일자리를 차지한 AI다. 연구팀은 AI에 대부분의 일자리를 빼앗긴 채 인간의 노동이 가치를 상실하거나 낮은 가치가 매겨지는 매우 불평등한 상황을 예견했다.

AI가 어떤 일자리를 얼마나 많이 대체할지 아니면 보완할지에 따라 불평등의 형태는 달라질 것이다. 대체하는 일자리가 많을수록 불평등에 미치는 영향은 커진다. 또한 AI로 시작되는 신계급사회는 또 다른 형태의 색깔론과 갈등을 유발할 것으로 보인다.

국책 연구기관인 한국개발연구원KDI의 한요셉 연구위원은 2024년

7월 발표한 〈인공지능으로 인한 노동시장의 변화와 정책방향〉 보고서에서 이르면 2030년에는 업무의 90%를 AI로 자동화할 수 있는 일자리가 전체 일자리의 90%에 달할 것으로 추정된다고 밝혔다. 2023년 기준 70% 이상의 업무를 자동화할 수 있는 일자리가 39% 수준인데 AI 발전으로 대체될 수 있는 일자리가 급속도로 늘어나리라는 뜻이다.

직업별로 보면 업무 100%를 AI로 자동화할 수 있는 직업은 2030년 기준 주방장 및 요리 연구가, 세탁원, 재봉사, 각종 기계 조작원 등으로 조사됐다. 국회의원(64%), 고위공무원(64%), 대학교수(64%), 판검사(69%), 변호사(74%) 등은 자동화 가능 업무 비중이 상대적으로 작지만 모두 50%를 넘었다.

이 연구를 보면 임금이 낮을수록 자동화 가능성이 크지만 월 900만 원 이상의 고소득 직종에서는 다시 자동화 가능성이 소폭 증가하는 패턴이 나타나는 것을 볼 수 있다. AI의 영향은 단순히 저임금 단순노동 영역의 문제가 아니라 오히려 고도의 전문성을 갖춰야 하는 고소득 전문 직종도 예외가 아닐 것으로 보인다.

2024년 챗GPT 개발사인 오픈AI와 영국 비영리기관 'AI 거버넌스 센터', 미국 펜실베이니아대학교 연구진이 게재한 과학저널 〈사이언스〉의 논문에서는 오토바이 정비사나 석공 등은 AI 혁명에도 별다른 영향을 받지 않을 것으로 예상했다. 그에 비해 블록체인 엔지니어와 임상 데이터 관리자, 홍보 전문가, 금융 분석 전문가 등 고소득 직종이 가장 큰 영향을 받을 것으로 전망했다. 이들은 과거 컴퓨터가 대중화

직업 세분류별 자동화 가능 직무 비중(2030년 기술 수준)

상위 20	직업 (KECO_2018)	자동화 가능 직무(2030)	하위 20	직업 (KECO_2018)	자동화 가능 직무(2030)
1	주방장 및 요리 연구가	100	1	의원의원·고위공무원 및 공공단체 임원	64
2	세탁원(다림질원)	100	2	대학교수	64
3	주방 보조원	100	3	판사 및 검사	69
4	재봉사	100	4	사회과학 연구원	70
5	패스트푸드 준비원	100	5	변호사	74
6	조적공 및 석재부설원	100	6	인문과학 연구원	76
7	시멘트·광물제품 생산기계 조작원	100	7	항공기 조종사	78
8	냉·난방 설비 조작원	100	8	생명과학 연구원	79
9	청소원	100	9	정부 행정관리자	80
10	제관원	100	10	지휘자, 작곡가 및 연주가	80
11	금형원	100	11	작가	80
12	바닥재 시공원	100	12	자연과학 연구원	82
13	의복·가죽·모피 수선원	100	13	회계사	83
14	주조원	100	14	상담 전문가	84
15	제분·도정 기계 조작원	100	15	항공기 정비원	84
16	고무·플라스틱 제품 조립원	100	16	배우 및 모델	84
17	떡 제조원	100	17	기자 및 언론 전문가	85
18	단조원	100	18	세무사	85
19	과실·채소 가공 기계 조작원	100	19	손해사정사	85
20	음료 조리사	100	20	자연과학 시험원	86

자료: 〈한국경제〉, KDI 보고서

되면서 일어난 정보혁명 당시와는 다르다는 점을 분명히 밝혔다.

이렇듯 AI가 기존 직업군과 사회구조에 전방위적으로 영향을 주며 전체 패러다임의 변화를 추동할 것으로 보인다. 이에 따라 인식과 태도에도 변화가 발생해 화이트칼라/블루칼라 식의 직업군 구분이 달라지고 각 직업군에 대한 인식과 선호에도 변화가 생길 것이다.

2024년 11월 중소기업중앙회는 300개 중소기업을 대상으로 '중소기업 AI 활용의향 실태조사'를 진행했다. 조사 결과 응답 기업의 94.7%가 '현재 AI를 적용하고 있지 않다'고 답했으며, '적용 중'이라고 답한 기업은 5.3%에 그쳤다. '도입을 희망'한다고 답한 기업도 전체의 16.3% 정도밖에 되지 않았다. AI를 사용하지 않으면서 도입 의향도 없는 249개 기업에 이유를 물었더니 '사업에 AI가 필요하지 않다'는 응답이 80.7%로 가장 높았다. '회사 경영에 어떻게 도움이 되는지 잘 모른다'가 14.9%, 'AI 도입 및 유지 비용이 부담된다'가 4.4%로 각각 집계됐다. 현재의 AI 시장은 우리가 생각하는 것 이상으로 한쪽에 편중돼 있다는 사실이 확인된다.

2025년 3월 당시 민주당 이재명 대표는 역사학자이자 작가인 히브리대학교 유발 하라리Yuval Harari 교수와 AI를 주제로 기술 발전, 국가의 역할, 부의 재분배, 노동, 일자리 등 폭넓은 영역에 걸쳐 2시간 가까이 이야기를 나눴다.

당시 이재명 대표는 "기술 개발 능력이 있는 거대 기업이 엄청난 부를 누리게 될 가능성이 크다. 이것을 제지할 수도 없고 세금을 매기는 것은 저항이 심하다. 공공 부문에서 AI 산업에 투자해 수익을 나눌 필요가 있다고 생각한다"라면서 공공재로서 AI의 역할을 언급했다.

이에 하라리 교수는 "일자리 시장은 미래에 어떤 모습이 될지 아무도 모른다. 분명한 것은 매우 불안정하고 유동적이리라는 것이다. AI가 점점 똑똑해지면서 인간을 대체할 것이기 때문에 인간은 새로운 직업을 가질 수 있도록 재활 노력을 계속해야 한다"라고 말했다. 두 사람 모두 기술 발전에 따른 불평등과 그 격차에서 오는 사회 불안정에 큰 관심을 기울이면서 최적의 해법을 모색해야 한다는 의견을 피력했다.

직업이 없어져서 또는 내가 하는 일의 효율이 떨어져서 변화될 수도 있고, 사회구조나 기업의 조직 자체가 변화함으로써 나의 위치와 역할에 변화가 올 수도 있다. 그러나 지금 시점에서 가장 우려되는 부분은 경제적·사회적 불평등 때문에 아예 처음부터 기회가 박탈될 가능성도 조심스럽게 예측된다는 것이다.

과학기술정보통신부의 '2023년 인공지능산업 실태조사'에 따르면, 저소득층의 모바일 스마트 기기 보유율 및 인터넷 이용률은 일반 국민과 큰 차이를 보이지 않는 반면 저소득층을 포함한 취약계층의 AI 서비스 이용 경험률은 일반 국민 대비 현저히 낮았다. 즉, 일반 국민의 AI 서비스 이용 경험률은 49.7%였으나 취약계층 평균은 27.9%로 절반 수준에 불과했다. 또한 연령이 올라갈수록 이용 경험률이 떨어져 고령층의 AI 격차가 점점 커지고 있다는 점도 눈여겨볼 문제다.

다양한 기업과 일하는 입장에서 솔직하게 말하자면 현재의 문제는 AI를 알고 있는가 아닌가, 쓰고 있는가 아닌가 식으로 질문할 단순한 문제는 아닌 것 같다. 아마도 젊은 층에서는 대다수가 AI를 알고 있고 써보기도 했을 것이다. 그러나 현재의 AI는 검색창에 찾고 싶은 단어를 기입하면 정보를 제공하는 수준의 도구가 아니다. 내가 AI와 어떤 방식으로 그리고 얼마나 협업을 하고 시행착오를 겪어서 AI를 이해하고 있느냐 아니냐의 문제다. 이처럼 전혀 단순한 문제가 아니기에 더 우려가 된다.

《입소스 마켓 트렌드 2025》에서도 언급했듯이, 생성형 AI는 저마다 특성이 있어서 파악하는 데 시간이 좀 걸린다. 대화형이므로 질문을 잘해야 하며, 따라서 질문력이 매우 중요하다. 사용자가 시행착오를 얼마나 많이 겪었는가에 따라 프롬프트를 만드는 능력에서 차이가 날 수밖에 없다. 물론 몇 년 후에는 한두 마디만 나눠도 내가 원하는 답을 AI가 내놓을 수 있을지도 모르지만, 적어도 지금은 아니다.

시간이 갈수록 대기업과 중소기업, 경제력이 있고 충분히 교육을 받은 사람과 그렇지 않은 사람의 격차는 더 커질 것이다. 그래서 정부와 사회와 기업이 이 문제를 더 깊이 고민해야 한다. 물론 국가 간 격차도 커질 것이고 그것이 경제, 사회, 문화 모든 측면에 영향을 미칠 것이다. 따라서 AI에 대한 국가의 선제적 대응이 절실하다. AI 카스트AI caste는 상상만으로도 섬뜩한 얘기다. 미래 사회의 불평등은 가진 자와 못 가진 자의 구분을 넘어 'AI를 부리는 자'와 'AI에 부림을 당하는 자' 사이에서 발생할 것이다.

AI 에이전트에 정확한 지시를 내리고, 그 결과물을 비판적으로 검토하며, 여러 AI를 조율해 새로운 가치를 창출하는 '뉴 칼라new collar'들이 부상할 것이다. 그리고 다른 한편에서는 AI로 업무가 대체되거나 AI를 활용할 기회와 능력에서 소외된 '노 칼라no collar'가 확산될 것이다. 유발 하라리가 언급한 '프레카리아트(불안정 노동자)'가 현실화되는 것이다. 따라서 정부와 기업은 AI 리터러시AI literacy를 생존을 위한 필수 교양으로 삼아야 하고, 이에 대해 책임 있는 정책을 마련하고 적극적으로 지원해야 한다. AI 시대의 진정한 권력은 기술이 아니라 기술을 부리는 인간에게서 나온다. 미래의 승자는 가장 뛰어난 AI를 가진 브랜드가 아니라 인간을 가장 뛰어난 지휘자로 만드는 브랜드가 될 것이다.

마켓 리서처의 시각

　2025년 6월, 2년에 한 번씩 열리는 입소스의 글로벌 콘퍼런스가 50주년을 기념하기 위해 본사가 있는 파리에서 열렸다. 90개국에서 모인 주요 인사들이 그동안의 안부를 묻고 근황에 대해 이야기를 나눴는데, 4일에 걸쳐 이어진 이번 콘퍼런스의 핵심은 역시 AI와 디지털이었다. 그동안의 시장 현황에 대한 리뷰도 있었지만 가장 중요한 것은 향후 5년에 대한 계획이었다. 다양한 주제로 다양한 시각에서 AI를 검토하고 적용하고 활용성을 논의했다. 우리와 같이 시장의 트렌드를 읽고 시장의 변화와 기업의 다양한 요구 속에서 새로운 기회를 발굴하고 인사이트를 제공하는 데 AI는 매우 중요한 도구이자 동료의 역할을 할 것으로 기대하고 있다.

　입소스는 세계 각지에서 관련된 기업들을 인수·합병하고 새로운 접근법을 개발하고 기업의 니즈에 맞춰 빠르게 시장에 적용하고 있다. 많은 사례가 공유되고 우리가 앞으로 나아가는 과정에 어떤 새로운 접근과 서비스가 AI를 통해 적용될 수 있는지를 이해할 수 있었다. 그럼에도 여전히 엄청난 시행착오와 개인적 노력이 필요하다는 점에서 AI를 통한 긍정적 성과는 쉽게 얻어지지 않는 것 같다. 그래서 종종 새로운 연구를 위해 AI를 활용하면서도 "뭐가 이래. 〈아이언맨〉 시리즈의 자비스나 〈그녀〉의 사만다처럼 내 생각을 읽고 이해하고 내 감정을 좀 채워주면 안 되겠니?"라고 투덜거리게 된다.

　최근에 만난 한국의 한 리서치 회사 임원은 글로벌 회사들의 AI 적용과 발전으로 마케팅 생태계가 무너지는 것 아니냐는 하소연을 했다. 국내 중소기업은 자본이나 전문성 측면에서 글로벌 시장이나 기술의 발전 속도를 따라가기가 너무 버겁기 때문에 어떻게 해야 할지 걱정이라는 이야기와 함께 거대 글로벌 회사들의 AI 모델들이 현재 판을 완전히 바꿀 것 같아 두렵다는 얘기였다. 그분에게 다양한 AI 에이전트와 합성 데이터의 실제 적용 사례 등을 포함해서 내가 가지고 있던 AI 활용에 대한 노하우와 의견을 공유한 것이 생각난다.

그러면서 AI 격차는 단순히 의지와 노력의 범위를 넘어선다는 사실을 다시 한번 느낄 수 있었다. 각자가 처한 환경에 따라 이미 격차가 벌어져 있는데, 사례 공유를 포함해 다양한 정보를 제공하고 전문적 교육을 할 수 있느냐 아니냐도 환경의 영향을 받을 것이기 때문에 격차는 더욱 커질 수밖에 없을 것 같다.

AI는 이제 더 이상 공상과학 소설 속 이야기가 아니다. 2025년 AI는 우리의 일상과 업무 수행 방식, 나아가 사회구조의 근간을 뒤흔드는 가장 강력한 변수가 됐다. 스마트폰이 우리 삶의 운영체제를 바꿨듯, 이제 스스로 추론하고 행동하는 AI 에이전트가 새로운 패러다임을 제시하고 있다.

AI가 노동의 규칙을 다시 쓰는 시대에 시장의 언어는 '직급'에서 '지휘 능력'으로 바뀌고 있으며, 우리는 AI를 부리는 '뉴 칼라'의 탄생을 눈앞에서 보고 있다. 사회적 안전망 구축 기술의 혜택이 소수에게만 집중되는 것을 막지 못하면, AI 카스트는 피할 수 없는 현실이 될 것이다. 따라서 정부와 사회는 읽기, 쓰기, 코딩을 넘어 AI와 협업하는 능력을 교육의 주요 핵심 과제로 지정하고, 모든 국민이 최소한의 AI 리터러시를 갖출 수 있도록 지원하고 관리해야 한다. 특히 소수의 빅테크 기업이 AI를 독점하지 않도록 정부와 공공기관이 주도하여 누구나 저렴하고 안전하게 활용할 수 있는 '공공 AI 플랫폼'을 구축해야 한다. 또한 AI로 인해 일자리를 잃은 사람들을 위한 전환 교육 시스템을 대대적으로 강화하고, 기본소득이나 고용보험의 확대를 포함한 새로운 형태의 사회 안전망에 대한 논의를 본격적으로 시작해야 한다.

AI가 노동의 주체가 되는 시대에 기업은 더 이상 도구를 파는 데 머물러서는 안 된다. 고객을 AI의 지휘자로 만들어주는 지휘봉을 설계하고, 그 권한을 판매해야 한다. 고객이 얼마나 쉽고 강력하게 AI를 지휘할 수 있는가에 집중할 필요가 있다. 복잡한 코딩이나 프롬프트 엔지니어링 지식 없이도, 일상적인 언어와 간단한 인터페이스만으로 여러 AI 에이전트를 조율하고 통제할 수 있는 'AI 오케스트레이션 플랫폼'을 개발해야 한다. 또한 고객의 AI 지휘 능력을 향상시키는 교육 프로그램을 서비스의 핵심으로 제공해야 한다. 또한 고객이 자신의 업무 스타일과 목표에 맞게 AI 에이전트의 성격·역할·스킬을 직접 설정하고, 나만의 '디지털 동료' 팀을 구축할 수 있는 기능을 제공할 필요가 있다.

개인은 AI를 단순히 검색 엔진처럼 사용할 것이 아니라 명확한 목표를 설정하고, 구체적인 역할을 부여하며, 결과물을 비판적으로 검토하는 'AI 프로젝트 매니저'가 되어야 한다. 질문 수준이 경쟁력이다. "저는 AI를 잘 다룹니다"가 아니라 "저는 AI와 함께 이런 결과를 만들었습니다"가 이제 가치 증명의 정석이 될 것이다. 또한 AI가 잘하는 분석·실행·자동화는 과감하게 위임하고 AI가 할 수 없는 일, 즉 복잡한 문제에 대한 창의적 해결책 제시, 다양한 이해관계자를 설득하는 공감과 소통 능력, 무엇이 옳고 무엇이 그른지를 판단하는 윤리적 리더십에 집중할 필요가 있다.

AI가 주도하는 거대한 변화 앞에서 우리는 이제 가장 근본적인 질문에 답해야 한다. 기술 발전의 혜택이 소수의 뉴 칼라에게 집중되고, 다수의 노 칼라를 낳는 디스토피아를 어떻게 막을 것인가에 집중해야 한다. 그리고 결국 AI 시대의 가장 중요한 질문은 'AI가 내 일자리를 빼앗을까?'가 아니다. 진짜 질문은 이것이다. 'AI가 대부분의 일을 대신하는 세상에서 인간의 고유한 가치는 무엇이며, 우리는 어떻게 모두가 존엄한 삶을 영위하는 사회를 설계할 것인가?' 이 질문에 대한 답을 찾는 여정이, 바로 지금 시작되고 있다.

SIGNAL 2.
스마트글래스가 여는 세상

실패한 미래의 귀환, AI라는 영혼을 품다

2025년 1월 8~11일에 미국 라스베이거스에서 진행된 '국제 전자제품 박람회CES 2025'는 AI 관련 제품들의 각축장이었다. 그중에서도 AI가 적용된 스마트글래스부터 확장현실eXtended Reality, XR을 탑재한 제품들이 참석자들의 시선을 사로잡았다. 이 제품들과 관련해 XR을 일상생활부터 산업 내 활용도까지 제시하며 이목을 집중시켰다.

2007년 스마트폰이 세상을 바꾼 것처럼, 지금 우리는 스마트글래스가 세상에 미칠 영향에 다시 한번 새로운 기대를 걸고 있다. 일반적으로 스마트글래스는 시선을 명령어로 삼는다. 단순히 시각적 정보를 겹쳐 띄우는 것이 아니라 사용자의 눈동자를 따라가며 맥락과 정보를 파악한다. 스마트폰이나 스마트워치보다 직관적인 능동형 인터페이스 기기다. AI의 발전된 자율성을 기반으로 스마트글래스는 우리가 무엇인가를 요구하기 전에 이미 정보를 제시하거나 제안을 한다.

스마트글래스의 전망은 밝다. 마켓 리서치 업체 카운터포인트 리서치Counterpoint Research는 스마트글래스 시장이 2024~2029년 연평균 80.5% 성장할 것으로 내다봤다. 그랜드 뷰 리서치Grand View Research 역시 2030년 시장 규모가 82억 6,000만 달러에 이를 것으로 전망했다. 스마트폰 이후 증강현실Augmented Reality, AR과 가상현실Virtual Reality, VR 개념이 AI와 스마트글래스 안으로 들어오면서 엄청난 세상이 열리고 있는 것이다.

2025년 5월 20일, 구글은 자사 콘퍼런스 행사인 '구글 I/O 2025 Google I/O 2025'를 통해 안드로이드Android XR 기반의 스마트글래스 프로토타입을 공개하며 시장 재진입 신호를 보냈다. 지난 2012년 첫 번째 구글글래스를 공개한 이후 13년 만이다. 당시 많은 사람의 기대를 받았으나 불편한 디자인, 프라이버시 침해 위험, 안전성 우려, 제한적인 기능 등의 문제로 출시 초기의 많은 관심을 충족시키지 못하고 시장에서 빠르게 사라졌다. 그렇다면 스마트글래스가 다시 돌아온 이유는 무엇일까? 그리고 왜 하필 지금일까? 스마트글래스를 통해 변화할 미래를 살펴보자.

부활의 서사: 왜 지금 다시 스마트글래스인가?

최초의 스마트글래스는 캐나다의 과학자 스티브 만Steve Mann이 1980년대 중반부터 개발하기 시작한 아이탭EyeTap이다. 아이탭은 카메라로 사용자의 시야를 그대로 촬영해 탑재된 컴퓨터에서 촬영한 장면에 대한 정보를 덧붙인 후 다시 디스플레이로 투사해주는 현재 AR 기술의 원형이라고 할 수 있다.

이후 스마트글래스가 일반 소비자를 대상으로 본격적으로 등장한 시점은 2012년 구글 I/O에서 구글글래스가 처음 공개되면서부터다. 구글은 특정 산업에 국한된 도구가 아니라 일상에 스며든 개인용 컴퓨터의 확장으로서 '눈앞의 스마트폰'이라는 비전을 세상에 제시했다. 구글글래스는 안경 프레임의 우측에 소형 디스플레이 프리즘

초기 버전의 구글글래스

자료: 구글

을 탑재해 눈앞에 정보를 띄우는 방식으로 작동했다. 사용자는 "OK Glass"라는 음성 명령어로 글래스를 작동시켜 사진을 찍거나 날씨·일정을 확인하거나 실시간 검색 등을 수행할 수 있었다.

터치 없이 사용할 수 있는 '눈앞의 스마트폰'이라는 점에서 구글글래스는 분명 혁신적이었다. 그러나 이 제품은 프라이버시 침해 우려로 곧 여러 한계에 직면하게 된다. 상대방 몰래 사진이나 영상을 촬영할 수 있다는 점이 사회적 불안감을 조성했고, 실제로 사용자들을 비하하는 '글래스홀'이라는 신조어가 등장할 만큼 부정적인 인식이 빠르게 확산됐다. 또한 일상에서 착용하기에는 지나치게 기술적으로 보이는 디자인, 짧은 배터리 지속 시간, 부족한 전용 앱 생태계 문제가 한계로 지적됐으며, 1,500달러에 달하는 높은 가격 역시 시장 확대에 걸림돌이 됐다.

결국 구글글래스는 2015년 소비자용 판매를 중단하며 상업적 실패로 마무리됐다. 구글은 이후 이 기술을 B2B 시장으로 전환해 구글글래스 엔터프라이즈Google Glass Enterprise 에디션을 내놓았고, 사람들의 일상에 안착하지는 못했다.

이처럼 한때 '실패한 기술'로 분류됐던 스마트글래스가 새로운 모습으로 부활했다. 고정된 목적의 기기가 아니라 용도와 철학에 따라 뚜렷이 분화된 상품으로 진화하고 있다. 예를 들어 엑스리얼 에어Xreal Air 시리즈는 눈앞에 330인치 스크린을 띄워주는 개인용 가상 디스플레이를 제공한다. 이 제품은 콘텐츠 소비와 업무 보조에 최적화된 구조로, '휴대 가능한 대형 모니터'라는 새로운 디바이스 카테고리를 창

구글의 엑스리얼 에어 2

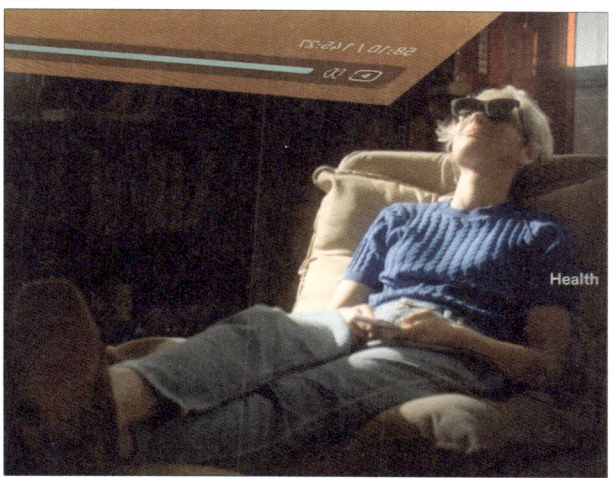

자료: 엑스리얼

출했다. 이동 중 영상 시청, 가상 멀티스크린 구성 등 물리적 공간의 제약을 뛰어넘는 '시야 기반 컴퓨팅 환경'을 구현하는 데 초점이 맞춰져 있다.

스냅챗Snapchat으로 잘 알려진 SNS 기업 스냅Snap에서는 또 다른 방향으로 진화 중인 스마크글래스 스펙터클스Spectacles를 선보였다. 초기 모델은 SNS 영상 콘텐츠 제작에 집중한 반면, 현재 개발자 한정으로 제공되는 최신 모델은 현실과 가상을 실시간으로 겹쳐 보여주는 AR 인터페이스 플랫폼으로 개발됐다. 이 기기는 단순한 촬영 도구가 아니라 눈 위의 AR 허브로서 현실과 디지털이 융합되는 스마트글래스로 자리매김하려는 의도를 담고 있다.

그 밖에 레이밴Ray-Ban과 메타Meta의 협업으로 탄생한 제품도 있다. 레이밴-메타 협업 제품은 기능의 진화뿐 아니라 사용자 경험User

스냅의 스펙터클스

자료: 스냅

레이밴-메타의 '기술을 숨긴' 스마트글래스

자료: 메타 스토어

eXperience, UX과 사회적 수용성에 대한 감각까지 함께 진화시켰다. 한눈에 봐도 낯선 디자인으로 일반인들이 사용하기 부담스러웠던 과거의 스마트글래스와 달리, 레이밴-메타는 전통적인 안경 디자인 안에 자연스럽게 기술을 담았다. 기술을 드러내는 것이 아니라 생활에 스며들게 하는 방식으로 전환한 사례이며, 기술에 대한 심리적 장벽을 낮추는 데 큰 역할을 했다. 기술을 숨기는 전략으로 접근한 스마트글래스라고 할 수 있다.

그러나 지금의 스마트글래스를 가장 스마트하게 만든 진화 요소는 따로 있다. 바로 AI 탑재다. 과거의 스마트글래스가 단지 정보를 띄워주는 창이었다면, 지금은 사용자의 시선과 언어를 인식하고 해석하는 능동적인 동반자가 되어가고 있다. 예를 들어 사용자가 음성으로 "내가 보고 있는 것이 어떤 작품이야?"라고 묻는 순간, 카메라를 통해 이미지를 분석하고 작품에 대한 정보를 설명해준다. 이 과정에는 시각 인식, 음성 이해, 실시간 번역, AR 오버레이 기능이 자연스럽게 통합돼 있으며 사용자는 기기를 켜거나 앱을 조작하지 않고도 정보를 얻을 수 있다. 즉 스마트글래스가 AI를 통해서 눈으로 질문하고 말로 명령하면 즉시 응답하는 대화형 플랫폼으로, 현실과 디지털이 실시간으로 연결되는 진정한 웨어러블 컴퓨팅 환경으로 자리 잡아가고 있다.

앞서 언급했듯, 구글은 I/O 2025에서 새로운 스마트글래스 프로토타입을 공개하며 본격적인 복귀를 알렸다. 이번에 발표된 안드로이드 XR 스마트글래스는 기존의 카메라 중심 스마트글래스나 단편적인 AR 디바이스와는 결이 다르다. '확장현실XR'이라는 명칭에서 드러나

구글 I/O 2025 프레젠테이션에서 선보인 안드로이드 XR 스마트글래스

자료: 구글 IO

듯, 이 제품은 단순한 기기를 넘어 경험 중심의 플랫폼 생태계로 진입했음을 보여준다. 그 핵심은 구글의 최신 AI 엔진인 제미나이와의 연계에 있다. 구글은 AI 스마트글래스가 단일 기기를 넘어 플랫폼 차원의 생태계로 확장되는 장면을 직접 시연했다.

구글과 메타 외에도 많은 기업이 이 시장에 진입하고 있다. 샤오미Xiaomi는 샤오AIXiaoAI 기반의 글래스를 비교적 저렴한 가격에 출시하며 빠른 대중화를 시도 중이다. 그리고 애플도 공식 발표는 없지만, 애플 비전Apple Vision의 후속으로 경량형 AI 글래스를 개발 중이라는 관측이 계속되고 있다. 만약 애플이 자사 생태계와 AI를 결합한 페이스웨어를 출시한다면 시장의 판도는 다시 크게 흔들릴 가능성이 크다.

스마트글래스 시장은 지금, 새로운 전환점에 도달했다. 스마트글래스의 미래는 이제 기술의 성능과 더불어 사람의 삶에 얼마나 자연스럽게 스며들 수 있느냐에 달렸다. 이제는 소비자들에게 기술을 쓰게

하는 것이 아니라 기술이 사람의 맥락을 이해하고 그 맥락에 맞게 반응하도록 하는 능동형 상호 협력 기기로 발전하고 있다. 시선을 입력으로, 말을 명령으로, 맥락을 인터페이스로 삼는 새로운 컴퓨팅 환경, 이제는 누가 더 현실을 이해하는 기술을 만드느냐가 관건이다.

스마트글래스가 가져올 변화 ①: 시선이 만드는 새로운 라이프 스타일

스마트글래스가 만들어낼 가장 본질적인 변화는 세상을 인식하는 방식, 연결되는 방식의 변화다. 과거 우리는 정보를 얻기 위해 손을 뻗어 스마트폰을 꺼내고, 앱을 실행하고, 화면을 두드렸다. 하지만 스마트글래스 시대에는 그저 바라보는 것만으로도 질문이 되고 행동이 된다.

정보 검색, 길찾기, 번역, 쇼핑, 콘텐츠 감상 등 지금껏 손과 화면을 거쳐야 가능했던 디지털 행동들이 이제는 시선 기반 인터페이스를 통해 즉각적으로 일어난다. 스마트글래스를 착용한 사용자가 레스토랑 간판을 보며 묻는다. "여기 대표 메뉴가 뭐야?" 그러면 글래스는 시야를 인식하고, AI가 맥락을 이해해 즉시 메뉴·가격·영업시간·혼잡도·리뷰까지 필요한 정보를 눈앞에 띄운다. 이제 우리는 눈으로 묻고 대답을 받는 새로운 정보 습득 방식에 적응할 것이다.

이런 변화는 단지 더 편리해졌다는 점을 넘어 라이프 스타일 자체의 전환을 이끈다. 가장 눈에 띄는 변화는 라이프 로그 life log (디지털 기기를 통해 남기는 일상의 기록)의 진화다. 스마트글래스는 사진을 찍는 도구를 넘어 일상의 경험을 더욱 입체적으로 기록하는 제3의 눈이 된다. 예를 들어 등산객은 손을 쓰지 않고도 풍경을 기록하고, 그 순간의 바람 소리나 고도, 걸음 속도 같은 맥락 정보까지 함께 저장할 수 있다. 단순한 영상 기록이 아니라 전반적인 경험을 저장하고 다시 소환할 수 있는 새로운 형태의 기억 방식이다. 특히 소유보다 경험을, 기록보다 공유를 중시하는 MZ세대에게 이 기술은 더욱 직관적으로 다가갈 것이다. 스마트글래스는 언제 어디서든 콘텐츠를 만들어내고, 실시간으로 전달할 수 있는 즉각적이면서도 몰입을 유도하는 툴이 되어가고 있다.

소비의 방식도 달라진다. 쇼윈도를 바라보기만 해도 상품 정보가 자동으로 인식되고, 온라인 가격 비교부터 주문까지 음성으로 이뤄지는 경험은 더 이상 먼 미래의 일이 아니다. AR 기반 사이즈 시뮬레이션, 실시간 리뷰 요약, 배송 현황까지 구매 결정이 손이 아니라 시선과 말로 완성될 것이다. 이제 쇼핑은 검색의 결과물이 아니라 경험의 연장선에서 이뤄지는 실시간 반응이 된다.

이것은 인간과 기술 사이의 새로운 연결 방식이다. 우리는 이제 손끝이 아닌 시선으로 연결되고, 스크린이 아닌 현실 위에 겹쳐진 정보로 행동하며, 기억은 사진이 아닌 시선의 축적으로 남게 된다. 스마트글래스는 우리가 무엇을 보고, 세상과 어떻게 연결되는지를 눈앞에 펼쳐 보일 것이다.

스마트글래스가 가져올 변화 ②:
일하는 방식의 진화, 이제는 '보는 것'이 일이다

스마트글래스가 일으키는 두 번째 변화는 일하는 방식을 근본부터 재설계한다는 것이다. 손을 자유롭게 하면서도 필요한 정보를 눈앞에 띄우는 기술, 이는 더 이상 머릿속 상상이 아니다. 이미 수많은 산업 현장에서 일의 흐름을 바꾸고 있는 현재진행형 혁신이다.

스마트글래스는 특히 현장 중심의 직무에서 빠르게 채택되고 있다. 수술실, 공장, 물류창고, 교육 현장 등 손으로 작업하는 동시에 정보를 확인해야 하는 공간에서 효용이 극대화된다. 과거에는 정보를 확인하기 위해 손을 멈추고 시선을 돌려 조수에게 요청해야 했다면, 이제는 작업의 흐름을 끊지 않고도 필요한 정보를 실시간으로 눈앞에서 확인할 수 있다. 외과 의사는 수술 중 환자의 의료 정보, 영상 자료, AI 진단 가이드를 동시에 확인할 수 있다. 모든 정보가 시야 안에 펼쳐지며 손은 온전히 수술에 집중할 수 있다. 그에게 스마트글래스는 제3의 손이자 제2의 눈이 된다.

물류창고에서도 변화가 진행된다. 글래스를 쓴 작업자는 음성으로 재고 위치를 요청하고, AR 경로 안내를 따라 정확하게 움직인다. 한 손에 스캐너를 들고 다른 손으로 물건을 분류할 때 실시간 재고 데이터가 시야에 겹쳐진다. 정보와 물리적 행동이 분리되지 않고 동시에 작동하는 이 구조는 생산성과 정확성, 피로도와 속도 사이의 균형을 다시 정립할 것이다.

제조업에서는 원격 협업이 새롭게 진화 중이다. 숙련된 기술자가 현장에 없어도, 작업자의 시야를 공유해 현장을 직접 보면서 조언을 건넬 수 있다. 단순한 화상통화가 아니라 현장을 함께 보는 감각을 동반한 협업이다. 코로나19 이후 가속화된 비대면 근무 트렌드 속에서 스마트글래스는 원격지에서도 현장을 실시간으로 세세히 파악할 수 있게 해준다.

교육도 예외는 아니다. 한 교사는 실험을 시연하며 자신의 시야를 학생들과 공유하고, 여기에 실시간 텍스트와 참고 자료를 겹쳐 보여준다. 보여주는 수업이 아니라 같이 보는 수업이다. 이는 특히 직업훈련, 안전교육, 공학 실습처럼 실제 과정을 체험해야 하는 분야에서 큰 파급력을 가질 것이다.

이 모든 변화는 결국 하나의 질문으로 수렴된다. '지금 당신의 시선은 어디를 향하고 있는가?' 스마트글래스는 바로 그 시선 위에 정보를 더한다. 시선과 음성을 기반으로 한 조작은 노동의 방식을 바꾸고, 인간과 데이터와 공간 사이의 관계를 새롭게 설계한다.

우리는 오랫동안 손으로 일해왔다. 그러나 이제는 시선으로 정보를 얻고, 말로 명령하며, 그 과정을 실시간으로 공유하는 공동의 작업 환경으로 진입하고 있다. 스마트글래스는 '사람과 기술은 어떻게 연결되어야 하는가'라는 질문에 대한 새로운 관점이자 산업 현장을 다시 바라보게 하는 렌즈가 될 것이다.

스마트글래스가 가져올 변화 ③:
얼굴 위의 기술, 나를 말하다

스마트글래스가 일으키는 세 번째 변화는 기술이 '나'를 구성하는 방식에 관한 것이다. 이제 기술은 기능의 문제를 넘어 개인의 정체성과 사회적 인식 그리고 타인의 시선 속에서의 나를 형성하는 중요한 매개가 되고 있다. 그 중심에 있는 것이 바로 '얼굴 위의 기술'이다.

스마트글래스는 사용자가 자신을 어떻게 보여주고 싶은가에 대한 질문을 던진다. 오클리Oakley, 레이밴, 젠틀 몬스터Gentle Monster와 같은 패션 브랜드들이 기술 기업과 협업하는 이유가 여기에 있다. 어떤 기능을 담고 있는지와 더불어 어떤 인상을 주는지도 중요해지면서 스마트글래스는 페이스웨어facewear라는 새로운 정체성 장치를 만들어내고 있다. 스마트워치가 손목 위의 액세서리라면, 스마트글래스는 얼굴 위의 추가적인 사회적 신호가 될 수 있다.

그러나 이 변화가 언제나 긍정적인 것은 아니다. 상대방이 쓰고 있는 스마트글래스가 지금 이 대화를 녹화하거나 얼굴을 인식해 정보를 분석하고 있을지도 모른다는 생각이 들 때, 우리는 진심으로 마주 볼 수 있을까? 기술이 얼굴 위로 올라온 순간 신뢰의 기준도, 불안의 가능성도 함께 높아졌다. 단순한 프라이버시 이슈가 아니라 공존의 문화가 위협받을 수도 있다.

하지만 또 다른 면도 있다. 스마트글래스는 공감의 방식을 새롭게 재편한다. 내가 바라보는 풍경, 시야의 중심에 있는 순간을 타인과 실시간으로 공유하는 경험. 이 기술은 단순히 '보여주는 것'이 아니라 '같이 본다'는 감각을 만든다. 우리는 같은 장소에 있지 않아도, 같은 장면을 함께 체험하는 새로운 정서적 연결을 만들어낼 수 있다. 기술이 새롭게 만들어낸 감정 공유 방식이다.

결국 스마트글래스는 단순히 정보를 보여주는 기기를 넘어 우리가 어떤 사람처럼 보이고 싶은지를 결정짓는 사회적 장치가 될 수 있다. 예를 들어 어떤 글래스를 착용하느냐에 따라 우리는 '일에 집중하는 사람' 또는 '남과 다른 감각을 가진 사람'으로 인식될 수 있다. 이처럼 스마트글래스는 개인의 선택에서 그치지 않고 타인의 시선에 내가 어떻게 비치게 할 것인가와 연결된다. 따라서 우리는 스마트글래스를 고를 때 기능만 보는 것이 아니라 나를 설명할 수 있는 아이템인지를 따져볼 것이며, 나를 사회에 어떻게 보여줄지 결정하는 작지만 중요한 선택지가 될 것이다.

미완의 미래:
넘어야 할 기술과 사회의 문턱

이렇게 진화했음에도 스마트글래스는 여전히 '완성된 시장'을 구축했다고 말하기엔 이르다. 기술이 사회로 스며드는 과정에서 질문과 저항이 공존하는 과도기에 가깝다.

스마트글래스가 진정한 일상의 기술로 자리 잡기 위해서는 아직 넘어야 할 몇 가지 중요한 기술적 문턱이 남아 있다.

첫 번째, 스마트글래스는 손 대신 눈으로 조작하는 시선 중심 인터페이스를 기반으로 한다. 하지만 이 기술은 아직 완전하지 않다. 인간의 눈은 빠르고 섬세하지만, 스마트글래스가 이를 정확히 따라가고 해석해내는 일은 결코 간단하지 않다. 우선, 시선 추적 기반 UX가 여전히 초기 단계에 머물러 있다. 사용자가 보는 대상을 인식하고 정보를 제공하는 구조는 명료해 보이지만 조명 변화, 얼굴 형태 등에 따라 시선 추적 정확도가 크게 달라진다. 실제로 복수의 요소가 동시에 화면에 등장할 때, 사용자가 눈으로 대상을 고정하는 과정에서 추적 초점이 흔들리거나 AI가 잘못된 객체를 선택하는 사례가 자주 보고된다. 시선을 통한 조작에서 정확성과 안정성을 보강해야 한다는 과제가 남아 있다.

두 번째, 조작 피로도 또한 문제다. 시선과 음성만으로 조작하는 방식은 신선하고 편리해 보이지만, 반복 사용 시 오히려 기존 물리적 조작보다 더 피로하다고 느껴질 수 있다. 특히 음성 명령은 어색함이나 주변 소음 탓에 공공장소에서 사용하기가 망설여질 수 있고, 시선 기반 인터랙션은 시선 정지 시간dwell-time이나 눈 깜빡임 실수 등에 따라 부정확하게 인식되어 의도와 어긋나는 결과가 나올 수 있다.

마지막으로 기기의 물리적 조건 또한 여전히 UX의 제약 요인이다. 배터리는 크기가 작아진 만큼 용량이 한계적이고, 발열 문제 역시 장시간 사용을 어렵게 한다. 장시간 연속 사용 시 불편함이 가중되며, 이는 업무나 학습과 같은 실제 사용 상황에선 중요한 제약이다. 여기에 무게나 착용감의 문제까지 더해지면, 기술은 가능하지만 사용은 어렵다는 딜레마가 발생한다.

그래서 지금의 스마트글래스는 '사용할 수는 있으나 오래 쓸 수는 없는 기기'다. 기술은 분명 눈앞에 도달해 있지만, 그 기술이 사람의 행동과 맥락에 자연스럽게 녹아들기까지는 아직 시간이 필요하다. 눈으로 기기를 제어하는 미래는 더 이상 영화 속 상상이 아니지만, 그 미래가 편안하고 직관적인 경험으로 다가오기까지는 넘어야 할 기술적 고비들이 남아 있다.

또한 스마트글래스는 기술적인 한계 전에 더 복잡한 문제를 불러일으킬 수 있다. 무엇보다 먼저 거론되는 것이 프라이버시다. 상대방이 언제 촬영되고 있는지 알 수 없고, 내가 보는 것이 어떤 방식으로 기록되고 있는지도 불명확하다. 과거 구글글래스가 '글래스홀'이라는 조롱 섞인 표현과 함께 사회적 저항을 마주했던 이유도 여기에 있다. 지금은 기술이 더 정교해졌고 디자인도 더 자연스러워졌지만, 기술의 정교함이 곧 사회적 신뢰를 의미하지는 않는다. 예컨대 회의실, 교실, 카페, 지하철처럼 타인과 공유하는 공간에서 스마트글래스를 착용한 사람이 있다면 우리는 본능적으로 의심하게 된다. '저 사람은 지금 뭘 보는 거지?' '혹시 나를 촬영하는 거 아냐?' 기술은 나를 도와주지만, 동시에 타인을 불편하게 할 수 있는 잠재적 위협이기도 하다. 스마트글래스는 '내가 보고 있는 것'이 곧 '상대를 보는 방식'이 되는 기기다. 그 시선이 때로는 감시로 여겨질 수도 있다.

더 나아가 사회적 수용성이라는 문제도 있다. 얼굴 위에 기술을 얹는다는 건 단순한 기기 사용을 넘어서 사회적 관계와 인식의 경계를 넘나드는 행위다. 스마트워치가 비교적 쉽게 받아들여진 이유는 손목 위에 놓이는 '개인화된 보조 기기'였기 때문이다. 하지만 스마트글래스는 '공간과 타인을 바라보는 방식'을 바꾸는 기기다. 사회적 합의와 윤리적 기준이 미비한 상태에서 기술만 앞서간다면, 사용하겠다고 선뜻 나서는 사람이 많지 않을 것이다. 실제로 학교, 시험장, 공공기관 등에서는 스마트글래스를 통한 부정행위나 정보 유출 등의 가능성을 우려해 사용 금지 조치를 취하기도 한다. 기술이 투명하게 보이는 것이 아니라 은밀하게 작동하기에 생기는 긴장이다.

스마트글래스는 기술만큼이나 사람을 신경 써야 하는 도구다. 기술의 진화만으로는 이 기기가 우리 삶에 자연스럽게 자리 잡을 수 없으며, 사회적 동의와 시선의 윤리가 함께 고려되어야 한다.

스마트글래스의 발전 방향

스마트글래스의 상품성은 지속적으로 개선되고 있다. 우리는 스마트폰이 지도 앱, SNS, 모바일 뱅킹 등 다양한 서비스로 일상을 장악하는 방식에 익숙하다. 그러나 스마트글래스는 아직 직관적이고 반복 가능한 사용 이유를 만들어내지 못했다. 현재 대부분의 글래스는 사진 촬영, 음성 명령, 실시간 번역, AI 응답 등 기능 중심의 소개에 머무르고 있다. 이들 각각은 흥미롭지만, 사용자의 생활에서 매일 반복될 수 있는 '루틴'을 형성하지는 못한다.

스마트폰에 대해서는 안드로이드와 iOS라는 OS 중심의 생태계를 기반으로 수천만 개의 앱이 만들어졌는데, 스마트글래스는 여전히 각 제조사 주도의 폐쇄형 환경 안에서만 작동한다. 레이밴-메타, 구글 XR과 엑스리얼 에어 등은 모두 독자적인 UX와 자체 앱을 채택하고 있어 아직까지는 하나의 연결된 세계가 아닌 여러 개의 고립된 섬처럼 존재하는 셈이다.

이에 따라 현재 대부분의 스마트글래스는 제조사와 파트너사가 사전 정의한 대로 서비스가 제한된다. 이는 기술적 안정성과 보안에는 도움이 되지만, 사용자의 창의적 활용이나 시장의 자생적 확장에는 장애물이 된다. 예를 들어 AR 기반 협업 툴, 운동 보조, 디자인 실습, 의료 교육 등 다양한 잠재 적용 사례가 있음에도 실제로 이를 사용할 수 있는 환경은 제한적이다.

따라서 전반적인 시장의 확장과 성장을 위해서는 제조사 간 통합적 서비스 환경을 고려할 필요가 있다. 이를 기반으로 스마트글래스를 매일 반복 사용하게 하는 다양한 사용자 경험 설계도 필요하다. 예컨대 스마트워치가 건강 트래킹, 알림 확인, 통화 응답 등의 기능을 하며 일상으로 녹아든 것처럼, 스마트글래스 역시 자연스럽게 사용하는 사이에 유용해진 상태로 진입해야 한다.

결국 스마트글래스의 발전은 기술이 무엇을 할 수 있느냐보다 사람들이 무엇을 계속해서 하고 싶어 하느냐에 달렸다. 따라서 기술적 발전과 더불어 인간 중심의 진화가 함께 고려되어야 한다. 남은 과제는 기술의 발전과 더불어 우리가 얼마나 빠르게 이 변화를 상상하고, 사회적 규범을 정비하며, 일상에 스며들게 할 수 있느냐다. 그리고 이 변화는 단지 하나의 디바이스가 아닌 우리 삶 전체의 작동 방식을 다시 디자인하는 일로 이어질 것이다.

마켓 리서처의 시각

　AI가 내가 보는 시선에 있는 것들을 정보화해서 사용자의 니즈를 파악하고 새로운 정보와 필요한 정보를 제공하는 안경도 물론 좋지만, 사용자에게 가장 스마트한 것은 언제나 잘 보이는 안경이다. 그래서 스탠퍼드대학교 연구진과 프랑스 스타트업 IXI 등의 업체들이 개발 중인 자동 초점 스마트안경에 관심이 많다. 최근 출시되는 스마트글래스들은 기능적인 측면뿐만 아니라 자신을 표현하는 패션 아이템 역할도 할 수 있도록 디자인에도 신경을 많이 쓴다는 점에서 빠른 시장 확대가 기대된다.

　2012년 구글글래스가 등장한 이후 스마트글래스는 여러 시행착오를 겪고 현재 전환기에 이르렀다. 아무리 스마트한 제품이라고 해도 소비자에게 직접적으로 필요하지 않은 서비스라면 그렇게 스마트하게 느껴지지 않을 것이다. 지속적으로 활용하며 효용성을 느낄 수 있는 다양한 서비스를 제공해야 확장과 성장을 이룰 수 있다는 점을 명심해야 한다.

　2009년 중국에 본사를 둔 아이글래시스 테크닉Eyeglasses-technique이라는 업체가 한국어로 된 인터넷 쇼핑몰을 개설해 투시안경을 팔았다는 소식이 전해졌다. 네티즌들은 설마 하면서도 궁금해했다. 사이트에는 '투시 100%. 투시안경 매주 한정판 200개. 내 맘대로 보고 싶은 상대의 속살 곳곳을 나체로 볼 수 있습니다. 길거리, 지하철, 해수욕장에서 다양한 경험을 해보세요'라는 문구가 적혀 있었다. '허위·사기 주의 기사'임을 여러 매체에서 알리고 문제성을 제기했음에도 피해 사례가 속출했다. 인간의 호기심을 악용하는 매우 파렴치한 사기지만 스마트글래스의 부활 시점에서 돌아봐야 할, 간과해서는 안 되는 중요한 주의점을 시사하는 사건이라고 생각한다.

AI가 결합된 스마트글래스는 그동안 우리가 봐온 것 이상의 것들을 볼 수 있게 해주고 일상생활을 비롯해 다양한 상황에서 도움을 줄 것으로 보인다. 그러나 프라이버시를 포함한 윤리적 문제와 관련하여 해결해야 할 과제도 가지고 있다. 자극적이거나 불법적인 서비스에 접근하려 드는 예상치 못한 수요자들이 나타날 것이며, 이것이 초기 시장 안착에 심각한 사회적 문제로 대두할 수도 있다.

따라서 정부는 스마트글래스의 부활과 발맞춰 시선의 윤리와 디지털 공존의 규칙을 세울 필요가 있다. 무엇보다 타인의 동의 없이 얼굴, 음성, 행동 데이터를 수집하고 분석하는 행위를 규제하는 새로운 법적 장치가 필요하다. 또한 잊힐 권리를 넘어 바라보지 않을 권리, 기록되지 않을 권리에 대한 논의가 시작되어야 한다. 학교, 병원, 도서관, 대중교통 등 공공장소에서 스마트글래스를 사용하는 데 대한 명확한 사회적 에티켓과 가이드라인을 만들어야 한다. 즉, 다시금 '글래스홀'이 되지 않기 위한 사회적 학습이 필요하다.

이런 측면에서 개인도 타인의 공간과 프라이버시를 존중하는 책임감 있는 사용자가 되어야 한다. 나의 편리함이 타인의 불안함이 되지 않도록 기술 사용에 따른 윤리적 감수성을 갖추는 것이 중요하다.

스마트글래스 시대의 마케팅은 더 이상 스크린 안에서 벌어지는 싸움이 아니다. 고객이 살아가는 현실 자체를 무대로, 그들의 시선이 머무는 모든 순간을 점유하는 경쟁이다. 따라서 기업은 고객의 시선과 맥락을 이해하고, 필요한 순간에 가장 자연스러운 방식으로 개입하는 제품 개발이 필요하다. 최고의 제품은 가장 많은 기능을 가진 글래스가 아니라 쓰고 있다는 사실조차 잊게 하는 글래스다. 소비자가 무엇을 보고, 어디에 있으며, 어떤 행동을 하는지를 AI가 실시간으로 파악하여 묻기 전에 먼저 필요한 정보를 제공하는 '예측적 어시스턴트' 기능을 강화해야 한다. 또한 제조사 중심의 폐쇄적인 앱 환경에서 벗어나 외부 개발자들이 자유롭게 참여할 수 있는 개방형 운영체제와 소프트웨어 개발 키트Software Development Kit, SDK를 제공해야 한다. 스마트폰의 성공이 앱스토어에 있었듯, 스마트글래스의 성공은 글래스웨어 생태계에 달렸다. 또한 고객의 시선 데이터가 어떻게 수집되고 활용되는지 명확하고 투명하게 공개해야 한다. 프라이버시에 대한 신뢰를 얻지 못하면 기술은 외면받을 수밖에 없다.

스마트글래스가 엄청난 잠재력을 지닌 것만은 분명하다. 보는 것만으로 능동적으로 서비스를 제공받을 수 있다는 점과 더불어 양방향 커뮤니케이션 채널로 활용할 수 있다는 점이 혁신을 더욱 기대하게 한다. TV, 스마트폰, 진열 상품, 옥외광고, 모든 접촉 상품 및 매체를 통해 개인화된 정보를 얻을 수 있고 그에 맞춰 정보탐색, 상담, 예약, 구매까지 모든 것이 가능해질 것으로 예상된다. 즉, 전체적인 소비자 구매 행동 패턴에 큰 변화가 올 것으로 보인다. 이는 기존 마케팅 접근법과 전략 수립에 대대적인 변화를 예고한다.

스마트글래스는 정보를 보여주는 도구이자, 나를 표현하는 수단이며, 세상과 연결되는 새로운 시선의 창으로 발전해가고 있다. 이제 기술을 '보는 시대'를 지나 기술로 '보이는 시대'에 들어섰다. 눈 위의 작은 변화가 우리 일상의 큰 전환을 이끌 것이다.

SIGNAL 3.
하이퍼 블루의 역습, AI가 재편하는 노동의 가치

AI가 노동시장에 본격 진출함과 동시에 인간의 노동에는 격변이 시작됐다. 단순하거나 반복적인 일은 AI를 탑재한 기계에 넘겨주고 인간은 후방으로 물러나고 있다. 그 대신 AI를 교육하거나 관리하는 일이 중요해졌다. 산업혁명에 견줄 수 있는 AI 혁명이 시작된 것이다.

2025년 입소스가 총 30개국 소비자를 대상으로 '향후 5년 이내에 AI로 취업 시장에 변화가 올 것이다'라는 문장의 동의 여부를 물었는데, 글로벌이 59%의 동의율을 보였고 한국도 비슷하게 52%의 동의율을 보였다. 또 '내가 하는 일이 AI로 인해 지금보다 좋아질 것이다'라는 문장에는 글로벌이 38%의 동의율을 보였으나 한국은 18%로 조사 대상국 중 가장 낮은 동의율을 보였다. 즉 5년 이내에 취업 시장 자체에 변화가 생길 것이라는 데는 전반적으로 50% 이상이 동의하는 것으로 나타났으며, 실제로 나의 직업이 좋아질지에 대해서는 상대적으로 부정적인 태도를 가지고 있었다. 또한 '나의 직업이 AI로 대체될 것이다'라는 문장에는 글로벌이 36% 동의했고 한국 역시 34%의 동의율을 보여 30% 이상이 자기 직업의 안정성을 우려하는 것으로 나타났다.

WEF가 2025년 1월 발표한 〈2025 미래 직업 보고서〉에서도 2030년까지 전체 일자리의 22%가 AI 발전에 영향을 받을 것으로 전망했다. 한국은행은 향후 국내 일자리 중 절반 이상(51%)이 AI의 도움을 받거나 AI로 대체될 것으로 봤다. 노동자 2명 중 1명은 직무가 변경되거나 새로운 일자리를 찾아야 한다는 뜻이다.

이런 상황에서 전 세계 Z세대를 중심으로 블루칼라(현장직) 직종에 대한 인식 변화가 나타나고 있다. 과거 기피 대상이었던 블루칼라 직종이 고용 안정성과 보상 측면에서 되레 매력적인 선택지로 떠오른 것이다. 또한 초고령화 사회에 접어든 한국 사회에서 두 번째 사회생활을 준비하는 많은 장년층에게 새로운 대안으로 고려되기도 한다. 중장기적으로 화이트칼라(사무직) 일자리의 고용 불안정성이 부각되면서 당분간 젊은 세대의 블루칼라 선호 현상은 계속될 것으로 전망되고 있다.

이와는 별개로 기술 발전에 따른 기존 1차 산업의 변화로 노동집약적인 산업들이 새로운 성장 분야로 다시 주목받기도 한다. 농어촌의 인구가 빠르게 줄어들고 고령화되면서 새로운 기술을 접목한 농어촌의 작업 환경 변화가 전체 산업군에 대한 시각을 변화시키고 있다. AI 와 더불어 새로운 기술의 도입으로 변화하고 있는 산업과 직업을 자세히 살펴보고 향후 방향성을 논의하고자 한다.

네오블루의 부상: Z세대는 왜 '몸'을 선택하는가?

블루칼라들이 변화하고 있다. 과거 푸른 작업복으로 상징되던 블루칼라가 네오블루칼라neo-blue collar로 진화하고 있다. 칙칙한 다크블루에서 좀 더 세련된 인디안블루로, 때론 시원함을 발산하는 스카이블루로 바뀌고 있는 것이다. 네오블루칼라는 첨단 기술과 전문성으로 무장한 고소득 숙련 육체노동자를 일컫는 신조어다.

2025년 3월 진학사에서 운영하는 채용 플랫폼 캐치가 Z세대 구직자를 대상으로 '연봉 7,000만 원의 교대근무 블루칼라 vs. 연봉 3,000만 원의 야근 없는 화이트칼라'를 주제로 한 설문조사를 보면 응답자의 58%가 블루칼라 직종을 선택했다. 더불어 응답자의 63%가 '블루칼라를 긍정적으로 생각한다'고 답했으며, '부정적으로 생각한다'는 7%에 불과했다.

또한 2024년 〈매경이코노미〉와 인크루트가 대학생 및 취업 준비생을 대상으로 실시한 설문조사에 따르면, 응답자의 약 70%가 블루칼라 일자리에 취업 의향이 있는 것으로 나타났다. 그리고 구인·구직 플랫폼 벼룩시장이 2024년 10월 블루칼라 및 사무직 종사자 1,348명을 대상으로 실시한 설문조사에 따르면 사무직 근로자의 61.1%가 블루칼라 일자리에 대해 '긍정적으로 생각한다'고 답했다. '해당 직종에 취업할 의향이 있다'는 응답도 51.5%에 달했다.

Z세대가 블루칼라 일자리를 긍정적으로 바라보는 이유로는 '노동 대비 높은 수입 또는 노력한 만큼의 대가'가 가장 컸고, '기술 보유에 따른 고용 안정성', '조직 생활에 대한 낮은 스트레스' 등이 뒤를 이었다. 그 밖에 '빠른 취업 또는 낮은 진입장벽', '낮은 AI 대체 가능성', '육체노동 선호' 등의 이유도 있었다.

실제로도 청년들의 블루칼라 직종 취업 비중이 증가하는 추세다. 통계청에 따르면 4년제 대졸 이상 학력의 39세 이하 취업자 중 단순노무 종사자가 차지하는 비중이 2014년 연평균 1.52%에서 2023년 2.57%로 확대됐으며, 같은 기간 고숙련 블루칼라 중심인 기능원 및 관련 기능 종사자 비율은 2.34%에서 2.77%로 늘어났다.

이런 흐름을 만들어낸 가장 중요한 변화는 현재의 블루칼라 업종들이 전문 기술과 지식을 기반으로 육체적 업무 활동을 주로 하는 현장기술자technician 형태로 변모하고 있다는 점이다. 그 배경에는 각종 설비와 장비에 전기·전자 및 정보통신기술이 적용되고 자동화·로봇화에 따라 단순 공장 생산직이 아니라 현장에서 활동할 기술직의 수요가 증가하고 있기 때문이다.

블루칼라 일자리는 화이트칼라보다 업무량과 책임성이 명확해 업무의 시작과 종료가 분명하고, 업무량과 보수가 비례하며, 수평적 관계에서 공정과 워라밸을 중시하고 개인주의 경향이 있는 Z세대의 특성과 잘 맞는다. 또한 자신의 주관이 뚜렷하고, 높은 연봉과 고용 안정 등과 같은 실익을 더 중요하게 생각하는 Z세대 특성도 블루칼라 일자리를 긍정적으로 보게 된 이유라고 생각한다.

그리고 디지털 전환Digital Transformation, DX을 넘어 AI 전환AI Transformation, AX 사회로 이행하면서 학벌의 가치가 약화되고 전통적 직업 위계가 바뀌고 있다. 더군다나 AI 도입에 따른 직무 대체 가능성이 블루칼라보다 화이트칼라가 더 크다는 시각에서 출발하기도 한다. 블루칼라 직업 중에는 전문 기술과 지식을 기반으로 유연한 신체 능력과 의사소통 능력이 필요한 일자리가 많으며, 기술 대체 위험에서 벗어난 사람은 경력이 쌓일수록 직업적 가치를 더욱 인정받는 분위기다.

2025년 5월 커리어 플랫폼 사람인이 직장인을 대상으로 설문조사를 실시한 결과에서도 응답자의 91.4%가 은퇴 후 새로운 일을 찾는 '인생 이모작'에 대해 긍정적으로 생각하는 것으로 나타났다. 일반적으로 60세 정년 은퇴를 이야기하지만 현실적으로는 50대 초반만 돼도 조직에서 살아남기가 쉽지 않다. 그러다 보니 대부분의 직장인은 두 번째 직업에 관심이 많다. 더군다나 연금을 받을 수 있는 나이가 점차 늦춰지면서 그사이에 경제적인 부분을 해결해야 한다는 점도 있다. 인생 이모작을 위해 선택하고 싶은 분야 1위는 '창업 및 자영업'(21.7%)이었고 '생산직, 용접, 목공, 운전 등 블루칼라 직무'(20.4%)가 근소한 차이로 2위를 차지해 눈길을 끌었다.

그러나 블루칼라 업종 종사자들의 직업에 대한 만족도가 높은 것은 아니다. 미국 여론조사 기관 퓨 리서치 센터가 2025년 3월 미국 내 취업자 5,273명을 대상으로 실시한 설문조사에서 전체 블루칼라 응답자 중 35%는 '자신의 직업이 사회에서 존중받지 못하고 있다'고 답했다. 이는 다른 직종 종사자들(19%)보다 2배 가까이 높다. 특히 Z세대(18~29세) 블루칼라 노동자의 65%는 현재의 일을 '생계 수단'으로 인식한다고 답했으며, 향후 6개월 내 이직 의향 역시 Z세대(44%)에서 가장 높게 나타났다.

골드만삭스는 트럼프 미국 대통령의 고율 관세 정책이 약 10만 개의 제조업 일자리를 새롭게 만들어낼 수 있다고 분석하기도 했다. 그러나 정작 Z세대는 제조업에 큰 매력을 느끼지 못하는 것으로 나타났다. 여론조사 기관 해리스 폴Harris Poll이 2024년 실시한 설문조사에서 Z세대는 배관이나 건축 같은 일부 기술직에는 호감을 보였지만 산업 현장의 제조업 직군에 대해서는 임금 수준과 안전 문제를 이유로 꺼리는 경향을 보였다. 실제로 산업안전 소프트웨어 업체 소터 애널리틱스Soter Analytics가 실시한 조사에선 Z세대 응답자 중 20%가 '제조업 직종은 보수가 낮다'고 답했고, 25%는 '산업 현장은 안전하지 않다'고 밝혔다.

전문가들은 블루칼라 직종 중에서 수요가 많고 자동화 기계가 대체하기 어려운 직종이 주목받을 것이라고 강조한다. 용접, 전기설비, 배관정비 등을 추천하는 이가 많았다. 전문가들이 입을 모아 유망 업종으로 꼽은 분야는 용접이다. 기업 현장에서 수요가 꾸준한 데다 자동화가 어려운 분야여서다. 용접은 고객 요구에 따라 해야 하는 작업으로 형태가 천차만별이어서 똑같은 형태의 결과물만 만들 수 있는 로봇이 진입하기 어려운 분야로 꼽힌다. 전기설비는 삶과 직결된 필수 직종이라는 점에서 전망이 밝다. 아파트나 공장 건설 현장 등에서 전기공사 수요는 끊이지 않는다. 자격증만 취득해도 러브콜이 쏟아지는 직종이다. 배관정비 역시 노후화된 건물이 늘어나는 한국 부동산 상황에 딱 맞는 직업이다.

최근 숨고, 크몽과 같은 다양한 인력 중개 플랫폼의 발달도 이런 전문성을 갖춘 네오블루 직종의 활성화에 도움을 주는 분위기다. 누전·누수를 포함해 인테리어, 이사 등 생활 속 필요한 전문 인력을 쉽고 빠르게 연결해줌으로써 일상의 불편함을 빠르게 해소한다. 이런 인력 중개 플랫폼은 기존 개인 자격의 전문 블루칼라 업종 종사자들에게 더 유연한 업무 환경을 제공하고, 사회·기업·개인에게도 쉽고 빠르게 전문 인력을 확보할 수 있는 이점을 제공한다.

당분간 기술의 발전, 특히 AI의 발전은 모든 직업 체계에 영향을 줄 것으로 예상되며 그 안에서 기존 블루칼라 업종의 시각과 위상의 변화가 큰 흐름으로 나타날 것으로 보인다.

가장 오래된 산업의 가장 새로운 미래: 애그테크

고물가와 기후 재앙이 세계 식량 위기를 부추긴다. '에그플레이션(계란값 폭등)'과 '고메 쇼크(쌀값 폭등)'는 전 세계에 식량 위기 공포를 불러

일으켰다. 2025년 3월 미국에서는 계란값이 무려 326% 치솟았다. 12개당 6.23달러(약 9,000원)다. 일본 또한 2024년 시작된 쌀값 폭등을 진정시키지 못하고 있다. 일본 농림수산성에 따르면 2025년 5월 기준 5킬로그램짜리 1포대가 4,285엔(약 4만 원)으로, 예년 가격을 2배 이상 뛰어넘었다. 한국에 온 일본 관광객의 필수 구매품이 한국산 쌀이라는 우스갯소리가 돌 정도였다. 일본의 쌀값이 너무나 오르자 한국을 방문한 일본 관광객들이 상대적으로 저렴하고 품질이 좋은 한국산 쌀을 너도나도 구매해 가면서 나온 웃지 못할 이야기다.

1차 산업 시장은 현재 지속적인 성장을 보이고 있으며, 특히 식량 안보와 친환경 에너지에 대한 관심 증가로 미래 유망 산업으로 부상하고 있다. 하지만 인구 감소, 기후변화, 기술 발전 등 다양한 요인의 영향을 받기에 변화와 혁신이 요구된다. AI, 바이오테크, 로봇 기술 등 첨단 기술과 결합된 애그테크AgTech는 농업agriculture과 기술technology의 합성어로, 식량 생산성 향상과 효율성 증대를 통해 미래 농업의 새로운 방향을 제시할 것으로 기대된다.

농업과 첨단 기술의 융복합인 애그테크는 성장 가능성이 매우 큰 산업으로 평가받고 있다. 마켓 리서치 기관 스태티스타Statista는 글로벌 애그테크 시장 규모가 2020년 91억 달러(약 12조 원)에서 2025년 226억 달러(약 30조 원)로 확대될 것으로 전망했다. 특히 글로벌 로봇 농기계 시장 규모는 2025년 8억 3,000만 달러에서 2030년 22억 6,000만 달러에 이를 것으로 추정했다. 현재 북미·유럽이 시장을 주도하는 가운데, 기후가 바뀌고 식량 수요가 증가하는 등의 요인으로

아시아와 중동 지역이 가장 빠른 성장세를 보이고 있다.

국내 애그테크 시장은 2022년 약 6.5조 원 규모에서 2027년 10조 원 이상으로 성장할 것으로 예상되며, 정부는 스마트팜 온실 보급률을 2029년 35%까지 끌어올릴 계획이다. 특히 2025년 세계 최대 가전·IT 전시회 CES에서 농식품 기술 분야 혁신상 11개 중 무려 8개를 한국 기업들이 휩쓸었다. 또한 2025년 1월에 열린 농업AI경진대회에서 한국 스타트업 애그리퓨전이 글로벌 거대 기업들을 제치고 준우승을 차지하기도 했다.

애그테크가 주목받는 이유 중 하나는 생산성을 지금보다 획기적으로 높일 수 있을 것으로 기대되기 때문이다. 이런 기대의 배경에는 장차 지구에 식량 부족 사태가 일어날 수 있다는 암울한 전망이 자리하고 있다. 유엔 식량농업기구FAO는 2050년이면 세계 인구가 90억 명에 달할 것이라며 심각한 식량 부족 현상이 나타날 것으로 전망했다.

FAO가 지금보다 곡물을 70% 정도 더 생산해야 한다는 절박한 분석을 내놓았으나, 현실은 오히려 점점 더 농사짓기 어려운 환경으로 변해가고 있다. 기후변화와 도시화로 경지는 점점 줄어들고, 주요 선진국에서는 인구가 빠르게 줄어들면서 노령화 속도가 빨라지고 있다. 따라서 어느 때보다 먹거리 확보의 중요성이 커지고 있다.

이런 측면에서 애그테크는 1차 산업의 산업적·직업적 변화에서 큰 전환점으로 보인다. 과거에는 노동집약적 산업이면서 노동 대비 수익의 불확실성이 큰 영역이었지만, 점차 안정적이고 높은 수익을 보장하는 전문적인 산업 및 직업군으로 변모하고 있다. 이에 기업과 정부는 다양한 형태의 애그테크 청년 창업 캠퍼스를 운영하는 등 다각도의 지원을 하고 있다.

이미 도입된 애그테크를 보면 위성사진이나 기상 데이터 등을 활용하여 작물과 토양의 상태, 성장 상황, 수확량을 예측하는 서비스는 미국 농가의 3분의 1 이상이 이용하고 있을 만큼 인기다. 영국 스타트업 필드워크 로보틱스Fieldwork Robotics에서 개발한 딸기 수확 로봇은 AI와 카메라를 이용해 하루에 2만 5,000개 이상을 수확할 수 있어 사람 수확량 대비 생산성이 67% 개선됐다는 결과를 보고하기도 했다.

다만 이런 기술적 성과를 이뤘음에도 현장에서는 여전히 높은 초기비용, 기술 장벽, 데이터 부족 문제가 걸림돌로 작용하고 있다. 특히 우리나라는 농업인 평균 연령이 67세에 달해 빠른 전환을 이루기가 더욱 어렵다. 정책적 선언이나 일회성 지원을 넘어 국가 차원의 전략적 접근이 필요한 시점이다.

마켓 리서처의 시각

A: 전환 시대에 앞으로 우리가 바라보는 화이트칼라와 블루칼라는 무엇을 의미할까? 책상 앞에 앉아 기획을 하고 숫자를 만지는 사람과 망치와 플라이어로 배관을 고치는 사람 그리고 AI의 도움을 받아 로봇과 함께 농작물을 키우는 사람 사이에 직업적 위계와 소득의 차이가 있을까? AI 혁명의 시대, 우리는 노동의 종말을 예견했지만 현실은 오히려 '몸의 가치'를 재발견하고 있다. 미래의 부와 가치는 순수한 지식 노동이 아니라 AI와 기술을 도구 삼아 현실의 문제를 해결하는 '숙련된 손'에서 나올 것이다.

그러나 하이퍼 블루가 건강한 사회 발전의 동력이 되기 위해서는 특정 직업에 대한 사회적 편견을 없애고, 기술의 가치를 정당하게 인정하는 사회적 시스템이 뒷받침되어야 한다. 무엇보다 블루칼라 직종에 대한 기피 현상의 가장 큰 원인인 안전 문제를 해결해야 한다. 정부는 스마트 안전 장비 도입 지원, 산업안전 규제 강화 등을 통해 위험한 일이 아닌 안전한 전문직이라는 인식을 만들어야 한다. 또한 청년들이 농어촌으로 돌아와 애그테크 전문가로 성장할 수 있도록 스마트팜 구축을 위한 금융 지원을 비롯해 기술 컨설팅, 판로 개척 등을 국가 차원에서 전략적으로 뒷받침해야 한다.

개인은 '몸'과 '기술'을 결합한 최고의 자산을 만들 필요가 있다. AI 시대, 개인의 가장 확실한 생존 전략은 AI가 대체할 수 없는 나만의 기술을 갖는 것이다. 전통적인 육체 기술에만 머무르지 말고 데이터 분석, 코딩, AI 활용 능력 등 디지털 스킬을 적극적으로 학습하여 몸과 기술을 모두 다루는 대체 불가능한 인재가 되기 위한 노력이 필요해 보인다.

AI가 지식 노동의 가치를 흔드는 지금, 시장의 새로운 기회는 현장에 있다. 이제 기업은 낡은 편견을 깨고, 기술로 무장한 노동의 가치를 새롭게 조명해야 한다. 단순한 노동자가 아니라 첨단 기술을 다루는 전문가로 대우하고, 그들의 생산성·안전·자부심을 높일 도구를 제공할 필요가 있다. 내구성이 뛰어난 산업용 스마트글래스, 작업 데이터를 실시간으로 분석하는 웨어러블 센서, 인체공학적 설계가 적용된 전동 공구 등 현장 전문가들의 작업을 더 스마트하고 안전하게 하는 하이퍼 블루 전용 장비를 개발해야 한다. 또한 제품 판매와 함께 관련된 최신 기술(드론 조종, 스마트팜 데이터 분석, 3D 프린팅 등)을 배울 수 있는 온라인 교육 콘텐츠나 자격증 연계 프로그램을 제공하여 그들의 커리어 성장을 돕는 파트너가 되어야 한다.

무엇보다 블루칼라 일자리의 근로 조건과 작업 환경을 개선하는 실질적인 노력이 필요하다. 같은 생산직 블루칼라라고 하더라도 대기업 종사자와 중소기업 종사자 간 차이는 크다. 딜로이트Deloitte는 제조업 경영진을 대상으로 한 조사 결과를 발표하면서 "고정된 근무 시간과 출근 필수 조건 때문에 젊은 세대의 이탈이 크다"라고 진단했다. 그에 비해 근무 시간 조정이나 교대조 교환 같은 방식으로 유연성을 도입한 일부 기업은 인력 이탈을 줄이는 데 효과를 봤다고 밝혔다.

퓨 리서치 센터가 2025년 3월 발표한 자료에 따르면, 블루칼라 직종 종사자 중 자신이 하는 일에 '매우 만족한다'고 응답한 비율은 43%에 불과했다. 다른 직종 평균인 53%에 비해 낮은 수준으로, 특히 Z세대의 만족도가 같은 세대 평균보다 낮았다. 따라서 근로 조건이나 업무 환경 측면에서 대기업과 중소기업의 간격을 줄일 수 있게 상호 협력 체제를 구성하거나 지원하는 노력이 필요해 보인다.

또한 최근 빠르게 성장하고 있는 숨고, 크몽, 탈잉과 같은 용역 중개 플랫폼에서 발생하는 피해에 대해서도 다시 한번 점검할 필요가 있다. 기본적으로는 전문성을 가진 인력을 그 능력을 필요로 하는 소비자와 빠르게 연결하고 만족스러운 서비스를 통해 더 안정적인 비즈니스를 할 수 있다는 점에서 매우 좋은 플랫폼이라고 생각한다. 무엇보다 블루칼라 직종의 사람들이 전문성과 소득의 안정성을 확보할 수 있는 시스템이라고 생각한다. 그러나 2025년 7월 소비자원이 발표한 바에 따르면 주요 용역 중개 플랫폼 3개사에서 접수된 피해 사례가 최근 3년간 총 489건으로 매년 증가 추세다. 따라서 중개뿐만 아니라 서비스 관리 측면에서 철저한 관리가 필요해 보인다.

하이퍼 블루 현상은 AI 혁명이 가져온 가장 흥미로운 역설이자 기회다. 기술이 인간을 대체하는 것이 아니라 오히려 인간의 손과 몸의 가치를 더욱 높이는 이 거대한 흐름을 먼저 읽고 행동하는 기업, 사회, 개인만이 다가오는 미래의 진정한 리더로 자리매김할 것이다.

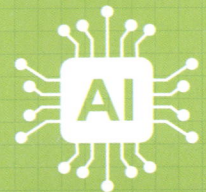

PART 5.

리바이탈라이제이션 Re:Vitalization

속도보다 깊이를 찾다

> 청춘이란 인생의 어떤 한 시기가 아니라
> 마음가짐을 뜻하나니
> 장밋빛 볼, 붉은 입술, 부드러운 무릎이 아니라
> 풍부한 상상력과 왕성한 감수성과 의지력
> 그리고 인생의 깊은 샘에서 솟아나는 신선함을 뜻하나니
>
> – 사무엘 울만, '청춘'

청춘이라는 단어는 단지 나이를 의미하는 것이 아니라 삶을 대하는 태도와 긍정적이고 능동적인 열정을 가리킨다. 사무엘 울만의 시 '청춘' 역시 청춘이 나이로 결정되는 것이 아니라 정신의 자세에 달렸으며 굳센 의지와 상상력, 타오르는 열정이 본질이라고 이야기한다. 이 시는 많은 사람에게 깊은 영감을 주며, 꿈과 이상을 잃는 것이야말로 진정으로 늙는 것임을 일깨운다. 나이에 구애받지 않고 모험심을 가지고 끊임없이 새로운 것에 도전하는 자세가 바로 청춘이라는 메시지다.

2024년 12월 대한민국은 주민등록 인구 중 65세 이상 고령자 비중이 20%를 넘는 초고령사회로 진입했다. 아시아에서 일본에 이어 두 번째다. 우리나라는 65세 이상이 차지하는 비중이 2008년 10.02%로 처음 10%대에 진입했다. 65세 이상 인구가 2008년 이후 16년 만에 2배 이상으로 급증한 것이다. 현실로 다가온 초고령사회에 맞춰 산업·복지 제도의 전면적 수정이 시급하다는 지적이 여기저기서 나온다.

이런 현실을 떠나, 나이가 들고 일정한 연령대에 들어서면 건강을 관리

하고 환경과 복지제도에 관심을 두는 일이 보통이었는데 요즘은 상황이 많이 달라진 것 같다. 연령, 성별, 현재의 건강 상태와는 별개로 모든 사람이 건강 관리와 노화에 관심을 갖는 분위기다.

　이 파트에서는 건강 관리를 통해 노화를 방지하고 천천히 스마트하게 늙어가는 것과 관련한 움직임과 스트레스를 회복하기 위한 다양한 노력이 어떤 형태로 이루어지는지 살펴보고자 한다. 또 건강과 활력을 유지하기 위한 '제철' 열풍도 짚어본다. '봄 도다리, 가을 전어'라는 말이 있듯이, '제철'에 즐기고 공감하는 것만큼 우리에게 생생한 활력을 주는 것도 없다. 마지막으로는 기대하지 않은 즐거움에 대한 이야기를 하고자 한다. 최근 눈에 띄는 '랜덤' 문화는 소소한 즐거움과 더불어 주변 사람들과의 관계에도 활력을 더한다.

SIGNAL 1.
나오미 시대: 나이보다 나다움이 중요한 사람들

전반적으로 노화를 늦추고 건강한 정신과 건강한 신체로 긍정적인 삶을 살아가고자 하는 사람들이 점차 늘어나고 있다. '나는 결코 늙지 않았다. 그저 더 많은 호기심과 관심이 생겨나고 있을 뿐Not Old, I'm More Interesting', 이른바 나오미NAOMI 시대가 시작되고 있다.

건강이란 겉으로 드러나는 신체적 결핍이나 질병이 없는 상태를 넘어서야 한다. WHO는 건강을 '신체적·정신적·사회적으로 양호한 상태'라고 정의한다. 이는 삶의 다양한 측면을 모두 고려한 통합적인 개념으로, 질병이나 장애의 존재 여부뿐 아니라 활발한 신체 활동과 정신건강 그리고 사회적 안정감을 모두 포함해 폭넓은 범위를 아우른다. 특히 신체적 건강과 함께 정신적·사회적 안녕이 균형을 이룰 때 진정한 의미의 건강한 상태라고 할 수 있다.

출생 연도별로 향후 살아갈 것으로 기대되는 평균 연수를 의미하는 기대수명은 현대 인류의 건강과 삶의 기본 척도를 나타낸다. 기대수명은 각국의 건강 수준을 비교하는 데 핵심적인 지표인데, 한국의 평균 기대수명은 2010년을 전후로 80세에 도달하며 선진국 반열에 합류했다. 2023년 기준으로 한국은 OECD 국가 중에서 기대수명 순위 5위를 기록하고 있다. 스위스가 84.2세로 가장 높고, 일본과 스페인 역시 84세 이상으로 높은 수준을 유지하고 있다. 한국은 2000년에 76세였으나 2023년에는 83.5세로 상승하여 23년간 7.5년 증가했다. 여타 OECD 국가들보다 비교적 큰 증가 폭을 기록한 것이다.

오래 사는 것 못지않게 중요한 것이 건강하게 사는 것이다. 수명이

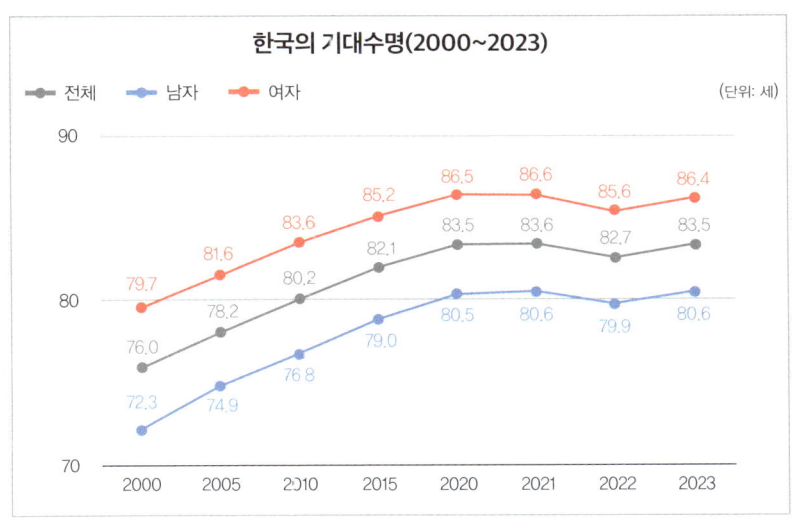

늘어났는데도 삶의 질이 뒷받침되지 않는다면, 그 긴 세월이 마냥 행복하지만은 않을 것이다. 이에 따라 기대수명을 보완하는 지표로 만들어진 것이 바로 '건강수명'이다. 단순히 얼마나 오래 사는지를 넘어 얼마나 건강하게 사는지를 보여주는 지표다. 많은 국가에서 건강수명을 향상시키기 위한 정책을 도입하고 있으며, 이 지표를 통해 각국의 건강 수준을 객관적으로 평가할 수 있다.

기대수명이 얼마나 오래 살 수 있는지를 가리키는 양적인 척도라면, 실제로 건강하게 오래 사는지를 측정하는 건강수명은 질적인 척도다. 기대수명이 증가했다고 해서 그 사회 전체의 건강 수준이 향상됐다고 단정 지을 수는 없다. 일반적으로 건강수명은 기대수명에서 실질적으로 질병이나 사고로 인해 정상적인 활동이 어려운 기간을 제외한 나머지 수명을 의미한다. 그래서 건강수명은 개인이 얼마나 오랫동안 건강한 상태로 살아갈 수 있는지를 나타낸다. 사회와 개인에게 기대수명과 건강수명이 미치는 영향은 엄청나게 차이가 크다. 기대수명의 단순 증가로 좋다고 이야기할 수 없는 이유는 건강하지 않은 삶의 연장은 경제적·정서적 부담을 초래할 수 있기 때문이다. 따라서 사회 전반의 건강 증진을 위해서는 기대수명과 건강수명이 동시에 늘어나는 것이 중요하다.

실제로 한국인은 기대수명과 건강수명이 함께 증가하고 있다. 세기가 바뀐 2000년에 66.6세였던 한국인의 건강수명은 2021년 72.5세로 상승하며 5.9년의 증가를 보였다. 이는 단순한 수명 연장을 넘어 삶의 질적 향상도 이루어졌음을 뜻한다. 그러나 같은 시기에 기대

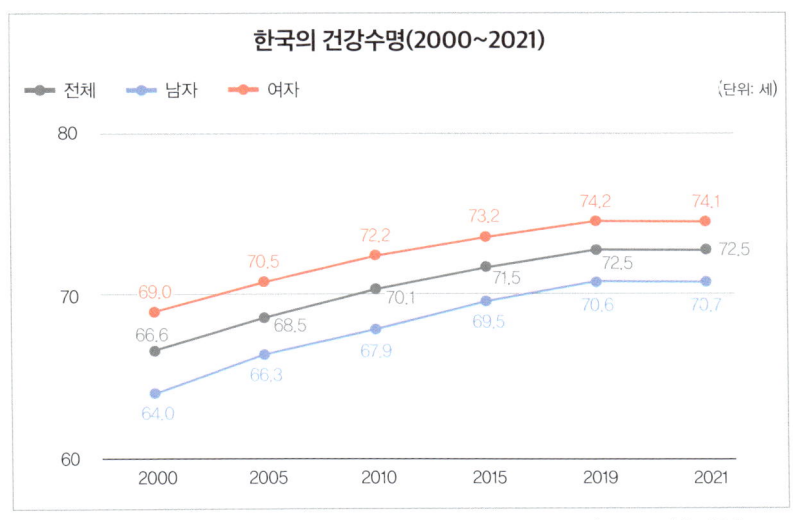

자료: WHO, 〈세계보건통계〉, 2025.1

수명이 7.6년 증가한 것에 비해 질적인 성과는 상대적으로 낮으며, 2019년 이후로는 다소 정체 상태에 있다는 점에 주목할 필요가 있다.

글로벌 무대에서 봤을 때, 한국인의 건강수명은 2021년 OECD 38개국 중 일본에 이어 2위를 기록했다. 특히 코로나19 팬데믹의 영향으로 대다수 OECD 국가의 2019년 대비 건강수명이 감소했음에도 한국은 동일한 수준을 유지했다. 다만, 건강수명과 기대수명 간 10년 이상의 차이는 여전히 현존하는 우리의 도전 과제다. 급속하게 진행되는 고령화, 만성질환, 정신건강 문제와 같은 복합적인 요인들이 국민의 건강수명을 지속적으로 위협하기 때문이다.

전통적으로 건강 상태는 기대수명이나 유병률 등의 객관적 지표로 평가되어왔으나, 최근 들어 개인이 주관적으로 느끼는 신체적·정신적 상태 역시 중요한 건강 지표로 인식되고 있다. 질병 유무와는 별개로, 개인이 느끼는 건강의 주관적 수준이 삶의 질에 미치는 영향이 크기 때문이다. 예를 들어 만성 피로를 경험하는 사람이라도 일상생활에서 큰 무리를 느끼지 않고 본인이 건강하다고 판단할 수 있는 반면, 건강에 특별히 이상이 없어도 지속적인 스트레스나 우울감을 느낀다면 주관적인 건강 평가가 낮아질 수 있다. 이런 사례는 개인의 건강 인식이 얼마나 중요한지를 보여주며, 개인화된 건강 관리의 필요성을 부각한다.

또한 한국인 다수는 주관적 건강 인지율이 낮게 나타나는데, 스트레스 탓에 전반적으로 피로를 느끼는 삶의 영향일 수 있다. 개인의 건강 상태는 신체건강과 정신건강 둘 다로 측정되며, 여기에서 스트레스는 중요한 지표로 활용된다. 이런 측면에서 노화와 건강, 특히 주관적 건강 관리에 대한 관심이 늘어나고 새로운 활동들이 시작되고 있다.

'멋지게 늙어보자': 프로에이징 열풍

최근 시장에서는 '프로에이징pro-aging'이라는 키워드가 주목받고 있다. 나이를 있는 그대로 받아들이면서도 활기차고 건강한 삶을 추구하는 라이프 스타일을 의미하며, 단순히 젊음을 유지하려는 '안티에이징anti-aging'과는 다른 접근 방식이다. 자연스러운 노화를 긍정하며 자신의 매력을 발견하는 것에 중점을 두는 프로에이징은 다양한 세대, 특히 중장년층 사이에서 인기를 끌고 있다.

현대 사회에서는 50대와 60대 이상의 소비자들이 경제적 여유를 바탕으로 자기 삶에 적극 투자한다. 이들 세대는 '액티브 시니어'로서 경제력을 가진 강력한 소비 주체로 부상했다. 이에 시장에서는 프로에이징 트렌드를 반영한 마케팅과 콘텐츠를 강화하고 있으며 특히 백화점, 홈쇼핑, 식품 업계 등에서 적극적으로 나서고 있다. 백화점 업계는 중장년층 세대를 주요 고객층으로 삼아 그들을 위한 맞춤형 강좌와 체험 프로그램을 제공하며 호평을 받고 있다. 예를 들어 롯데백화점은 요가, 마사지, 요리 강좌 및 명상, 미술 클래스를 도입하여 중장년층 소비자들이 건강을 관리하고 새로운 취미 생활을 즐길 수 있도록 도와준다. 이런 프로그램들은 정서적 안정과 자기 계발을 위한 기회를 제공하여 고객의 삶의 질을 높이는 데 기여한다.

홈쇼핑 업계 또한 '프로에이징 라이프'라는 주제를 중심으로 유튜브 콘텐츠를 제작하고, 중장년층을 대상으로 한 다양한 스토리와 정보를 전달하며 공감을 얻고 있다. 이런 콘텐츠는 단순한 제품 소개를 넘어 라이프 스타일 전반에 관한 정보를 제공하며 시청자와의 정서적 연결을 강화한다. 식품 업계에서도 중장년층을 겨냥한 건강 기능 식품 시장이 활발하게 확장되고 있다. 관절 건강을 위한 글루코사민, 오메가3, 루테인 등의 영양제와 단백질 보충 식품이 많은 인기를 얻고 있다.

대한상공회의소 보고서에서도 강력한 경제력을 기반으로 새로운 소비 주체로 부상하고 있는 시니어에 대해 다뤘다. 1950년부터 1971년 사이에 태어난 55세에서 74세의 사람들을 일명 GG세대Grand

Generation라고 칭한다. 이들은 MZ세대가 주도하던 소비 트렌드에서 벗어나 경기 침체 속에서도 자체적인 '감성 나이'에 따라 소비하는 경향을 보이며, 자연스럽게 노화를 받아들이면서도 젊음을 유지하려는 프로에이징 트렌드를 주도한다. 이들은 디지털 기술에도 능숙해 디지털 실버로 주목받고 있다.

이런 특성을 반영하여 기업들은 GG세대를 타깃으로 다양한 디지털 기반 서비스와 감성적 콘텐츠를 제작하고 있으며, 이들이 새로운 소비 트렌드의 선두주자가 될 가능성을 높이고 있다. GG세대의 취향과 라이프 스타일에 맞추어 개인화된 서비스를 제공하는 데 집중함으로써 GG세대의 건강과 활기찬 생활을 지원하고 있다.

노인 정신건강에 대한 새로운 시각

"건강한 신체에 건강한 정신이 깃든다." 고대 로마 시인 유베날리스의 이 말은 단지 건강한 몸을 강조하는 것이 아니다. 육체의 강건함만큼이나 정신 수양이 중요하다는 메시지다. 이는 오늘날까지도 변함없는 진리로, 정신건강 역시 삶의 질을 결정짓는 중요한 요소라는 점을 일깨워준다. 신체건강과 정신건강은 긴밀하게 연결돼 있으며, 한쪽의 건강 상태는 다른 쪽에도 영향을 미친다. 건강한 신체는 정신건강을 향상시키고, 정신적인 안녕은 신체 기능 유지에 기여하는 관계다.

매년 10월 10일은 WHO와 세계정신건강연맹WFMH에서 제정한 '세계 정신건강의 날'로 정신건강 문제에 대한 관심을 높이고 편견을 없애기 위한 국제 기념일이다. 우리나라도 2017년 정신건강복지법 전면 개정과 함께 이 취지에 동참했다.

이렇게 정부 차원에서도 자국민의 정신건강에 대한 인식 개선을 위해 지원하고 있긴 하지만 아직 부족하다. 2024년 8월 한국건강증진개발원에서 만 19~70세 성인 2,000명을 대상으로 실시한 '2024 건강투자 인식 조사' 결과에 따르면, 국가의 투자 확대가 시급하다고 생각하는 분야는 '정신건강'(24.0%), '만성질환'(15.6%) 순이었다.

입소스의 조사 결과에서도 세계적으로 정신건강은 건강 문제 중 가장 우려되는 부분으로 지적됐다. 31개국 응답자의 45%가 정신건강을 국가가 직면한 가장 큰 건강 문제로 여겼고, 이는 암(38%)과 스트레스(31%)보다 더 큰 우려 사항으로 나타났다. 또한 31개국 모두에서 대

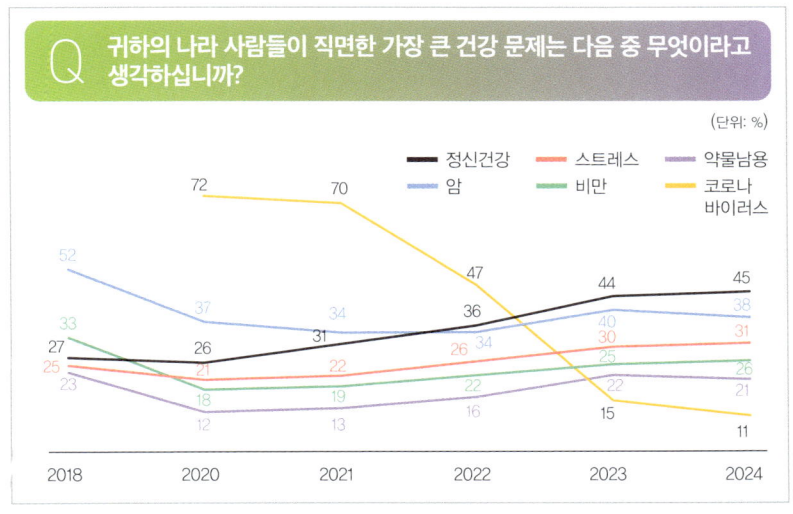

자료: 〈Ipsos Health Service Report 2024〉

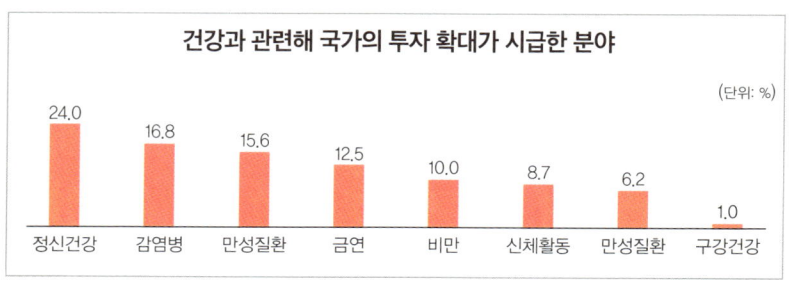

다수(76%)가 정신과 신체의 건강이 동등하게 중요하다고 답해 정신적 웰빙의 중요성을 신체적 건강 못지않게 중요하게 여기고 있음을 보여줬다.

한편 국립정신건강센터의 〈2024년 국민 정신건강 지식 및 태도 조사 결과 보고서〉 중 정신질환에 대한 부정적 인식을 구성하는 8개 항목을 분석한 결과, '정신건강에 문제가 있거나 정신과 진료를 받으면 취업 등 사회생활에 불이익을 받을 것이다'(69.4%), '정신질환이 있는 사람은 그렇지 않은 사람보다 더 위험한 편이다'(64.6%), '내가 정신질환에 걸리면 몇몇 친구는 나에게 등을 돌릴 것이다'(50.7%) 순으로 동의 수준이 높게 나타났다. 심지어 2022년 조사 결과와 비교할 때 더 높아진 수치다. 이 결과는 정신질환에 대한 편견 해소와 더불어 정신건강의 중요성을 적극적으로 알려야 한다는 점을 시사한다.

이 중에서도 최근 주목받는 것이 노인 정신건강이다. 고령화 속도가 빨라지면서 노인 정신건강은 단순한 관심의 범위를 넘어 사회 전체가 풀어야 할 중요한 과제가 됐다.

2025년 1월 초 미국 하버드대 연구팀은 국제 학술지 〈노인학 저널〉

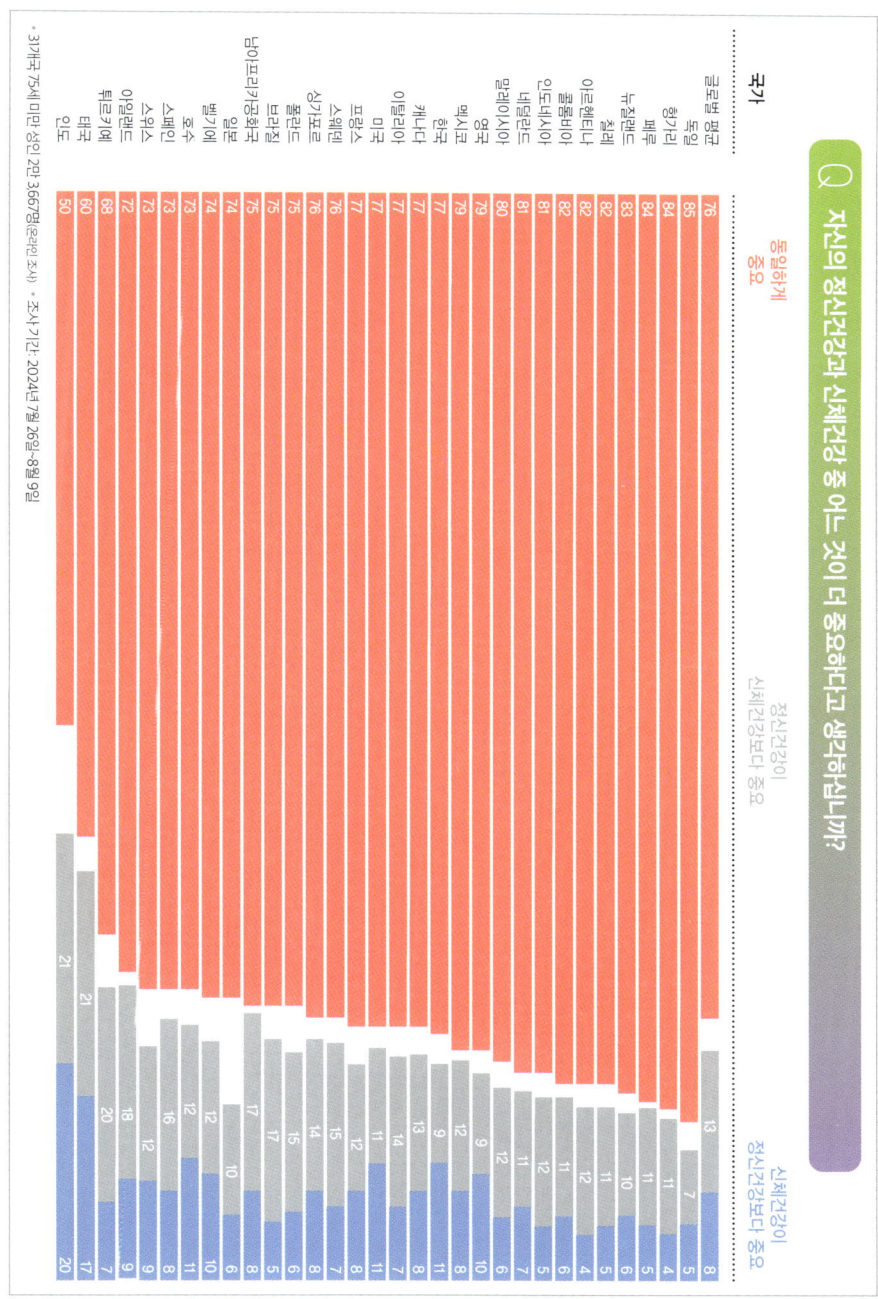

PART 5. 리바이탈라이제이션(Re:Vitalization): 속도보다 깊이를 찾다

을 통해 정신이 건강해야 다쳤을 때 몸도 빨리 낫는다는 흥미로운 연구 결과를 발표했다. 미국에서는 매년 30만 명 이상의 노인이 고관절 골절로 응급실을 찾는다. 연구팀은 64세 이상 여성 129명을 대상으로 고관절 골절 후 회복력과 교육 사고력 등 정신건강의 관계를 조사했다. 그 결과 노인 우울증 척도Geriatric Depression Scale 점수가 낮을수록 그리고 글로벌 정신건강 점수Global Mental Health Score 가 높을수록 회복력이 좋은 것으로 나타났다. 정신건강 점수가 긍정적인 노인은 골절 회복력이 34% 더 높았다. 반면 우울증 척도가 1점 상승할 때마다 회복력은 0.76% 감소했다. 신체건강 치료 과정에서 재활 프로그램에 정신건강까지 통합하는 치료를 고려해야 한다는 결론을 얻을 수 있다.

세상에서 가장 슬픈 '마음의 병', 치매

기대수명이 높아짐에 따라 삶의 질 향상과 건강한 노년 생활을 유지하는 데 대한 관심이 더욱 커지고 있다. 그러나 장수 사회로 접어들면서 치매와 같은 노인성 질환의 발생 또한 증가하고 있다.

2025년을 기준으로 한국의 치매 환자 수는 97만 명에 달하며, 유병률은 9.17%에 이른다. 2026년에는 치매 환자가 100만 명을 넘어설 것으로 예상되며, 2044년에는 200만 명을 초과할 것으로 추정된다. 경도인지장애 유병률도 28.42%에 달하는데, 2016년에 비해 6.17%p 증가한 수치다.

치매 예방을 위해서는 두뇌의 인지 기능을 강화하는 활동이 필수적이다. 중앙치매센터에 따르면, 치매의 가능성이 큰 사람도 예방 활동을 통해 평균 2년가량 발병을 지연시킬 수 있다고 한다. 예방을 위해 중요한 실천 사항으로는 '3권, 3금, 3행'이 있다. 여기에는 일주일에 세 번 이상의 운동, 균형 잡힌 영양 섭취, 꾸준한 독서와 글쓰기가 포함된다. 또한 절주, 금연, 뇌 손상 예방이 필수이며 정기적 건강검진을 통해 혈압과 혈당, 콜레스테롤 등 건강 지표를 점검하는 것이 중요하다.

치매 환자를 돌보는 가족이라면 집을 간소하게 정리하고, 위험 요소를 제거하는 안전 조치를 취해야 한다. 환자가 좋아하는 활동을 계속하도록 돕고, 규칙적인 일상을 유지할 수 있도록 지원하는 것도 중요하다. 치매의 발병 속도를 늦추고 삶의 질을 유지하기 위해서는 환자 자신의 노력만이 아니라 주변인의 지지가 필요하다.

국회에서도 '치매'라는 명칭을 바꾸고자 하는 시도가 이어지고 있다. 김주영 더불어민주당 의원은 21대에 이어 22대 국회에서도 '치매'를 '뇌인지저하증'으로 변경하는 내용의 치매관리법 개정안을 대표 발의했다. 치매라는 단어가 '어리석을 치痴'와 '어리석을 매呆' 자를 쓰기 때문에 병명을 바꿈으로써 치매에 대한 부정적 인식을 줄이고 조기진단과 치료를 이끌기 위해서다. 이번에는 개정안이 통과돼 실질적인 변화가 이뤄질지 주목된다.

치매라는 용어의 변경 시도는 단순히 용어 교체를 넘어 정신적 웰빙과 관련된 사회적 인식의 변화를 가져오려는 노력으로 볼 수 있다.

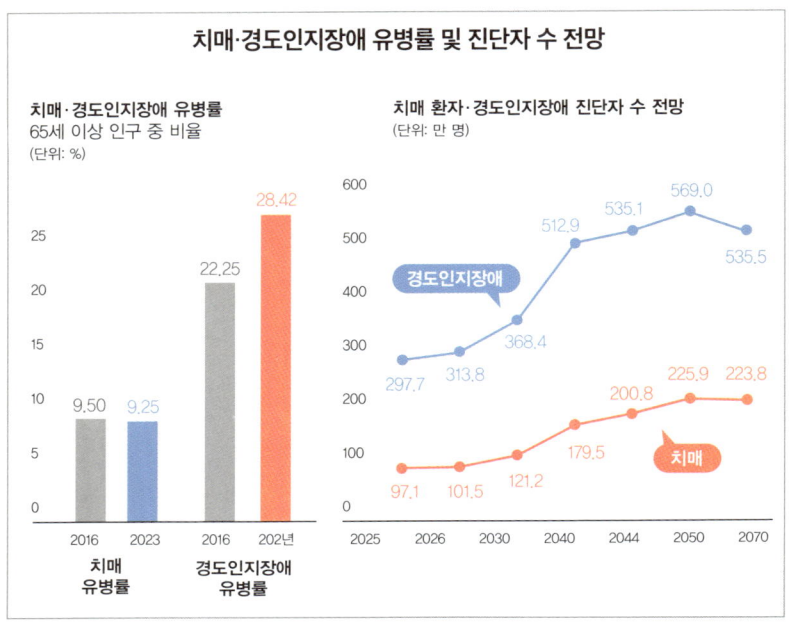

자료: 보건복지부

이런 노력이 성공한다면 사회 전반에 걸쳐 노인 정신건강에 대한 관심과 이해도를 높이고, 조기진단 및 치료에 긍정적인 영향을 미칠 수 있을 것으로 생각된다.

정신건강 측면에서 노화에 대한 관심 증가는 이미 사회적 변화의 중요한 초석이 되고 있다. 정신건강을 증진하는 것은 삶의 질을 높이는 데 필수적인 요소다. 앞으로는 이런 트렌드가 더욱 확산되어 많은 이들에게 행복하고 건강한 삶을 영위할 기회를 제공할 것이다.

'스마트하게 늙어보자': 저속노화

인류에게 건강은 언제나 중요한 관심사였으며, 건강에 대한 관심과 표현 방식도 시대의 흐름에 따라 변화해왔다. 무병장수에서부터 웰빙과 안티에이징에 이르기까지, 건강에 대한 관심이 지속적으로 증가하고 있다.

최근 건강 관리의 핵심 화두로 떠오른 것이 바로 '저속노화slow-aging'다. 노화를 완전히 막을 수 없다는 것을 인정하되, 가능한 한 천천히 그리고 건강하게 나이를 먹고자 하는 움직임이다. 2000년대의 웰빙이나 2010년대의 안티에이징 패러다임과 비교해보면, 저속노화의 개념을 쉽게 이해할 수 있다. 웰빙은 다소 추상적인 어감이 강했으며, 더 나은 삶을 지향하는 자세로 건강에 좋은 식품과 기능성 식품을 찾는 정도였다. 안티에이징은 노화를 극복해야 할 대상으로 보고, 특히 외모 관리에 중점을 뒀다. 극단적인 식단과 보톡스, 필러 등의 에스테틱 시술이 주목받았다. 그에 비해 저속노화는 단기적인 건강 관리보다 건강수명을 늘리는 것을 목표로 한다. 외형적 관리에 그치지 않고 보다 지속 가능한 생활 습관을 만드는 데 우선순위를 둔다는 점에서 웰빙이나 안티에이징과 차별화된다.

건강 관리와 노화 방지에 대한 최근의 관심은 남녀노소 구분이 없다. 과거에는 주로 60대 이후 고령층의 주요 관심사였던 노화 방지와 안티에이징이 이제는 2030세대 사이에서도 인기를 끌고 있다. '입소스 소비자 인식 조사 2025'에 따르면 전체 응답자의 67%가 저속노

Q 저속노화에 관심이 있습니까??						
	전체	20대	30대	40대	50대	60대
예(%)	67	62	65	61	71	80

자료: 입소스 소비자 인식 조사 2025'

화에 관심이 있는 것으로 나타났으며, 연령층이 높을수록 관심도가 높기는 했지만 2030세대 역시 60% 이상이 관심이 있다고 답했다.

2030세대도 저속노화에 관심이 많은 이유는 노화를 늦출 때 얻을 수 있는 절대적 효용이 크기 때문이다. 이들은 늦춰진 노화를 통해 앞으로 건강하게 활동할 수 있는 시간이 훨씬 길어질 수 있음을 알고 미리미리 대비하고자 한다. 현재 2030세대는 그들의 부모 세대보다 10~15년 앞서 성인병, 만성피로, 호르몬 불균형과 같은 문제에 직면하고 있다. 수면 부족, 높은 열량의 가공식품 섭취, 과도한 스트레스, 디지털 기기 노출 등으로 노화가 가속되기 때문이다. 2030세대의 관심사 중 하나가 자기 관리로, 이들은 본격적으로 영양제를 챙겨 먹지 않더라도 식단 관리를 철저히 하고 되도록 건강에 좋은 제품을 선택하려는 경향을 보인다.

식품 업계 '저속노화' 트렌드 활발

'저속노화 식단'이 새로운 식생활 키워드로 떠오르고 있다. 안티에이징을 넘어 일상생활에서 신체 노화 속도를 점진적으로 조절하자는 개념으로, 특히 혈당 관리를 중점으로 한 저속노화 식단이 주목받고 있다.

배달의민족 운영사인 우아한형제들은 국내 외식 전문가들과 함께 '2025 외식업 트렌드'를 정리했는데 2025년 외식업 키워드로 '저속노화'를 꼽았다. 우아한형제들의 조사에 따르면, 노화·면역·항산화·혈당·저당 등 저속노화와 관련된 키워드를 배달의민족 앱 내에서 메뉴명으로 사용하는 가게가 2025년 2만 4,500곳으로 4년 만에 3배 증가했다. 특히 도시락 카테고리에서 증가세가 두드러졌다. 그뿐 아니라 음식점 1만 6,000곳의 결제 데이터를 분석한 결과, 현미를 포함한 메뉴의 2024년 매출액이 전년 대비 40% 증가했다고 한다.

한편 식품 업계에서는 저속노화가 일시적 유행이 아닌 장기적 가치로 자리매김하고 있다고 판단하여 다양한 제품을 출시하고 있다. 이는 소비자들이 수명 연장을 넘어 건강한 노화를 중시하고 있음을 반영한다. CJ제일제당은 저속노화에 부합하는 즉석밥과 도시락 제품을 출시해 큰 인기를 끌었으며, 파리바게뜨와 SPC그룹 등 제과 및 베이커리 산업에서도 건강을 강조한 제품으로 시장에 진입하고 있다.

저속노화 식단은 소비자들만이 아니라 산업 전반에 걸쳐 큰 변화를 이끌고 있으며, 2030세대를 비롯한 다양한 연령층에서 지속 가능한 건강 관리를 위한 새로운 기준으로 자리 잡고 있다. 앞으로 이 트렌드는 더 많은 사람이 일상에서 건강한 삶을 실현하는 데 큰 역할을 할 것으로 보인다.

'건강하게 마셔보자': 소버 리빙 트렌드

최근의 음주 문화는 단순히 취하기 위해서가 아니라 음주 자체를 새로운 경험과 사회적 상호작용의 방식으로 여기는 방향으로 변화하고 있다. 이런 변화의 중심에는 2030세대가 있다. 40대 이상이 여전히 소주와 맥주를 선호하는 반면, 2030세대는 가볍고 쉽게 즐길 수 있는 하이볼 같은 음료를 더 좋아한다. 실제로 2024년 편의점에서 하이볼 판매량의 약 70%를 이들이 구매했다.

삼일회계법인의 주류 산업 보고서에 따르면, MZ세대를 중심으로 '소버sober'('술에 취하지 않은, 냉정하고 차분한'이라는 의미)라고 불리는 건강을 중시한 음주 문화가 확산되고 있다. 이와 함께 무알코올과 논알코올 주류 시장도 급성장하고 있다.

미국에서도 '소버 리빙sober living'이 새로운 라이프 스타일로 주목받고 있다. 과거에는 절제나 개인 선택의 영역으로 여겨졌던 이 생활 방식이 이제는 건강과 웰빙을 중시하는 흐름 속에서 자연스러운 변화로 자리 잡았다. 특히 Z세대와 밀레니얼 세대는 술을 필수보다는 선택으로 여기며 새로운 소비문화를 이끌고 있다.

스태티스타의 조사에 따르면 국내 논알코올 맥주 시장 규모는 2020년 4,125억 원에서 2024년 7,013억 원으로 최근 5년 동안 연평균 14.2% 성장했으며, 2030년에는 9,333억 원까지 늘어날 것으로 예상된다. 국내에서 주류 소비가 감소하는 가운데 논알코올 맥주 시장만 성장을 거듭한다는 점이 눈에 띈다.

건강 식생활 트렌드의 시대별 변화 비교표(2000~2025)

시기	주요 트렌드 키워드	중심 개념	주 소비층	대표 식품·식재료	산업·사회 영향
2000년대 초	웰빙	건강+행복 자연친화적 삶	30~40대 중산층	유기농 채소, 저지방 우유, 현미, 견과류 등	유기농 인증제도 확대, 친환경 마트 등장
2005 ~2010	블랙푸드 기능성 식품	항산화 면역력 강화	40~50대 건강관심층	흑미, 검은콩, 아사이베리 등	기능성 표시제 도입, 홈쇼핑 기능성 열풍
2010 ~2015	친환경 로컬푸드	지속 가능 로컬푸드 자연주의	30대 + 2030 여성층	텃밭 채소, 로컬푸드, 전통발효 식품	로컬푸드 직매장, 로하스 마켓 성장
2015 ~2020	슈퍼푸드 클린이팅(Clean Eating)	식재료 단순화 무첨가, 비가공 지향	20~30대 도시 소비층	슈퍼푸드 (퀴노아, 치아시드, 케일), 두유 등	슈퍼푸드 수입 급증
2020 ~2023	비건 면역력 웰니스	팬데믹 영향 '내장 건강=면역력'	전 연령층 확대	대체육, 프로바이오틱스, 발효유, 김치 등	유산균 제품 폭증 건강기능식품 붐, 비건 카페 등장
2023 ~현재	저속노화	노화 지연 대사 건강 라이프 확장	20~40대 MZ 세대	항산화식품, 저GI 식단, 고단백 식단	노화의학연구 연계 상품화, 앱+식단융합

자료: 더바이어

전 세계적으로도 건강을 중시하는 소비문화가 확산되면서 주류를 대체하는 논알코올 음료가 트렌드로 급부상했다. 전 세계 논알코올 맥주 시장은 2020년 230억 달러에서 2024년 363억 달러, 2030년 482억 달러까지 성장할 것으로 전망됐다. 최근 5년간 전 세계 맥주 판매 성장률은 5% 수준이었지만, 논알코올 맥주는 12.1% 성장했다.

이런 변화는 새로운 음주 문화가 소비자 인식에 깊숙이 자리 잡고 있음을 보여준다. '얼마나 마시느냐'보다 '어떻게 즐기느냐'가 중요해진 이 문화에서는 술이 취하기 위한 도구가 아니라 사람들과 어우러지며 즐기는 소셜 콘텐츠로 활용된다. 주류 업계 관계자는 "취하기 위해 술을 마시던 문화가 점차 사라지고 있다"라며 "오랜 시간 기분 좋게 마시기를 원하는 소비자가 늘어나면서 저도주 판매량이 증가하고, 제품 카테고리도 다양화되고 있다"라고 말했다.

또한 이런 변화는 소버 큐리어스sober curious 문화와 맞물려 있다. 소버 큐리어스란 술을 완전히 끊지 않더라도 덜 마시는 삶의 방식을 실험하며 자신에게 적합한 음주 패턴을 찾으려는 움직임을 뜻한다. 이는 점점 더 많은 사람이 음주로 인한 건강 문제를 인식하고 숙취 없이 맑은 정신 상태를 유지하려는 의지 표현의 트렌드로 부각되고 있다. 소버 큐리어스 문화는 술이 없는 생활 방식을 탐색하고자 하는 Z세대와 밀레니얼 세대 사이에서 빠르게 확산되고 있다. 이들은 사회적 압력에 구애받지 않고 자신의 필요에 따라 술 소비를 조절하며, 술 없이도 자유로운 사교 문화를 즐긴다. 이는 건강한 대안 음료와 다양한 소셜 스페이스가 활성화되는 미국과 유럽의 트렌드를 더욱 가속화하고 있다.

젊은 세대는 더욱 건강한 삶을 추구하며 술을 대체할 건강 음료를 찾는다. 그중에서도 콤부차가 주목할 만한 인기를 얻고 있는데, 장 건강과 면역력 향상에 도움을 주는 것으로 알려져 있다. 기존 탄산음료보다 건강한 대안으로 떠오르며 많은 카페와 레스토랑에서 논알코올 칵테일과 함께 주요 메뉴로 자리 잡았다. 글로벌 마켓 리서치 업체 닐슨 코퍼레이션NIQ에 따르면, 미국의 콤부차 시장은 2023년 7억 7,500만 달러의 매출을 기록하며 지속적으로 성장하고 있다. 그와 더불어 기능성 음료 시장도 빠르게 성장하고 있다. 소비자들은 단순한 수분 보충을 넘어 면역력 강화, 피로 회복, 집중력 향상 같은 기능성이 더해진 음료를 선택하고 있으며, 이는 건강 관리에 대한 적극적인 관심을 반영한다.

이런 트렌드는 대형 유기농 마켓에서도 쉽게 찾아볼 수 있다. 예를 들어 홀 푸드 마켓과 레이지 에이커스 마켓Lazy Acres Market은 논알코올 음료 코너를 확대해 건강한 대체 음료를 찾는 소비자들에게 다양한 선택지를 제공하고 있다.

또한 미국과 유럽 주요 도시에서는 논알코올 바non-alcoholic bar와 소버 소셜 스페이스sober social spaces라는 새로운 형태의 상업 공간이 인기를 끌고 있다. 뉴욕의 리슨 바Listen Bar는 술 없이도 바 특유의 분위기를 즐길 수 있도록 독창적인 논알코올 칵테일과 음악을 제공한다. 로스앤젤레스의 바 누다Bar Nuda는 멕시코풍의 독특한 논알코올 팝업 바로, 새로운 사교 공간을 제공하며 웰빙과 치유를 위한 음료 경험에 중점을 둔다. 각 음료는 단순한 맛 이상의 기능성을 갖추고 있으며, 손님의 다양한 기분과 요청에 맞춰 구성한 음료를 제공한다.

소버 리빙 트렌드는 이미 성공적으로 자리 잡았으며, 술이 없는 공간에서도 충분히 재미있고 의미 있는 경험을 할 수 있다는 인식이 확산되고 있다. 갈수록 많은 사람이 소버 리빙을 삶의 방식으로 선택하면서 관련 산업과 문화의 발전을 촉진할 것으로 예상된다.

마켓 리서처의 시각

오늘날 60세는 노인이라기보다 장년층에 가까운 느낌이다. 심지어 칠순잔치도 하지 않는 분위기다. 지금의 우리나라는 인생 후반기에 대한 대대적인 리모델링이 이루어지고 있는 듯하다. 특히 건강하고 지속 가능한 삶에 많은 관심이 쏠리고 있다.

100세 시대, 시장의 관심은 장수에서 건강수명으로, 안티에이징에서 슬로에이징으로 옮겨갔다. 나이와 상관없이 언제든 청춘을 누려야 한다고 생각하는 사람이 많아졌다. 이제 건강수명을 기능이 아닌 활력으로 이야기해야 한다. 핵심은 살아가는 시간을 건강으로 채우는 것이다.

무엇보다 건강 패러다임을 치료 중심에서 예방 중심으로 전환할 필요가 있다. 개인의 노력만으로는 건강수명을 획기적으로 늘릴 수 없기 때문에 사회 전체가 건강한 삶을 지원하는 방향으로 시스템을 재설계해야 한다. 정신건강 문제에 대해서는 개인의 의지 문제로 치부하지 말고 예방부터 상담, 치료까지 포괄하는 국가적 지원 시스템을 강화해야 한다. 학교와 직장 내 마음건강 프로그램을 의무화하고, 정신과 진료에 대한 사회적 편견을 해소하는 캠페인을 적극적으로 펼칠 필요가 있다.

또한 국가 건강 정책의 목표를 기대수명 연장에서 건강수명 증진으로 전환하고 만성질환 예방, 건강한 식습관 교육, 생활 체육 인프라 확충 등 예방에 더 많은 예산과 자원을 투자해야 한다. '노인'이라는 단어가 가진 부정적인 이미지를 벗고 나오미 세대처럼 활기차고 지혜로운 시니어의 가치를 재조명하는 사회적 분위기를 조성해야 하며, 이를 통해 세대 간 긍정적인 교류를 촉진하고 노인을 긍정적으로 인식하는 사회를 만들어야 한다.

100세 시대의 개인은 유전적 특성, 생활 습관, 스트레스 수준 등 자신의 몸과 마음을 깊이 이해하고, 웨어러블 기기나 건강 앱을 활용해 자신만의 건강 데이터를 꾸준히 기록하고 관리해야 한다. 또한 신체적 건강과 정신적 건강을 별개로 보지 말고 이 둘이 서로 영향을 미치는 하나의 시스템임을 인지해야 한다. 충분한 수면과 명상, 즐거운 사회적 관계는 꾸준한 운동 못지않게 중요하다. 나의 건강을 위한 가장 중요한 투자는 올바른 지식이다. 미디어에 넘쳐나는 수많은 건강 정보에 휩쓸리지 말고 신뢰할 수 있는 출처의 정보인지, 과학적 근거가 있는지를 비판적으로 판단하는 능력을 길러야 한다.

특히 건강하면서도 지속 가능한 삶을 위해 정신적 측면의 노화에 대한 시각 변화가 필요하다. 저속노화와 관련된 관심이 신체적인 부분에 집중돼 있으나, 정신적 측면 역시 삶을 즐겁고 행복하게 영위하는 데 매우 중요하다. 따라서 우울증, 노인성 치매 등과 같이 정신이 노화되는 부분에 대해서 정부와 지자체는 예방책과 지원책을 적극적으로 마련할 필요가 있다.

소비자는 단편적인 제품이 아니라 자신의 건강수명을 늘려줄 통합적인 솔루션을 찾고 있다. 이제 브랜드는 제품 판매자를 넘어 고객의 건강한 삶을 설계하는 라이프 파트너가 되어야 한다. 고객의 일상에 자연스럽게 스며들어 노화의 속도를 늦추고 삶의 활력을 높이는 제품과 서비스를 설계해야 한다. 저속노화 식단 트렌드에 맞춰 혈당 관리에 용이한 통곡물, 저당 제품, 건강 간편식 라인업을 강화해야 한다. 이 접근을 수면의 질을 높이는 침구, 스트레스 관리를 돕는 명상 앱, 자세를 교정해주는 사무용품 등 일상의 모든 영역으로 확장해나가야 한다.

GG세대를 단순한 실버 세대로 보지 말고, 그들의 활기찬 라이프 스타일을 지원하는 프로에이징 제품과 서비스를 개발해야 한다. 이는 패션·여행·취미·교육 등 전방위적인 접근을 요구하며, GG세대의 지혜와 경험을 존중하는 콘텐츠를 병행해야 한다. 또한 건강뿐만 아니라 정신적 웰빙을 위한 솔루션을 제품과 서비스에 통합할 필요가 있다. 심박수와 스트레스 지수를 관리해주는 웨어러블 기기, 심리상담 서비스와 연계된 멤버십, 정서적 안정을 주는 향기나 조명 같은 마음챙김 소품 등은 새로운 블루오션이다.

마케팅 커뮤니케이션 측면에서는 무조건 '좋다'고 하는 주먹구구식 주장 대신 "신뢰할 수 있는 전문가의 연구 결과에 따르면"과 같이 명확한 데이터와 과학적 근거를 바탕으로 제품의 효능을 증명해야 한다. 건강한 음주 문화를 지향하는 소버 큐리어스 커뮤니티를 후원하거나 브랜드가 직접 논알코올 페스티벌을 개최하는 등 소비자들이 건강한 라이프 스타일을 즐기고 공유할 수 있도록 놀이터를 만들어 제공하는 것도 소비자와 긍정적인 소통을 하는 길이다.

결론적으로, '건강해야 청춘이다'라는 명제는 우리에게 삶의 궁극적인 목적이 '얼마나 오래 사느냐'가 아니라 '얼마나 활기차게 사느냐'에 있음을 일깨워준다. 이 새로운 시대의 가치를 먼저 이해하고, 사람들의 건강한 시간을 늘려주는 훌륭한 파트너가 되는 기업, 사회, 개인이 미래를 주도할 것이다.

SIGNAL 2.
제철코어: 계절의 낭만을 소비하다

미식의 재구성: 배달음식에서 제철음식으로

최근 '제철'이라는 개념이 Z세대 사이에서 일종의 문화 현상으로 자리 잡고 있다. 가까운 과수원과 농장을 찾아 신선한 제철 과일을 마음껏 즐기거나, 특정 계절의 풍경을 누릴 수 있는 곳으로 여행을 떠나거나, 계절의 감성이 담긴 콘텐츠를 소비하거나, 계절에 어울리는 취미를 찾는 1020세대가 늘어나고 있다. 2018년 6월부터 제철과 관련된 키워드의 네이버 검색량을 보면 지속적으로 상승세를 보인다. 이렇게 '제철'을 챙기는 것이 힙한 트렌드로 여겨지고 있다.

한때 '마라'나 '로제'와 같이 계절과 상관없는 음식들이 유행했는데,

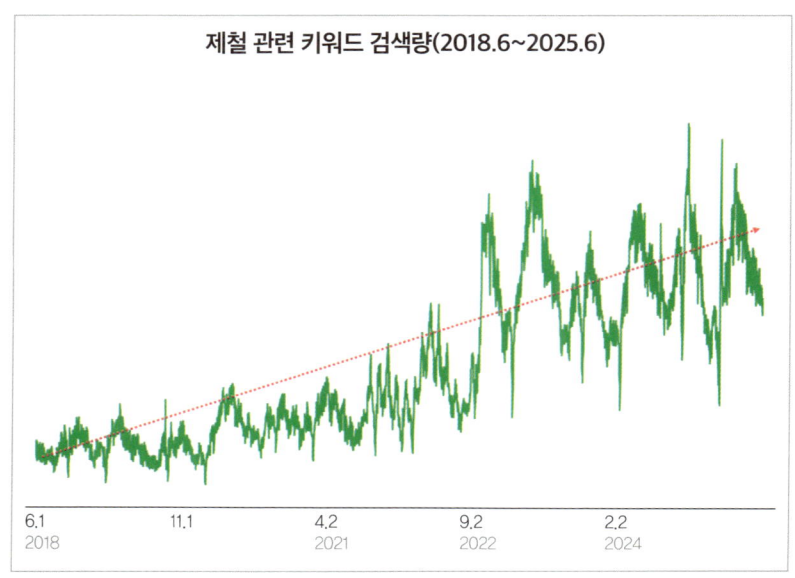

자료: 네이버 데이터랩

지금은 계절에 맞춰 특정 시기에 즐길 수 있는 음식들이 인기를 끌고 있다. 봄에는 '미나리 삼겹살', 겨울에는 '대방어'와 같은 메뉴가 인기를 끌며 이를 즐기려는 사람들이 줄을 서기도 한다.

인스턴트와 배달음식을 주로 소비하던 젊은 세대가 이제는 건강과 맛 그리고 힙한 경험을 제공하는 제철 식재료에 주목하고 있다. 네이버 데이터랩이 2020년 4월부터 2025년 4월까지 19~39세의 '제철음식'과 '배달음식' 검색량을 비교한 결과, '제철음식' 검색량 지수는 꾸준히 상승한 반면 '배달음식'은 급락하는 모습을 보였다. 이런 트렌드를 지켜본 유통 업계는 빠른 대응에 나서고 있다. 온라인 쇼핑몰 오아시스마켓은 제철음식 카테고리를 독립적으로 운영하며 미나리, 두릅, 키조개 등 다양한 제철 식재료를 선보였다. 그리고 현대그린푸드의 온라인몰인 그리팅몰은 신선식품 사전 예약 서비스를 통해 제철 식재료에 대한 관심과 선호도를 파악해 매출을 크게 늘렸다.

Z세대가 보여주는 이런 현상을 '제철코어'라는 용어로 정의하는데, 제철에 맞춘 다양한 활동이 버킷리스트가 되는 것도 이를 통해 설명할 수 있다. 기후변화 탓에 사계절이 모호해지는 상황에서 제철의 특별함에 큰 의미를 부여하는 것이다. Z세대는 이 변화무쌍한 날씨 속에서도 계절을 온전히 즐기고자 제철음식을 챙겨 먹으며, 계절의 특성을 자신의 라이프 스타일에 흡수한다. 이를 통해 계절의 변화를 더욱 깊이 느끼고 자신의 고유한 방식으로 삶을 즐긴다.

Z세대는 계절의 변화와 함께 오는 다양한 제철음식을 통해 독특한 라이프 스타일을 만들어가고 있다. 이런 문화는 과거 중장년층이 주도하던 제철음식 문화를 Z세대가 새롭게 해석함으로써 시작됐다. 이를 잘 보여주는 사례로 MBC의 인기 예능 프로그램에 등장한 '제철음식 달력'이 있다. 이 달력은 매달 어떤 제철음식이 있는지를 시각적으로 보여주는데 식생활에 대한 Z세대의 깊은 관심을 엿볼 수 있다.

Z세대는 SNS에서 제철음식을 활용한 요리 레시피를 활발히 공유한다. 특히 '여름 복숭아 샐러드'나 '겨울 알배추전' 같은 계절 레시피가 많은 인기를 끌고 있으며, 다양한 과일 품종을 먹어보면서 자신만의 입맛을 찾아간다. 이 과정에서 '대극천 복숭아'와 '설향 딸기' 같은 독특한 과일이 화제가 되기도 했다. 이들은 특별한 제철음식을 경험하기 위해 기꺼이 시간과 노력을 들여 맛집 여행을 떠나는 열의를 보인다. 예를 들어 성심당의 '딸기시루'와 '망고시루'를 맛보기 위해 대

제철음식 달력

자료: 우가자차 486달력

전까지 방문하는 이들도 많다. 시즌 한정으로 출시된 '햇감자 포카칩'이 입소문을 타고 널리 인기를 끌기도 했다.

경험의 확장: 계절의 감성을 소비하다

계절의 변화를 직접 느끼고 싶어 하는 Z세대의 강한 욕구는 다양한 콘텐츠와 활동에서도 생생하게 드러난다. 최근에는 '제철 시집'에 관심이 쏠렸는데, 안희연 시인의 《여름 언덕에서 배운 것》과 같은 작품들이 이런 열풍을 대표한다. 또한 유튜브에서는 계절별 책 추천 콘텐츠가 인기를 끌고 있다. 계절에 맞는 콘텐츠를 찾으려는 Z세대의 경향을 반영한 것으로, 계절의 감성을 충전하는 데 기여하고 있다. 예를 들어 여름 시즌에는 〈커피프린스 1호점〉과 같은 드라마를 정주행하고, 크리스마스 시즌에는 '해리포터' 시리즈의 명장면을 SNS에 공유하며 계절의 정취를 만끽한다.

Z세대가 몰리는 인기 축제도 계절의 재미를 더하는 중요한 요소다. 매년 여름에 열리는 '인천 펜타포트 락 페스티벌'은 장마철 Z세대의 필수 방문 코스로 자리 잡았고, 매년 8월에 열리는 '정동진 독립영화제'는 해변의 낭만을 만끽할 수 있는 여름 대표 행사로 꼽힌다.

이 밖에도 계절을 반영한 독특한 굿즈 역시 Z세대의 큰 사랑을 받고 있다. 대전의 독립서점 '다다르다'는 절기를 주제로 한 독서 기록 노트를 선보이며 많은 호응을 얻었고, 잡화 디자인 브랜드 어프어프는 인기 여름 시집《토마토 컵라면》의 차정은 작가와 협업하여 이를 모티브로 한 휴대전화 케이스와 스마트톡 등 계절감을 담은 특별한

어프어프-차정은 작가 협업 에폭시 범퍼 케이스

자료: 어드어프

아이템을 출시해 눈길을 끌었다.

　이처럼 Z세대는 계절을 색다르게 경험하고, 이를 삶의 일부분으로 만든다. 이는 그들의 문화적 감수성과 새로운 경험을 중시하는 경향을 잘 보여주며, 앞으로 이 흐름이 어떤 방향으로 발전할지 기대를 모으고 있다.

제철 버킷리스트: 계절을 디자인하는 삶

Z세대를 중심으로 한 '제철 버킷리스트'가 주목을 받고 있다. 새해가 되면 많은 사람이 올해의 버킷리스트를 작성하는 가운데 Z세대는 더욱 독특하고 계절적인 활동을 포함하고자 한다. 이 세대는 단순히 여름에 워터파크, 겨울에 스키장을 가는 것보다 계절별로 특별한 활동들을 즐기고자 한다. 여름부터 겨울까지 제철 핫플레이스 방문도 빼놓지 않는다. 예를 들어 동두천의 '미도리 작업실'은 여름 제철의 핫플로 자리 잡았다. 이곳은 입구에 초록색 식물이 가득 채워져 있어 자연스럽게 여름의 느낌을 불러일으킨다. 그곳에서 판매되는 토마토 소품들은 Z세대 사이에서 특히 인기가 많으며, 방문자들은 이를 통해 여름을 더욱 특별하게 기억한다. 또한 여름철 초코빙수와 겨울철 핫초코로 유명한 카페 등도 인기가 많다. Z세대는 이곳의 음료를 마치 보약처럼 찾으며 계절 음료가 제공하는 특별한 경험을 즐긴다.

　제철 취미에도 관심이 많다. Z세대는 수공예 취미에서도 계절을 담

미도리 작업실과 판매하는 빙수 이미지 포스터

자료: 미도리작업실 인스타그램

아낸다. 비즈 팔찌나 뜨개질 같은 활동을 통해 계절별로 성취감을 느끼는데, 심리적 안정을 돕는 도파민 디톡스로도 효과적이다.

해외여행 시 제철 굿즈를 발견하는 것도 Z세대 사이에서 열풍을 일으키고 있다. 일본에서 여름철에 많이 볼 수 있는 풍경 같은 전통 소품이 독특한 매력으로 주목받고 있다. Z세대는 이런 소품을 기념품으로 수집하며, 랜덤 가챠がちゃ 게임을 통해 다양한 캐릭터의 메지루시めじるし(눈에 띄는 표식)를 모으기도 한다.

Z세대는 계절의 변화를 느끼고 이를 축하하는 다양한 경험을 추구하며 자신의 라이프 스타일을 구축한다. 이들은 새로운 것들을 발견하고 공유하며 즐기는 데 큰 만족을 느끼고 있다. 제철코어 트렌드는 계절의 변화를 소중히 여기며 자신만의 방식으로 즐기는 Z세대의 취향을 잘 보여준다.

마켓 리서처의 시각

이제 시장은 '언제나'보다 '바로 지금'에 더 가치를 둔다. 소비자는 획일화된 상품이 아니라 그 계절에만 허락된 한정된 경험을 구매한다. 핵심은 고객의 한 계절을 잊을 수 없는 순간으로 만드는 것이면 그 계절을 온전히 느끼게 해주는 것이라는 점이다. 그래서 고객의 '제철 버킷리스트' 첫 줄에 오르는 것은 중요하다. 계절을 만끽하는 것이 가장 힙한 방식이며 제철 플레이리스트가 곧 취향이다.

제철코어 트렌드가 지속 가능하기 위해서는 계절과 지역의 고유성이 지켜져야 한다. 그래서 정부와 지자체는 점점 더 심화되는 기후변화가 우리의 제철음식과 사계절 풍경을 어떻게 위협하는지 알리고, 계절의 소중함을 일깨우는 환경 교육을 강화할 필요가 있다. 또한 지역의 제철 농산물이 소비자에게 더 쉽게 닿을 수 있도록 농부시장(파머스 마켓) 활성화, 로컬푸드 직매장 확대 등 유통 구조 개선을 지원해야 한다. 각 지역의 전통적인 계절 축제를 Z세대의 감성에 맞게 현대적으로 재해석하고 적극적으로 홍보하여 찾아가고 싶은 제철 이벤트로 만드는 것도 중요하다.

제철코어 시대의 개인은 수동적인 소비자가 아니라 자신의 1년을 계절의 리듬에 맞춰 연출하는 라이프 디렉터다. 이번 계절에 꼭 해보고 싶은 것들을 구체적으로 계획하고, 이를 SNS에 공유하며 친구들과 함께 실천해나가는 것도 재미있는 제철 즐기기가 될 수 있다. 또한 스크린을 통해 계절 콘텐츠를 즐기는 것과 직접 흙을 만지고 계절의 바람을 느끼며 제철의 맛을 보는 아날로그 경험 간의 균형을 맞추는 것이 중요하다.

제철코어 시대의 소비자는 제품을 사는 것이 아니라 그 계절에만 누릴 수 있는 순간을 산다. 따라서 이제 기업은 고객의 계절적 경험을 설계하는 경험 디자이너가 되어야 한다. 제품에 계절의 스토리를 담아 '지금이 아니면 안 된다'는 희소성과 '이 계절만의 특별함'이라는 가치를 부여할 필요가 있다.

단순히 제철 원료를 사용하는 것을 넘어 '봄의 설렘', '여름의 청량함', '가을의 사색', '겨울의 포근함'과 같은 계절의 감성을 제품의 컨셉과 디자인, 이름에 녹여내는 것도 훌륭한 아이디어다. '봄나물 캐기 키트', '여름밤의 영화 감상 키트', '가을 단풍놀이 피크닉 세트'처럼 고객이 집이나 가까운 곳에서 쉽게 계절을 만끽할 수 있는 경험 꾸러미를 기획하고 판매하는 것도 고려할 필요가 있다.

마케팅 커뮤니케이션 측면에서는 제품을 일방적으로 홍보하기보다 소비자들이 '이번 계절을 어떻게 즐길 것인가'에 대한 대화에 자연스럽게 참여하고 그 대화를 주도하게 하는 것이 효과적일 것으로 보인다. 고객들이 자신만의 제철 라이프 스타일(요리, 여행, 취미 등)을 특정 해시태그와 함께 공유하도록 유도하고, 우수 콘텐츠를 선정하여 브랜드의 공식 채널에서 조명하거나 리워드를 제공하는 것도 좋은 접근 방식이다. 제품의 기능 설명 대신 계절의 분위기를 물씬 풍기는 플레이리스트, 시, 일러스트, 짧은 영상 등을 제작하여 브랜드가 고객의 '계절 감성 충전소' 역할을 하는 것도 좋다.

결론적으로, 제철코어는 속도와 효율의 시대에 잃어버린 낭만과 리듬을 되찾으려는 현명한 움직임이다.

SIGNAL 3.
세렌디피티: 예측할 수 없는 즐거움에 빠지다

국립정신건강센터가 2024년 2월부터 5월까지 전국 15~69세의 국민 3,000명을 대상으로 조사를 진행해 발표한 〈2024년 국민 정신건강 지식 및 태도 조사 결과 보고서〉를 보면, 1년간 정신건강 문제 경험률이 73.6%로 2022년(63.9%)보다 9.7%p 증가했다. 또한 심각한 스트레스는 36.0%에서 46.3%로, 수일간 지속되는 우울감은 30.0%에서 40.2%로 크게 증가해 정신건강에 대한 관리가 제대로 이뤄지지 않는 것으로 나타났다.

2024년 세계 정신건강의 날을 기념해 입소스에서 조사한 결과를 보면, 31개국에서 평균 3명 중 약 2명(62%)이 최소 한 번 이상 일상생활에 영향을 줄 정도로 스트레스를 느꼈다고 응답했다. 특히 Z세대의 과반수(54%)가 지난해 1년 동안 스트레스 때문에 출근하지 못하는 일을 경험했다고 답해 젊은 세대의 스트레스 수준이 얼마나 높은지를 드러냈다. 조사 결과에서 한국 역시 자국이 직면한 가장 큰 문제로 스트레스(43%)를 꼽았다. 글로벌 평균 45%가 정신건강을 국가가 직면한 주요 건강 문제로, 암은 38%로 두 번째로, 스트레스는 31%로 세 번째인 것과는 차이를 보인다. 세계 10위권의 경제 강국이자 K-컬처로 주목받는 한국은 높은 교육열과 업무 강도, 비싼 물가와 치솟는 부동산 가격, 치열한 경쟁 사회라는 어두운 이면 탓에 스트레스가 높은 국가로 인식되고 있다.

스트레스에서 벗어나기 위한 다양한 방법 가운데 최근 눈길을 끌고 있는 것이 세렌디피티 시커serendipity seekers다. 이는 말 그대로 예상치 못한 즐거움과 발견을 추구하는 것으로, 소비자들이 새로운 경험을 찾고 일상에서의 작은 모험을 즐기며 개인의 삶에 활력을 불어넣고자 하는 경향을 반영한다.

글로벌 트렌드 플랫폼인 트렌드워칭Trendwatching에서 발표한 〈2025 트렌드 리포트2025 Trend Report〉에 따르면 팝업스토어, 미스터리 여행, 블라인드 박스가 지속적인 인기를 얻고 있다. 이는 사람들이 예측 불가능성을 가치 있게 여긴다는 것을 보여준다. 실제로 전 세계 소비자의 80%가 예기치 않은 놀라움과 기쁨을 주는 브랜드의 능력이 소비자의 충성을 얻는 데 중요하다고 이야기했다.

가챠니즘의 확산: 소비인가, 놀이인가

예측하지 못한 즐거움이라는 측면에서 최근 많은 이들의 관심을 끌고 있는 소비 경향 중 하나가 랜덤 소비다. 이 트렌드는 일본에서 시작된 '가챠' 문화에서 왔으며, 일상생활의 다양한 부분으로 확산되고 있다. '가챠'라는 말은 캡슐 토이 기계에서 비롯된 것으로, 소비자들은 이 기계에 동전을 넣은 다음 어떤 아이템이 나올지 모르는 상황에서 큰 기대감을 느끼며 손잡이를 돌린다. 이런 랜덤 요소는 소비자들에게 흥미롭고 긴장감을 주는 동시에 상품을 얻는 과정 자체에서 즐거움을 느끼게 한다.

랜덤 소비의 매력은 즉각적인 즐거움을 제공한다는 데 있다. 최근 대형 쇼핑몰에도 가챠 기계가 설치되어 많은 이들이 이 독특한 소비 방식을 경험할 수 있게 됐다. 예를 들어 서울의 한 쇼핑몰에서는 화장품을 무작위로 뽑을 수 있는 뷰티 가챠 기계가 인기를 끌고 있다. 이 방식은 소비자에게 일상과 다른 새로운 즐거움을 제공하며, 다양한 제품을 시도해볼 기회를 준다.

랜덤 소비는 단순히 장난감에 국한되지 않고 식품, 음료 같은 일상적인 소비재로도 영역을 넓히고 있다. 최근 유행하는 '랜덤 음료' 자판기는 버튼을 누를 때 무슨 음료가 나올지 모르게 디자인돼 있어 매번 음료를 구매할 때마다 놀라움을 느끼게 된다. 한 유튜브 쇼트폼 영상은 '뽀로로 음료' 자판기 에피소드로 무려 90만 조회수를 기록했다. 학생들이 주로 이용하는 이 자판기는 음료의 맛을 랜덤으로 제공하는

놀라움으로 즐거움을 선사하는 랜덤 자판기

자료: 퍼니랜드 홈페이지

데, 학생들은 어떤 맛이 나올까 하는 기대감으로 버튼을 누른다. 어느새 이 버튼 누르기는 학생들 사이의 주요 이벤트가 됐다. 반복적인 일상에서 벗어나고 싶어 하는 학생들의 심리를 잘 보여주는 사례다.

랜덤 자판기 유행은 음료 외에 다양한 굿즈와 상품으로도 확산되고 있다. 예를 들어 어떤 대학교의 자판기에서는 '코코포도' 버튼을 누르면 '생수'가 나오고, '생수'를 누르면 '잔칫집 식혜'가 나오는 등의 무작위 경험을 제공한다. 이런 요소는 젊은 층의 소비 트렌드로 널리 퍼지고 있으며, 반복되는 일상을 보내는 청소년들에게 예측 불가능한 즐거움을 선사한다.

기업들도 이런 랜덤 요소를 마케팅 전략으로 적극 활용하고 있다.

한 F&B 브랜드의 팝업스토어에서는 방문객들이 다양한 맛을 가진 음료를 랜덤 자판기로 뽑을 수 있게 한다. 소비자에게 무작위 요소에서 오는 재미와 브랜드 경험을 동시에 제공함으로써 브랜드 인지도를 높이는 데 한몫한다. 이런 랜덤 문화는 미국에서도 주목받고 있다. 특히 스타벅스의 드라이브스루에서는 고객이 "당신이 가장 좋아하는 음료로 주세요"라고 주문하면 바리스타가 임의로 선택한 음료를 내준다. 이는 손님에게 우연의 즐거움을 선사함과 동시에 새로운 음료를 경험할 기회도 제공한다. 랜덤 문화는 단순한 호기심을 넘어 예측할 수 없는 선택을 통한 즐거움과 새로운 경험을 중요시하는 사회적 트렌드로 자리 잡고 있으며, 더 다양한 분야로 확산될 것으로 보인다.

또한 유통 업계는 랜덤 마케팅을 새로운 전략으로 적극 활용하고 있다. 특히 젊은 층의 트렌드를 반영하여 매장과 온라인 플랫폼 모두에서 가챠 문화를 도입하는 것이 특징이다. 실제로 10~20대 여성 고객층에게 큰 인기를 끌고 있다. 예를 들어 CU 편의점은 서울의 마로니에공원점과 은평본점에 가챠 머신을 설치하여 주간 매출이 40% 이상 증가하는 성과를 기록했다. 또한 서울 용산의 HDC아이파크몰에 개장한 가챠파크는 국내 최대 규모의 가챠 전문 매장으로, 가챠 열풍이 어떻게 대형 매장으로까지 확산되고 있는지를 보여주는 좋은 사례다. 이곳에서는 다양한 테마의 가챠 경험을 제공하며 소비자들의 호기심을 자극하고 있다. 한편 포켓몬 팝업스토어에서는 주요 이벤트로 한정판 캡슐 머신을 등장시켜 많은 방문객을 모았다.

온라인에서도 가챠 문화가 확산되고 있다. 에이블리는 화장품을 무작위로 제공하는 '뷰티 가챠숍'을 오픈하며 뜨거운 반응을 얻었고, 가격 대비 높은 만족도를 제공함으로써 소비자들의 충성도를 높였다. 2025년 2월부터 5월까지 3개월 동안 에이블리의 '뷰티 럭키박스' 검색량이 전년 대비 182배 이상 증가했는데, 랜덤 소비의 효과를 단적으로 보여준다.

뷰티 브랜드 에이피알 메디큐브 역시 팝업스토어에 가챠 요소를 도입하여 고객들에게 특별한 경험을 제공한다. 소비자들은 구매를 넘어 새로운 즐거움을 경험하며, 매장을 다시 찾을 강력한 동기를 부여받는다. 이 트렌드는 소비자와의 상호작용을 통해 브랜드의 가치를 높이며 다양한 형태의 발전 가능성을 보여주고 있다.

또한 SNS에서는 '스쿱 마켓'이라는 새로운 쇼트폼 콘텐츠가 유행하고 있다. 젤리나 사탕, 피규어 등의 상품을 스쿱으로 퍼 올리는 방식으로 진행되며, 한 스쿱 마켓 영상은 무려 300만 회의 조회수를 기록하기도 했다.

중국의 랜덤박스 시장

한국뿐만 아니라 중국에서도 랜덤박스 시장은 많은 소비자의 관심 속에 급성장하고 있다. 2015년 22억 6,000만 위안 규모였던 이 시장은 2022년 150억 위안을 기록해 6.6배 이상 성장했고, 2028년에는

338억 위안 규모에 도달할 것으로 예상된다. 중국의 마켓 리서치 업체 아이미디어 리서치iiMedia Research에 따르면, 소비자의 40% 이상이 디자인이나 포장이 마음에 들어 구매한다고 답했다. 이는 제품 소유를 넘어 랜덤박스를 통해 정서적 교감과 사회적 소속감을 얻고자 함을 시사한다. 구체적인 사례로, 중국 허난박물관은 역사적 소품을 랜덤박스 방식으로 제공하여 방문객들에게 독특한 경험을 선사했으며, 이런 방식은 소비자들이 박물관을 더 자주 찾게 하는 계기로 작용했다.

또한 통청여행Tongcheng-Elong은 목적지를 무작위로 선택할 수 있는 항공권 서비스를 제공하여 고객들에게 새로운 여행의 묘미를 경험하게 했다. 특히 중국 장난감 시장에서 팝 마트Pop Mart의 성공 비결은 '블라인드 박스' 전략을 통해 소비자들에게 예측 불가능한 경험을 제공한 데 있다. 팝 마트는 저렴한 대량 생산품으로만 인식되던 중국 장난감의 이미지를 탈피하고, 예술 작품 수준의 고급 피규어를 포함해 더 높은 가치의 상품을 제공하고 있다. 예를 들어 팝 마트의 첫 번째 캐릭터인 '몰리'는 홍콩 디자이너가 창작한 것으로, 기능성 장난감을 넘어 예술적 가치를 지닌 상품으로 자리매김했다. 이는 중국 장난감 브랜드의 고급화 전략을 상징하는 사례로 언급된다. 이 전략은 단지 장난감을 판매하는 데 그치지 않고 소비자들에게 놀라움과 재미, 높은 만족도를 제공함으로써 팝 마트가 세계 시장에서 입지를 다지는 데 커다란 역할을 했다.

랜놀 라이프: 일상에 우연을 디자인하다

Z세대 사이에서 유행하는 '랜놀' 문화는 일상에서 소소한 즐거움을 얻고 스트레스를 해소하는 데 중요한 도구다. 이 문화의 매력은 예측 불가능성에서 오는 기대감과 지루함에서 벗어나는 특별한 경험에 있다. 특히 최근 재출시된 포켓몬 빵과 함께 많은 사람이 '띠부띠부씰'을 모으기 위해 아침 일찍 편의점 앞에 길게 줄을 서며 오픈런을 하는 모습은 랜덤 문화의 영향을 잘 보여준다.

또한 많은 팬이 자신이 좋아하는 아이돌의 포토카드를 얻기 위해 앨범을 다량 구매하며 랜덤 요소의 재미를 즐기고 있다. 이는 우연성을 넘어 일상의 특별함을 만들려는 심리적 욕구를 반영한다. 경제적 불황과 같은 상황에서도 랜덤을 통해 일상적인 결정을 마치 특별한 이벤트처럼 만들고자 하는 경향이 강해지고 있다. 선택의 스트레스에서 해방되고, 예상할 수 없는 즐거움에서 정신적 만족감을 얻으려는 욕구가 랜덤 문화의 중심에 있다. 요즘 Z세대 사이에서 유행하는 '랜덤 음료수 고르기' 놀이가 대표적인 예다. 친구들과 카페에 가면 서로의 음료를 랜덤으로 정해주고 그 결과에 대한 반응을 즐긴다. 간단한 선택이지만, 랜덤 요소가 추가되면 일상이 특별한 이벤트로 변신한다.

인기 있는 소셜미디어 플랫폼인 틱톡과 릴스에서도 다양한 랜덤 놀이 콘텐츠가 주목받고 있다. 예를 들어 친구들끼리 무작위로 선물을 교환하는 영상을 찍어 공유하는데 이때 랜덤 요소가 콘텐츠의 재미를 극대화한다. 이처럼 랜놀은 Z세대의 일상에서 필수적인 요소가 됐으며, 불안감을 해소하고 즐거움을 더하는 중요한 방법이다.

Z세대는 여행이나 대학교 MT를 가서도 다양한 무작위 놀이, 즉 '랜놀이'를 즐긴다. 대표적인 랜놀이 중 하나가 '랜덤 방 배정 게임'다. 숙소에서 방을 배정할 때 사다리 타기나 가위바위보와 같은 전통적인 방법을 사용하는 대신, 마치 예능 프로그램에서처럼 무작위로 방을 고르는 게임을 즐긴다. 참가자들이 한 명씩 차례로 방을 선택하는데, 가끔은 모든 사람이 방 하나에 몰리는 일도 발생한다. 이런 상황은 비록 불편할 수 있지만, Z세대는 이와 같은 무작위 요소가 가져다주는 독특한 경험과 갑작스러운 이벤트에서 오는 즐거움을 더 가치 있게 여기며 그 경험을 영상으로 기록해 SNS에 공유하기도 한다.

또 다른 인기 있는 놀이로는 '랜덤 잠옷 선물하기'가 있다. 친구들끼리 여행을 갔을 때, 각자 준비해온 잠옷을 무작위로 선택해서 교환하는 방식이다. 특히 독특하고 화려한 잠옷을 준비하여 어떤 잠옷이 뽑힐까 하는 기대감으로 시간을 보낸다. 여행 기간 내내 교환한 잠옷을 입고 다니면서 서로의 반응을 관찰하고, 이것을 영상으로 남겨 SNS에 업로드해 큰 호응을 얻기도 한다. Z세대의 주요 관심사인 '영상화하기 좋은 소재'를 찾는 니즈와 무작위 요소를 결합한 놀이와 활동들이 Z세대 사이에서 점점 더 많은 주목을 받으며, 그들의 놀이 문화에 깊이 스며들고 있다.

랜덤 여행도 Z세대 사이에서 독특한 문화 트렌드로 자리 잡고 있다. 이 트렌드는 예상치 못한 장소로 여행을 떠나 신선한 즐거움과 낭만을 추구하는 데서 시작됐다. 예를 들어 지도를 펼치고 볼펜을 던져

그곳으로 여행하는 내용을 담은 영상이 SNS에서 수백만 건의 조회수를 기록하며 주목을 받았다. Z세대는 이 랜덤 여행을 통해 전통적인 여행의 틀을 벗어나 새로운 경험을 추구한다. 그들은 주류 관광지에 대한 관심보다는 예상치 못한 장소를 방문하고 새로운 매력을 발견하는 데 가치를 둔다. 이런 방식의 여행에서는 의외의 즐거움을 발견하기가 훨씬 용이하며, 이는 그들에게 더 깊은 감정적 경험과 만족감을 준다.

헝가리의 저비용 항공사인 위즈 에어Wizz Air는 랜덤 여행의 매력을 비행 서비스에 접목한 사례로 유명하다. '렛츠 겟 로스트Let's Get Lost'라는 특색 있는 항공편은 착륙 전까지 목적지를 비밀로 유지해 랜덤 여행의 매력을 극대화한다. 이런 경험은 비상식적인 풍경과 마주할 기회를 제공하며 모험의 가치를 배가한다. 랜덤 여행은 Z세대의 독특한 개성과 차별화된 경험을 추구하는 소비자 심리를 잘 반영하고 있으며, 이런 독특한 여행 방식은 전통적인 관광 패턴을 넘어 탐험과 새로운 경험이 중심이 되는 여행을 만들어준다.

네일 아트도 네컷 사진도 랜덤으로 고른다고?

Z세대는 자신만의 스타일과 경험을 중요시하며, 네일 아트나 타투 같은 분야에서도 랜덤 요소를 통해 새로운 트렌드를 만들어나간다. 이는 불확실한 선택을 하는 것 이상의 의미로, 개성을 극대화하고 일상에

특별한 의미를 부여하는 방식으로 나타난다.

전통적인 네일 아트는 주로 네일숍의 SNS나 온라인 갤러리에 올라온 디자이너의 작품을 그대로 따라 하는 방식이었다. 그런데 최근에는 '오마카세 네일'이라는 새로운 접근법이 주목받으며, 네일 아티스트가 고객의 취향과 개성을 반영하여 즉석에서 창의적인 디자인을 제공하는 방식이 인기를 끌고 있다. 또한 '랜덤 네일' 트렌드도 확산되고 있다. 네일의 모양, 색상, 재료 등을 무작위로 선택하고 특별한 장치나 카드 등을 사용해 과정을 결정하기도 한다. 이런 랜덤 요소는 인스타그램과 틱톡 같은 소셜미디어에서 큰 반향을 일으키며 수만에서 수십만의 조회수를 기록하곤 한다. 랜덤 네일은 고정된 패턴에서 벗어나 새로운 스타일을 시도할 기회를 제공해 Z세대에게 강력히 어필하고 있다.

타투 분야에서도 '랜덤 타투'라는 개념이 확산되면서 전통적인 타투와의 차별성이 뚜렷해지고 있다. 타투는 영구적인 만큼 신중하게 선택하는 것이 일반적이지만, Z세대는 이런 제약에서 벗어나 독특한 경험과 낭만을 추구하는 경향이 있다. 일부 타투숍에서는 주사위를 던지거나 미리 준비된 무작위 도안을 사용하여 타투 디자인을 결정하게 한다. 이렇듯 '랜덤 선택'은 Z세대가 지향하는 낭만과 모험을 실현하는 중요한 방법이 되고 있다. 소비자들은 랜덤한 디자인을 선택하는 것이 즐거운 도전이자 매력적인 경험이라고 느낀다.

Z세대 사이에서는 네컷 사진을 찍는 것이 외출할 때마다 빼놓을 수 없는 루틴이 됐다. 이들은 단순히 사진을 찍는 것을 넘어 포토 프레임을 선택하는 과정에서도 일종의 놀이를 즐긴다. 예전에는 예쁘고 잘

어울리는 프레임을 고르려고 애썼지만, 요즘 들어서는 재미를 위해 '랜덤'으로 포토 프레임을 선택한다. 많은 사진 부스에서는 포토 프레임을 선택할 수 있는 시간이 제한돼 있는데, 그 시간 내에 '옆으로 넘기기' 버튼을 눌러 랜덤 방식으로 프레임을 결정한다. 이런 랜덤 선택 과정은 사용자에게 예측 불가능한 재미를 선사하며, 실제로 이런 장면이 담긴 릴스 영상이 167만 회 이상의 조회수를 기록하며 큰 인기를 끌었다. 네컷 사진을 자주 찍는 이들 중에는 정해진 프레임을 고르는 것에 피르감을 느껴 랜덤 선택을 선호하게 됐다거나, 예쁜 결과물보다는 어떻게 하면 더 재미있게 찍을지가 중요해졌다는 의견이 주를 이룬다. 이는 Z세대가 결과물의 미적 측면보다는 과정을 더 중요하게 생각하며, 이를 통해 얻는 재미와 기억을 더 소중히 여긴다는 점을 드러낸다.

랜덤 코디 챌린지

최근 소셜미디어에서 큰 인기를 얻고 있는 '랜덤 코디 챌린지'는 '보상 예측 오류'라는 개념을 활용하여 참여자들에게 전혀 새로운 패션 체험과 재미를 제공한다. 참여 방법은 간단하지만 그 결과는 누구도 예상할 수 없는 만큼 흥미진진하다. 참가자들은 안대로 눈을 가린 상태에서 옷걸이에 걸린 두 벌의 옷 중 하나를 랜덤으로 선택한다. 상의, 하의, 액세서리, 신발까지 각각 두 가지 선택지 중 하나를 고른다. 이렇게 완성된 그날의 복장은 전혀 예상하지 못했던 새로운 스타일을 만들어낸다.

 조합이 잘되는 경우도 종종 있지만, 대부분은 예상 불가한 조합으로 참가자 및 주변 사람들에게 큰 웃음을 선사한다. 뜻밖의 옷차림은 보는 이들에게 신선한 시각적 즐거움을 줄 뿐만 아니라 도전자의 일상에도 활력을 불어넣는다. 이런 무작위 요소는 반복되는 일상에 신선한 변화를 일으키고, 때로는 예기치 못한 대화 주제가 되기도 한다. 랜덤 코디 챌린지는 단순한 유행을 넘어서 젊은 세대에게 창의력을 실험할 기회를 제공한다.

마켓 리서처의 시각

스트레스와 반복되는 일상에 지친 현대인들에게 예상치 못한 즐거움은 가장 강력한 신경전달물질이자 가장 매력적인 가치가 됐다. 세렌디피티를 향한 열망은 일시적 유행이 아니라 인간의 본능적인 쾌락 추구 원리와 맞닿아 있는 거대한 흐름이다. 이제 고객의 일상에 어떤 예상치 못한 즐거움을 선사할 것인가를 고민할 때다. 고객의 '보상 예측 오류'를 긍정적으로 자극해 삶에 활력을 불어넣는 것은 향후 시장의 중요한 이슈가 될 것으로 보인다.

모든 것이 효율과 생산성으로 평가되는 사회에서는 '예상치 못한 즐거움'이 설 자리가 없다. 그래서 이제는 아무것도 하지 않을 자유, 목적 없이 걷는 즐거움이 창의성과 정신건강에 미치는 긍정적인 효과를 사회적으로 조명하고, 이를 권장하는 문화를 만들어야 한다.

정부와 지자체는 도시의 공원이나 광장을 정형화된 공간이 아니라 시민들이 우연한 만남과 예기치 못한 이벤트를 경험할 수 있는 '도시의 놀이터'로 설계하는 시도가 필요해 보인다. 또한 예측 불가능성을 즐기기 위해서는 '실패해도 괜찮다'는 사회적 안전망과 인식이 필요하다. 결과 중심주의에서 벗어나 새로운 시도와 과정 자체를 존중하는 문화가 뒷받침되어야 한다.

개인은 매일 같은 길, 같은 카페, 같은 메뉴에서 벗어나 의도적으로 낯선 선택을 해보는 것이 좋다. 출근길에 한 정거장 먼저 내려 걷거나 메뉴판의 가장 낯선 음식을 주문하는 작은 시도가 일상을 모험으로 만든다. 당신이 발견한 우연한 즐거움(음악, 영화, 맛집, 여행지)을 SNS에 공유하며, 다른 사람들의 세렌디피티를 위한 '힌트'가 되어주는 것도 또 다른 누군가에게는 최고의 선물이 될 수 있다.

이제 판에 박힌 마케팅은 더 이상 통하지 않는다. 기업은 고객의 동선을 예측하는 분석가가 아니라 고객의 여정에 기분 좋은 우연을 심어놓는 데 집중해야 한다. 제품의 핵심 기능은 유지하되, 획득·사용·경험의 과정에 기분 좋은 불확실성을 더하여 모든 상호작용을 작은 이벤트로 만드는 것도 좋은 접근 방식이다. 랜덤 여행 상품처럼, 서비스의 핵심 요소를 의도적으로 미공개하여 고객의 기대감을 극대화할 필요도 있다(예: 셰프가 그날그날 메뉴를 정하는 '오마카세 레스토랑', 랜덤으로 책을 보내주는 '북 큐레이션 구독 서비스').

마케팅 커뮤니케이션 측면에서 정해진 광고 캠페인을 집행하는 대신, 고객들이 자발적으로 참여하고 공유하며 스스로 '예측 불가능한 스토리'를 만들어낼 판을 깔아주는 것도 새로운 소통 방식이 될 수 있다. '#랜덤코디챌린지', '#랜덤요리챌린지' 등 고객들이 일상에서 쉽게 참여할 수 있는 랜덤 챌린지를 기획하거나 예고 없는 팝업스토어, 게릴라 세일, 인플루언서와의 깜짝 라이브 방송 등 예측 불가능한 이벤트를 통해 브랜드에 대한 지속적인 기대감과 화제성을 유지하는 것도 좋다.

결론적으로, 세렌디피티를 향한 열망은 팍팍한 현실에 대한 가장 인간적이고 즐거운 저항이다. 이 새로운 게임의 법칙을 이해하고 사람들의 일상에 가장 기분 좋은 느낌표를 찍어주는 것은 더 건강하고 새로운 활력을 만드는, 재도약의 출발점이다.

부록

2026 글로벌 트렌드 리포트

불안한 10년: 사회, 기술, 그리고 글로벌 경제의 재편

2025년 입소스의 글로벌 트렌드에 대한 기본 조사는 2024년의 주요 핵심 트렌드에 대한 모니터링 형태로 진행하며 다가올 미래를 통찰해 보았다. 따라서 전반적인 형태와 내용은 2024년의 아홉 가지 핵심 트렌드의 새로운 변화를 보여준다.

입소스는 2014년 첫 번째 글로벌 트렌드 런칭 이후 아홉 번의 발표를 진행하면서 64개국의 시장에서 데이터를 수집해왔다. 2025년에는 5월 23일부터 6월 6일까지 전 세계 43개국에서 18세 이상의 성인 3만 3,000여 명을 대상으로 인터뷰를 진행했다.

입소스의 트렌드 프레임워크는 세계의 복잡성을 이해하는 데 매크로 포스macro force와 시그널, 그리고 세부 변화들이 양방향으로 긴밀하게 영향을 주고받는다는 사실을 보여준다. 2020년에 마련된 토대를 기반으로 하는 입소스 트렌드 프레임워크는 500만 개의 데이터 포인트에서 얻은 고급 분석을 활용하여 9개의 트렌드와 23가지 핵심 가치로 구성됐다.

거대한 균열의 시대

2020년대의 시대정신을 한 단어로 정의한다면, '거대한 균열great fracture'이라고 할 수 있다. 2025년 입소스 글로벌 트렌드의 가장 극적인 변화는 세계화 속 탈세계화가 더 이상 단순한 전망이 아닌 우리 눈앞에 펼쳐진 현실이 됐다는 것이다. 1945년 이후 세계를 지탱해온 국제 질서의 점진적 후퇴를 예상했던 우리는, 트럼프 행정부의 무역 정책 재설정 조치가 촉발한 국제 질서의 급진적 재편과 그로 인한 경제적 불확실성이 이 균열을 얼마나 가속화했는지 목도하고 있다. 이 거대한 균열은 세 가지 차원에서 동시다발적으로 심화되고 있다.

첫째, 거시 환경의 전례 없는 불안정성이다. 지정학적 긴장과 경제적 변동성은 이제 먼 나라의 이야기가 아니라 개인의 삶을 직접적으로 흔드는 상수가 됐다. 이는 단순한 비관론을 넘어 가장 견고해야 할 '나와 내 가족, 우리 도시가 나아질 것'이라는 근원적인 믿음에 대한 동의율마저 전년 대비 7%p나 하락시키는 '희망의 위기'를 초래했다.

둘째, 기술이 야기한 '혁신의 역설'이다. AI는 틈새시장에서 벗어나 일상의 주류로 자리 잡았지만, 그 눈부신 발전 이면에는 통제 불가능성에 대한 깊은 불안감이 공존한다. AI는 혁신을 약속하는 동시에 우리의 기술, 데이터 주권, 나아가 윤리적 통제력 상실에 대한 실존적 질문을 던지며 사회 전반에 새로운 긴장을 일으키고 있다.

셋째, 이 모든 외부의 혼돈에 대한 지극히 인간적인 반응, 바로 '내면으로의 회귀'다. 경제적 불확실성과 시스템에 대한 깊은 환멸은 '혁신적 허무주의 nouveau nihilism'라는 새로운 트렌드를 낳았다. 이는 단순한 체념이 아니다. 거시적 성공(집, 안정적 직장)의 공식이 무너진 시대, 사람들은 외부의 인정이나 사회적 규범에서 벗어나 '지금, 여기'의 행복과 개인의 성장에 집중하며 자신만의 성공 방정식을 써 내려가기 시작했다. 동기부여의 패러다임이 근본적으로 바뀌고 있음을 시사하는 가장 중요한 시그널이다. 이런 환경에서 신뢰는 가장 희소하고 강력한 자원이 됐다. 거대 기관에서 개인과 커뮤니티로 이동한 신뢰는 지극히 섬세하고 깨지기 쉬워, 작은 실수 하나가 모든 것을 무너뜨릴 수 있는 리스크를 안고 있다.

결론적으로 2020년대는 외부로 확장되던 세계가 안으로 파편화되는 전환의 시대로 기록될지도 모르겠다. 고조되는 지정학적 긴장과 혁신적 AI의 발전이라는 거대한 흐름이 역설적으로 인간을 더 깊은 내면으로 향하게 하고 있다.

따라서 2020년대 생존을 넘어 성공을 거두기 위해서는 파편화된 세계 속에서 지역적 가치를 증명하고, 깊어지는 회의주의 속에서 진정성으로 신뢰를 구축하며, 개인이 통제감을 상실한 시대에 명확한 솔루션과 선택권을 제공할 수 있어야 한다.

거시적 맥락: 불안정성, AI, 정체성

최근 몇 년간 우리가 주목해온 거시적 힘들은 점차 강화되고 있다. 이 키워드들이 향후 5~10년간 세계의 발전 방향에 대해 보다 명확한 통찰을 제공할 것으로 보인다.

경제적 재조정: 불균형, 정치, 통제에 대한 욕구

2025년 한 해 동안 가장 큰 변화는 경제적 불안정성의 증가와 지정학적 긴장의 고조였으며, 이는 주로 트럼프 행정부의 글로벌 무역 의제 설정에서 영향을 받았다. 이는 세계 경제와 적자를 제로섬으로 보는 관점 속에서 심화되는 민족주의, 보호무역주의, 통제에 대한 욕구와 연결된다. 이런 긴장 관계는 팬데믹 이후의 인플레이션 충격에 더해져서 일상적인 상품과 서비스의 비용을 변동시키고, 정치와 소비자 행동을 주도하고 있다.

기술이라는 양날의 검: 혁신과 불안

정보 검색에서부터 업무 보조에 이르기까지, 우리 일상생활에서 AI는 이제 틈새시장에서 주류로 부상하고 있다. 하지만 기술이 우리의 사회적·실용적 기술과 데이터 보안에 미치는 장기적인 영향에 대한 의문은 점점 더 심화되고 있다. AI를 활용하는 악의적인 이용자들로부터 사회를 보호하고, AI가 우리 집단과 개인의 통제에서 벗어나는 것을 막기 위한 충분한 윤리적·실용적 장치가 마련되어 있는지 많은 사람이 우려하고 있다.

사회적 재구성: 정체성, 이주, 다양성

2024년에는 다양성과 지속 가능성을 위한 노력이 부진했다. 시민들이 이동하고 다양한 문화가 유입·확산되면서 서로 다른 정체성 사이의 갈등이 더 뚜렷해졌으며, 이것은 이민 문제와 성별 이슈 같은 여러 사회문제를 야기했다. 이런 현상은 특히 미국에서 두드러지지만, 다른 많은 나라에서도 분열이 점점 심화되고 있다.

그렇다면 이러한 거시적 맥락에서 9개의 트렌드는 어떤 방향으로 흘러가고 있을지 살펴보겠다.

Trend 1.
세계화의 균열
Globalization Fractures

지난 10년간 세계화에 대한 긍정적 인식이 증가했음에도 현재의 지정학적 환경에서는 갈등이 심화되고 있다. 정치 지도자들은 자국 및 동맹국의 중요성을 강조하고 있는데, 이것이 세계화의 균열을 자극하고 있다.

2024년은 '세계적 선거 슈퍼 사이클'로 불릴 만큼 세계 주요 국가에서 중요한 선거가 치러진 해였다. 이 선거들을 통해 등장한 새로운 지도자들은 더욱 치열해진 글로벌 무역 전쟁에서 공방을 벌이고 있다. 이런 상황에서 시민들은 세계화의 가치를 의심하고 있으며, 정치 지도자들은 빠르게 변하는 긴장을 관리하는 데 어려움을 겪고 있다.

무역 분쟁 시대, 위기를 맞은 세계화

지난 10년간 세계화에 대한 긍정적인 정서가 서서히 확산됐으며, 2025년에도 64%는 여전히 세계화가 자국에 이롭다고 응답했다. 하지만 우리는 균열이 시작됐다는 것을 알 수 있다. 2025년 반세계화의 가장 두드러진 신호는 트럼프 행정부의 빈번하게 바뀌는 정책과 이것이 세계 경제에 미치는 영향이었다. 과거 몇 년간 우리는 '피크 세계화peak globalization'에 도달했다고 언급했지만, 2024년에는 정치 지도자들이 다른 나라보다 자국의 우위를 점점 더 주장함에 따라 세계화가 더욱 논쟁적인 주제가 됐음을 알리기 위해 '세계화의 균열globalization fractures'이라는 표현을 사용했다.

우리는 이를 현재 여러 국가에서 부상하고 있으며 2024년 전 세계 선거에서 명백히 드러난 민족주의와 포퓰리즘의 다음 진화 단계로 보고 있다. 이민 문제 또한 이와 연결되어 있으며, 이는 국가 내 그리고 국가 간 부의 불평등을 반영한다. 권력의 재분배는 세계 GDP가 일본, 프랑스, 영국, 미국과 같은 전통적인 지배 경제에서 중국과 인도로 이동하는 데서 명백히 드러나고 있다.

기술 또한 영향을 미친다. 우리는 24시간 내내 운영되는 미디어를 통해 이전 어느 때보다 더 연결되어 있으며, 다른 문화와 새로운 채널에 더 많은 영향을 받는다. 2025년 현지 브랜드에 대한 선호도를 물었을 때, 전 세계 시민의 70%가 해외 제품보다 자국 제품 구매를 선호한다고 답했다. 한국 대중의 77%는 여전히 세계화가 자국에 도움이 된다는 데 동의하지만, 글로벌 평균보다 높은 76%가 해외 제품보다 자국 제품 구매를 선호하는 것으로 나타났다. '세계화가 개인적으로 나에게 이롭다'는 데 대한 동의는 60%로 꾸준히 유지됐지만, 신흥국과 선진국 간에는 세계화에 대한 뚜렷한 지역적 차이가 계속 존재한다. 세계화에 대한 이런 냉각 기류가 장기적인 궤도인지는 지켜봐야 하지만, 지금까지는 영향이 광범위해지고 있는 것으로 보인다.

관세 탓에 여러 산업 분야가 불안정해졌고, 변화하는 지침에 구매자들이 대응하려 하면서 물류에 변화가 생겼다. 글로벌 브랜드들은 너무 세계적으로 보이지 않기 위해 현지에서의 가치와 영향을 신중하게 이야기하고 있는 반면, 현지 브랜드들은 규모를 키우려고 노력하고 있다.

글로벌과 한국 시장 사례

▷ **'Hecho en México' 재출시** 2025년에 멕시코는 국내 제조업을 강화하고 수입 의존도를 줄이기 위해 'Hecho en México'(스페인어로 '멕시코에서 만들어졌다'라는 의미) 이니셔티브를 재출시했다. 이 상징적인 라벨은 현지에서 제작된 제품을 나타내며, 멕시코가 세계 10대 경제 대열에 합류할 목표로 추진되고 있다.

▷ **글로벌 브랜드 현지화 강화** 미국에서 출발한 글로벌 브랜드 코카-콜라는 지정학적 긴장이 심화됨에 따라 미국에 대한 불확실성과 부정적 태도 속에서 지역적 특성을 강조하는 운영을 강화하고 있다.

▷ **미국으로의 관광 및 여행 감소** 2025년 상반기에 독일, 영국, 스페인, 아일랜드 등 여러 시장에서 미국을 방문하려는 관광객이 두 자릿수로 감소했다. 이는 현재 지정학적 상황에 대한 반응으로, 글로벌 관광의 상당한 후퇴를 예견하고 있다.

▷ **한국인의 정서를 자극하는 애국 마케팅** 한반도 지도를 상표에 활용하며 '지도표 성경김'이라는 브랜드를 운영하는 성경식품은 2021년 일본 수입 업체가 포장지에서 독도를 삭제하라는 조건을 내걸자 해당 계약을 포기했다. 이 일화로 국내 소비자들 사이에서 긍정적 반응이 이어졌고, 2024년 매출은 1,200억 원에 달했으며, 이 가운데 해외 수출액이 440억 원으로 전년 대비 20% 이상 성장했다.

Trend 2.
분열된 사회의 가속화
Splintered Societies

소득과 부의 불평등이 사회에 해를 끼친다는 인식이 널리 퍼져 있음에도, 지난 10년간 이런 격차는 많은 국가에서 더욱 확대됐다. 이는 사회적 스트레스를 가중시키고 전통적인 사회구조에 분열을 일으키며 새로운 이념과 정치적 양극화를 불러일으키고 있다.

사회 내 모든 종류의 분열이 여전히 전 세계적으로 주목받고 있으나, 이민 문제는 매년 가장 두드러진 변화를 보여준다. 이민은 감정적이고 극명히 대조되는 주제로, 정치인들에게는 강력한 포퓰리즘의 기반이 되고 있다.

계속되는 분열,
그리고 떠오르는 이민 문제에 대한 우려

불평등은 여전히 사회 분열의 주요 원동력으로 작용하고 있다. 부유층과 빈곤층 사이의 격차는 더욱 확대되고 있으며, 2024년 억만장자들의 부는 전년 대비 3배나 증가했다. 전 세계적으로 매년 200명 이상의 새로운 억만장자가 생겨나고 있으며, 향후 몇 년 안에 세계 최초의 조만장자trillionaire가 탄생할 것으로 전망된다. 이런 상황에서 글로벌 대중의 78%는 소득과 부의 격차가 사회에 해롭다고 느끼고 있다.

대중의 태도에서 가장 큰 변화를 보인 것이 바로 이민 문제다. 2024년 대비 2025년에 조사 대상자의 65%(5% 증가)가 '우리나라에 너무 많은 이민자가 있다'고 응답했다. 루마니아(16% 증가), 크로아티아(15% 증가), 일본(12% 증가), 포르투갈(10% 증가)에서 특히 극적인 증가를 보였다.

이민은 여전히 뜨거운 주제이며, 많은 지도자가 매우 복잡한 지정학적 난제에 대한 해결책을 제시하며 이 문제를 관리하고자 한다. 경제적 불확실성, 분쟁, 자연재해가 계속해서 이민 증가를 유발하는 것은 사실이다(현재 전 세계 27명 중 1명은 국제 이주민이다). 하지만 이민에 대한 우려 수준이 '인식의 오류', 즉 실제 수치와 정비례하게 움직이지는 않고 일부 왜곡되기도 한다.

10명 중 7명 이상은 경제가 부유한 사람들에게 유리하게 설계됐다고 느끼며, 82%의 대중은 기업이 사회에 기여할 책임이 있다고 믿고 있다. 한국 또한 85%가 빈부 격차에 대한 우려를 보이고 있으며, 89%가 기업의 사회적 의무에 대해 기대하고 있다.

47%의 사람들은 가족 내에서 서로 다른 가치를 가진 친척들 간의 갈등이 증가했다고 응답했다(2024년 대비 4%p 증가).

글로벌과 한국 시장 사례

▷ **금융 포용성 촉진** 남아프리카 공화국의 마마 머니Mama Money, 페이먼톨로지Paymentology, 액세스 뱅크Access Bank는 이민자를 포함하여 금융 포용성Financial Inclusion을 높이기 위해 왓츠앱WhatsApp 기반의 은행 카드를 출시했다.

▷ **난민 생활의 현실 보여주기** 네덜란드의 플뤼흐텔링엔베르크VluchtelingenWerk는 삶의 피난처를 찾는 사람들이 어떻게 살고 있는지 난민의 생활상을 보여주는 팝업 호텔을 설립했다. 이는 난민들이 편안한 호텔 숙식을 제공받고 있다는 오해를 불식시키기 위한 것이다.

▷ **은행을 이용하지 못하는 인구 지원** 영국의 도시Dosh는 ID 및 주소 확인 없이 은행 서비스를 이용할 수 있는 선불 마스터카드 계좌를 제공한다.

▷ **결혼 이민자 자립 역량 강화 교육** 안산시다문화가족지원센터는 결혼이민자의 자립 역량 강화와 사회 참여 확대를 위한 취업 교육을 성공적으로 진행했다.

Trend 3.
새로운 기후 공감대
Climate Convergence

지구 온난화의 영향이 더욱 명백해짐에 따라 기후변화를 둘러싼 거시 환경이 빠르게 변하고 있으며, 재생에너지, 특히 태양광에 대한 전 세계적인 투자가 증가하고 있다. 전 세계적으로 기후행동의 중요성에 대한 인식이 점차 하나로 모이고 있으며, 지난 10년간 그 강도는 지속적으로 높아졌다. 이제 핵심 질문은 공동의 목표를 달성하기 위해 사람들이 자신의 일상생활을 어디까지, 그리고 얼마나 빨리 기꺼이 바꾸려 하는가다.

기후변화의 영향에 대한 우려는 지난 10년간 꾸준히 높은 수준을 유지하며 공감대를 형성해왔다. 하지만 경제적 우려와 누가 진짜 책임져야 하는지에 대한 논쟁이 실질적인 행동을 가로막고 있다.

새로운 기후 공감대, 그 안에서 드러나는 이견들

기후 공감대 트렌드는 지난 1년간 꾸준히 유지되어왔다. 다만, 기후변화의 실체에 대한 대중적 합의는 폭넓어진 반면, 행동에 대한 개인의 절박함은 감소하는 현상을 보였다.

78%의 글로벌 대중은 '습관을 신속히 바꾸지 않으면 환경 재앙으로 향할 수 있다'고 믿고 있다. 매년 약간의 변동은 있지만 2014년의 73%에서 의미 있게 증가한 수치다. 이는 부분적으로 현실 세계의 경험과 데이터에 기인한다. 2024년은 기록상 가장 더운 해였으며, 파리협정의 1.5℃ 마지노선을 넘어선 첫해였다. 미얀마와 베트남의 파괴적인 태풍부터 유럽의 치명적인 폭염에 이르기까지, 기후 관련 심각한 재난의 빈도가 증가하면서 기후변화가 곧 모든 사람에게 영향을 미치리라는 점이 점차 확실시되고 있다.

그러나 개인행동의 절박함 측면에서 글로벌 대중의 71%는 '환경을 보호하기 위해 할 수 있는 모든 것을 이미 하고 있다'고 응답해 책임이 개인에서 집단으로 전환되어야 한다는 인식이 널리 퍼지고 있다. 반면 한국에서는 기후변화의 영향에 대해 깊은 우려를 하고 있지만, 기후 행동에서는 개인의 역할은 아직 충분하지 않다고 여기고 있다(나는 환경을 보존하기 위해 내가 할 수 있는 모든 것을 이미 하고 있다는 데 59%가 동의).

관세 분쟁과 경제 불황으로 인한 걱정, 그리고 끊임없이 상승하는 비용 때문에 사람들이 지속 가능한 선택을 하기가 어려워지고 있다. 이는 단기적으로 소비자들이 지속 가능성과 경제적 현실 사이에서 균형을 맞춰야 함을 시사한다.

지속 가능한 브랜드들의 성장에도 불구하고, 기업에 대한 신뢰는 여전히 중요한 장애물로 남아 있다. 널리 퍼진 그린워싱(위장 환경주의)에 대한 우려는 소비자의 회의론과 무력감을 낳고 있으며, 이는 대중이 재활용하는 것 중 실제로 얼마나 많은 양이 제대로 활용되는지에 대한 지속적인 논쟁에서도 엿볼 수 있다.

글로벌과 한국 시장 사례

▷ **세계 최초의 기후 비자 발급** 호주는 투발루 군도의 시민들을 위해 기후 비자climate visa를 발급하여 상승하는 해수면에 대처하고 있다.

▷ **슬로 패션 위크의 에코 책임 강조** 프랑스는 마르세유를 의식 있는 패션의 수도로 만들 계획으로 의류 수선, 업사이클링 브랜드 및 혁신적인 솔루션을 강조하는 첫 번째 '슬로 패션 위크Slow Fashion Week'를 개최했다.

▷ **친환경 소비, 힙한 스타일이 되다** 미국의 히트펌프Heat Pump 스타트업 퀼트Quilt가 고객과의 소통에 새로운 방식을 도입했다. 디자인을 강조한 자사 브랜드를 활용해 의류와 액세서리를 선보인 것이다. 이 스웨트셔츠나 스티커 같은 굿즈는 집주인이 친환경적인 가치를 지니고 있음을 자연스럽게 표현해준다.

▷ **기후행동 기회소득 앱으로 경기도민의 환경보호 독려** 기후행동 기회소득 앱은 경기도민의 기후도민 인증, 걷기, 자전거 탑승, 텀블러 사용, 대중교통 이용, 플

로깅 등 총 16가지 기후 행동 및 탄소중립 실천 활동을 디지털로 기록하고, 이를 보상받는 공공형 플랫폼이다. 해당 앱 가입자 수가 130만 명을 돌파하는 등 뜨거운 관심을 모으고 있다.

Trend 4.
기술의 경이로움과 우려의 공존 Technowonder

현대 기술의 발전은 우리의 삶에 경이로움을 주며 미래의 문제를 해결하는 데 필수적이라고 여겨진다. 하지만 동시에 56%의 사람들이 기술 발전이 우리의 삶을 해치고 있다고 이야기하고 있으며, 이런 우려는 지난 10년간 지속적으로 심화됐다. 또한 정신건강과 직업 안정성에 대한 현실적인 걱정 역시 존재한다.

급증하는 AI 투자에 힘입어 기술 자체는 발전해왔다. 그러나 대중의 인식은 훨씬 더디게 움직이기 때문에 이런 트렌드와 그 기저에 깔린 긴장감은 계속되고 있다.

기술이 선사하는 경이로움,
그러나 너무 멀리 나아갔다는 불안감

새로운 AI 모델이 거의 매일 출시되면서 기술은 점점 더 빠르게 발전하고 있다. 스탠퍼드 대학교에 따르면 미국, 중국, 영국, 인도, 아랍에미리트에 이르기까지 전 세계 기업들이 주도권을 잡기 위해 글로벌 경쟁을 하고 있다.

이로 인해 인터넷 없이 사는 것을 상상할 수 없다는 사람들이 72%에 이르고, 기술이 문제 해결에 필요하다고 생각하는 사람도 71%에 달한다. 그러나 기술 발전이 우리의 삶을 망치고 있다고 생각하는 사람도 56%나 있다.

한국은 기술 발전이 우리의 삶을 망치고 있다는 우려(57%)보다 문제 해결을 위한 현대 기술의 필요성(77%)과 인공지능의 긍정적인 영향(72%) 등 기술적 낙관론이 높게 나타나고 있다.

입소스는 오랫동안 이런 기술 트렌드의 긴장 관계를 '경이로움과 우려The Wonder and the Worry'라고 불러왔다. 몇 년 전 챗GPT가 공개된 후 기술을 주제로 한 입소스 글로벌 AI 모니터 조사에서 AI에 대한 우려가 급증했지만, 그 이후로는 안정적인 상태를 유지하고 있다. 입소스 글로벌 트렌드와 AI 모니터 조사 모두에서 기술에 대한 대중의 인식은 지난 1년간 큰 변화가 없었다. 하지만 전 세계적으로 저울의 추가 '경이로움' 쪽으로 조금 더 기울었다는 잠재적 변화의 신호가 있다. 우리가 사생활(프라이버시)에 대해 너무 많이 걱정한다는 의견과 AI가 긍정적인 영향을 미친다는 데 대한 동의가 증가하고 있다.

하지만 동시에 긴장 관계는 여전하다. 사생활을 둘러싼 우려다. 4명 중 3명(74%)은 기업이 자신의 데이터를 어떻게 사용하는지에 대해 우려한다. 이런 긴장 관계는 기술을 직접 개발하는 일부 시장에서 오히려 더 두드러지게 나타난다. 예를 들어 미국에서는 단 39%만이 AI가 세상에 긍정적인 영향을 미치고 있다고 생각한다. AI로 인해 위협받을 수 있는 일자리의 종류에 대한 보고서가 점점 더 많이 발표되고, CEO들이 줄일 수 있는 직원 수를 고려하면서 사람들의 우려와 회의감은 계속되고 있다.

글로벌과 한국 시장 사례

▷ **와이파이 추적 기술** 사람의 신체가 와이파이Wi-Fi 신호를 차단하는 방식이 고유한 '지문'을 형성한다. 따라서 사람들이 물리적 세계physical world를 이동할 때 장치를 소지하지 않은 상태에서도 이동 추적이 가능하다.

▷ **디지털 디톡스 지원** 덴마크 패션 브랜드 삼소 삼소SAMSØE SAMSØE는 사람들이 현재 순간에 더 집중하도록 장려하기 위해 화면 사용 시간을 줄이는 사람들에게 할인을 제공하는 '화면 시간으로 결제' 캠페인activation을 진행한다.

▷ **AI 전쟁 속의 딜레마** IAPP(국제개인정보보호전문가협회)에 따르면, AI 혁명을 이끄는 시장들이 기술을 규제하거나 방치하는 상황 탓에 전 세계 다른 시장들은 종종 불확실한 상태에 갇히는 현상이 발생한다.

▷ **딥페이크 범죄, AI로 잡는다** 2023년부터 국내 딥페이크 범죄가 폭발적으로 증가함에 따라 행정안전부와 국립과학수사연구원이 함께 개발한 'AI 딥페이크 분석 모델'로 2025년 5~6월 두 달 동안 증거물 60종, 총 15건의 딥페이크 감정을 성공적으로 수행했다.

Trend 5.

통합적 건강관리
Conscientious Health

최근 전 세계적으로 대부분 사람이 신체적·정신적 건강을 통합적으로 관리하려는 경향이 강해지고 있다.

많은 이들이 체중 감량의 필요성을 느끼며, 건강한 삶을 유지하는 것이 점점 더 어려운 과제로 다가오고 있다. 장수보다는 건강하게 나이 드는 것에 대한 관심이 늘고 있으며, 따라서 영양·기술 등 다양한 시스템과의 연결을 통해 건강을 어떻게 개선할 수 있는지에 대한 논의가 점점 더 필요해지고 있다.

GLP-1 약물(글루카곤 유사 펩타이드-1, 혈당 수치를 조절하고 체중 감량을 돕는 호르몬 약물)은 특히 체중 감량을 원하는 사람들 사이에서 큰 화제가 되고 있다. 많은 이들이 탁월한 결과를 얻었지만, 높은 비용 때문에 접근이 제한적이다. 여전히 전 세계 84%가 신체건강을, 81%가 정신건강을 개선할 수 있다고 믿고 있다.

GLP-1의 부상, 체중 감량에 쏠리는 시선

전 세계 사람들은 건강에 관심이 많으며, 신체건강과 정신건강에 두는 우선순위의 격차는 크지 않다. 84%가 신체건강 개선을 위해 더 많은 것을 할 수 있다고 답했고, 정신건강에 대해서도 81%가 동일하게 응답했다.

증가하는 수요 때문에 전 세계 의료 시스템이 압박을 받고 의료 비용이 상승함에 따라 건강에 대한 자립 욕구는 점점 더 설득력을 얻고 있다. 2025년, 79%는 자신의 건강에 대해 더 많은 통제권을 원하며 68%는 의사에게 의존하기보다 건강 정보를 직접 찾아본다고 답해 개인의 주도권이 강화되는 추세임을 보여준다. 한국 또한 83%가 자신의 건강에 대한 주도권을 원하고 있으며, 체중 감량에 대한 니즈(67%)가 글로벌 평균보다 높게 나타나고 있다.

하지만 의심할 여지 없이 최근 가장 큰 건강 이슈는 사회적 수용도가 높아진 GLP-1 약물의 부상이다. 체중 감량에 대한 욕구는 널리 퍼져 있으며, 65%는 체중을 줄이고 싶다는 데 동의한다. 또한 체중 감량의 필요성 역시 어느 때보다 높아졌다. 현재 대다수의 국가(200개국 중 147개국)에서 성인의 높은 BMI(체질량지수) 위험이 50%를 초과하며, 많은 국가(62개국)에서는 80%를 넘어서고 있다. 2030년까지 성인 남성과 여성의 50%가 높은 BMI 상태로, 그중 19%는 비만 상태로 살아갈 수 있다고 보고 있다.

체중 감량을 원하는 사람들은 신체건강과 정신건강을 위해 더 많은 노력을 하고 싶어 하며, 결정적으로 자신의 결과에 대해 더 많은 통제권을 원한다. 이것이 바로 GLP-1 약물이 그토록 매력적인 이유다. 세계비만연맹이 대다수 국가가 증가하는 비만 수준에 대처할 충분한 정책을 갖추고 있지 않다고 경고하는 가운데, 대중이 GLP-1을 만병통치약과 같은 해결책으로 여기고 흥미를 느끼는 것은 당연하다. 다만 GLP-1 약물의 높은 비용은 많은 환자들에게 경제적 측면에서 상당한 장벽이 되며, 시스템적인 의료 불평등이 이중 계층 사회를 만들 것이라는 우려도 있다. 더욱이 GLP-1 약물의 채택은 식품 산업 전반에 파급효과를 일으키고, 음식 산업 전반에 걸쳐서도 소비 및 생산 관행에 변화를 촉발하고 있다. 칼로리 섭취량 및 1회 섭취량 감소, 간식 패턴의 변화, 요요 현상 등은 모두 현재 명백하게 나타나고 있으며 미래 시장에 대한 장기적인 질문을 제기하고 있다.

글로벌과 한국 시장 사례

▷ **GLP-1 사용자 지원 시스템** 미국 기반의 보충제 제조 업체 소웰SoWell은 GLP-1 약물 사용 시 흔히 발생하는 부작용인 메스꺼움, 피로, 근육 손실, 소화 불량 등을 완화하도록 설계된 영양 보충제인 GLP-1 서포트 시스템을 출시했다.

▷ **수면의 중요성 인식** 캐나다의 슬립 오어 다이Sleep or Die는 수면이 건강 결과에 미치는 중요성을 강조하기 위해 고의로 도발적인 브랜드 이름을 선택했다.

▷ **슬로 TV의 인기 증가** 슬로 TVSlow TV는 뜨개질 마라톤, 장작 불태우기, 연어 수영 등 일상에서의 차분함과 균형을 찾고자 하는 사람들에게 인기를 끌고 있다. 특히 스웨덴의 SVT 공영 방송에서 방영된 〈위대한 엘크의 여정Den stora älgvandringen〉은 무스Mcose(북미산 큰사슴)의 자연스러운 이동을 실시간으로 보여주어 대규모 시청자를 끌어들이며 큰 성공을 거두었다.

▷ **체중 관리 서비스 '피노어트'** 카카오헬스케어가 AI 기반 모바일 건강 관리 솔루션 '파스타PASTA' 내 체중 관리 서비스인 '피노어트'를 새롭게 출시했다. 피노어트는 식습관·활동·멘탈 데이터Diet Exercise Mental, DEM를 기반으로 한 초개인화 체중 관리 서비스다.

Trend 6.

과거에 대한 향수
Retreat to Old Systems

점점 더 많은 사람이 자국이 과거의 모습으로 돌아가기를 바라고 있다. 우리가 향수nostalgia를 느끼는 과거가 설령 미화된 상상 속의 모습일지라도 이는 역사적 권력 구조, 종교 관습, 고용 패턴, 성 역할로의 복귀 움직임을 불러일으킬 수 있다.

2024년 미국 대선에서 나타난 바와 같이, 향수는 정치적 매력으로 계속 작용하고 있다. 이 시점에서 '우리는 과거의 어떤 시점으로 돌아가고자 하는 것인가'가 주요한 질문으로 남는다.

우리가 원하는 과거는 과연 무엇인가?

2024년은 역사상 가장 큰 선거가 있었던 해였고, 상당수의 기존 권력이 물러났다. 흥미로운 점은 전 세계적으로 명확한 이념 변화는 없었다는 것이다. 더 진보적인 정당과 더 보수적인 정당 모두 여러 지역에서 약진했다. 그 대신, 현직자를 심판하는 경향이 나타났다.

'과거로의 여행' 트렌드는 대중주의와 민족주의 정서의 증가, 다양성 증대, 이민 문제와 부의 격차 등 다양한 거시적 요인으로 주도된다. 입소스 글로벌 트렌드 조사에서 '내 나라가 예전의 모습으로 돌아갔으면 좋겠다'라는 의견은 팬데믹 이후 지속적으로 증가하여 60%에 달했다. 현재에 대한 불만은 과거의 더 좋았던 시절로 돌아가고자 하는 열망으로 이어질 수 있다. 하지만 그 시절은 일부에게는 더 나았지만, 다른 이들에게는 그 반대일 수 있다.

2025년 글로벌 트렌드 보고서에서 전년 대비 가장 큰 변화는 성별이 남성과 여성, 두 가지만 존재한다는 의견에 대한 동의율이 7%p 상승한 것이다. 그러나 트랜스젠더의 권리에 대한 합의 역시 큰 변동 없이 고수되고 있다. 이는 성별 문제가 우리가 이해해야 할 수많은 잠재적 뉘앙스 중 하나임을 보여준다. 더 진보적인 성 역할 버전으로 기우는 것은 전통주의자들을 자극할 수 있으며, 그 반대의 경우도 마찬가지다.

한국은 지난 몇 년 동안 향수라는 가치에 대해 매우 낮은 동의 수준을 보였으나, 계엄령, 탄핵, 대통령 선거에 따른 일련의 정치적 이슈로 인해 전년 대비 10%p 상승한 44%가 자국이 과거의 모습으로 돌아가기를 바라는 것으로 나타났다. 또한 작년 대비 14%p 상승한 52%가 성별은 남성과 여성 두 가지뿐이며, 다양한 성 정체성이 존재하지 않는다는 데 동의했다.

출산율 하락에 따른 인구 감소에 대한 두려움 또한 반이민 정서와 충돌하며, 전 세계 시장이('전통적인' 가족 단위 안에서) 더 많은 아이를 갖도록 압박하는 방향으로 나아가고 있다.

또한 남성은 여성의 주요 역할이 좋은 어머니와 아내가 되는 것이라고 생각하는 비율이 43%를 차지했지만, 여성은 31%만이 이에 동의했다.

글로벌과 한국 시장 사례

▷ **새롭게 조명되는 여성 스포츠 잡지** 〈스포츠 일러스트레이티드Sports Illustrated〉는 '스포츠 재조명Sports reIllustrated'이라는 제목의 특별호에서 도브Dove와 협력하여 여성 운동선수들, 특히 소녀 유소년 스포츠의 육성 시스템에 초점을 맞췄다.

▷ **프랑스의 사망률이 출산율 초과** 2024년 5월부터 2025년 5월 사이에 프랑스에서는 80년 만에 처음으로 출생률보다 사망률이 더 높아지면서 연금 및 의료 시스템에 대한 우려가 대두했다.

▷ **미국의 성별 정책 재정립** 2025년에 다시 취임한 미국 대통령 트럼프는 두 성

별만이 존재한다는 것을 선언하는 행정 명령을 통해 전 대통령 조 바이든의 정책을 뒤집었다.

▷ **한국, 성소수자 수용도 역대 최고, 비판적 인식도 급증** 한국리서치 '2025 성소수자 인식조사' 결과, 우리 사회가 성소수자를 받아들이는 분위기로 변하고 있다'는 응답이 62%로 역대 최고치를 기록했다. 동시에 성소수자에 대해 적대적 감정을 느낀다는 응답도 절반에 육박하는 48%에 달했다. 이는 2024년 43%에서 5%p 증가한 수치다.

Trend 7.
현실주의 부상
Nouveau Nihilism

전 세계적으로 집 장만, 결혼, 가정 꾸리기와 같은 인생의 중요한 이정표에서 세대 간 차이가 나타나고 있다. 경제적 현실이 많은 이들에게 이런 꿈을 닿을 수 없는 것으로 만들고 있다. 개인이 스스로 통제할 힘이 없다고 느끼면서 내일이 불확실하거나 어차피 어떻게든 될 것이라는 생각에 '오늘을 위해 사는 것'이 더 낫다는 정서가 널리 확산되고 있다.

서민들의 삶을 개선하는 정부의 능력에 대한 실망감은 이제 정치 시스템 전반에 대한 뿌리 깊은 환멸로 굳어지고 있으며, 이는 미래에 대한 깊은 불안감으로 이어져 점점 더 경직된 사회 분위기를 만들어내고 있다.

앞으로 허무주의에는 어떤 변화가 있을까?

현재의 고통과 미래의 불확실성이 결합하여 우리가 2024년에 '혁신적 허무주의'로 명명했던 정치 과정에 대한 무관심과 '현재를 위해 살자'는 사고방식의 조합을 계속해서 강화하고 있다. 2024년에는 전 세계 많은 곳에서 선거가 치러졌지만, 투표용지에 기표하며 바랐던 변화를 본 사람은 거의 없는 것 같다. 여전히 대다수의 대중(70%)은 정부가 자신과 같은 사람들의 관심사를 우선적으로 고려하지 않는다고 느끼거나, 앞으로 정부와 공공 서비스가 국민을 돕는 데 거의 역할을 하지 못할 것(77%)이라고 느끼고 있다.

영국에서는 정부가 자신들의 요구를 해결하지 못한다고 느끼는 사람들이 줄어들었지만, 새로운 행정부에 대한 불만의 조짐을 보여주는 다른 추적 조사를 보면 이런 패턴은 아직 뚜렷하지 않다. 브랫 서머Brat summer(현재를 즐기는 트렌드)는 왔다가 갔을지 모르지만, 전 세계 대중의 약 3분의 2는 장기적인 미래에 대한 불확실성 때문에 계속해서 현재에 집중하고 있다.

빠르고 빈번하게 바뀌는 미국 행정부발 정책, 관세에 대한 전 세계적 반응, 불안한 지정학적 지형, 계속되는 기후 위기가 뉴스 피드를 계속 지배하고 있으며 가까운 시일 내에 안정이 찾아올 가능성은 거의 없어 보인다.

우리는 두 가지 스타일의 허무주의를 구별한다. 첫째, 정치 시스템과 권력자들에게 불만족을 나타내는 전면적 허무주의, 둘째, '지금 이 순간을 살아라'라는 쾌락주의적 허무주의다. 포르투갈, 인도네시아, 아일랜드에서는 이 두 가지 스타일이 모두 증가했고, 아랍에미리트에서는 오늘을 위해 살고자 하는 욕구가 증가했다. 한국에서는 '오늘을 위해 사는 것'이 더 낫다는 정서와 '현재를 위해 살자'는 사고방식이 작년 대비 각각 2%p, 4%p 상승하여 미래에 대한 불확실성에 대응해 현재에 집중하고 있는 모습을 보이고 있다.

글로벌과 한국 시장 사례

▷ **소프트 세이빙Soft saving의 부상** 남아프리카의 레인핀RainFin과 스토크벨Stokvel 앱 등 디지털 플랫폼은 젊은이들이 공동으로 저축하고 접근하기 쉬운 방식으로 미래에 투자할 수 있도록 돕고 있다.

▷ **즉각적인 파티 개최 가능** 미국 인스타카트Instacart의 새로운 피즈Fizz 앱은 이용자가 예산에 맞게 즉흥적인 파티를 쉽게 열 수 있도록 도와준다.

▷ **정치 참여 장려** 체코에서는 '유어 초이스, 유어 보이스Your Choice, Your Voice' 이니셔티브가 다가오는 국회의원 선거에서 젊은 층의 참여를 독려하고 있다.

▷ **MZ세대의 셀프디깅** SNS를 통해 타인을 주목하던 유행에서 벗어나 자신의 가치관, 성격, 외모, 취향 등에 집중하는 셀프디깅 현상이 강해지고 있다. 나를 좀 더 이해하고 평범했던 나를 매력적으로 만드는 과정이다.

Trend 8.
더욱 중요해진 신뢰
The Power of Trust

정보가 넘쳐나는 오늘날 사람들은 믿을 수 있는 출처에서 진정한 메시지를 접하기를 갈망한다. 이런 환경에서 브랜드는 우리의 세계관과 가치를 확장하는 중요한 역할을 맡게 됐다. 그러나 어떤 조직을 신뢰할지에 대한 선택은 더 복잡하고 불확실해지고 있다.

이 트렌드를 둘러싼 가치와 신념은 2024년 이후 변하지 않았지만, 그들을 둘러싼 세상은 더 복잡해졌다.

변화하는 세상, 동시에 커지는 성공과 실패의 기회

브랜드와 소비자 간의 관계가 중시되고 있는데, 67%의 소비자는 자신의 가치를 반영하는 브랜드를 더 선호한다. 그러나 정부와 조직에 대한 신뢰는 감소하고 있다. 입소스의 〈글로벌 신뢰도 보고서Ipsos Global Trustworthiness〉에 따르면 글로벌 대중의 56%가 시스템이 제대로 작동하지 않는다고 느끼며, 이는 '제도에 대한 재고rethinking institutions'라는 거시적 명제와 맞닿아 있다.

사람들의 신뢰는 점점 더 가까운 곳으로 향하고 있다. 그들은 정부는 믿지 않을지 몰라도, 자신이 사는 지역의 선출직 공무원은 더 신뢰한다. 의료계 전체는 믿지 않을지 몰라도, 자신의 주치의는 신뢰한다. 그리고 대부분의 경우 추천이나 정보를 얻기 위해 친구, 가족 그리고 자신이 선택한 관계를 신뢰한다. 한국의 소비자 69%는 개인적 가치를 반영하는 브랜드를 구매하고, 58%는 나에게 어필하는 이미지를 가진 브랜드에 추가 비용을 지불할 의향을 보여 개인적 가치에 부합한 브랜드에 대한 높은 신뢰를 가지고 있음을 알 수 있다. 이런 가까운 관계에는 사람들이 충성도를 갖고 본질적으로 신뢰하는 브랜드와 기업도 포함된다. 대부분 사람(77%)은 '내가 이미 아는 브랜드가 만든 신제품이라면 더 신뢰할 가능성이 크다'고 이야기한다. 따라서 브랜드는 종종 신뢰를 누리고 그 신뢰 덕분에 작은 실수에 대해 어느 정도 용서를 받기도 하지만, 동시에 그 신뢰는 깨지기 쉽다. 그러므로 브랜드가 그 신뢰를 계속해서 유지해나가는 것은 매우 중요하다.

까다로운 부분은 바로 '가치와 연대하는 것'이다. 따라서 고객을 상당히 근본적인 수준에서 다시 이해하는 것이 매우 중요하다. 고객의 가치가 무엇이고 무엇이 그들을 움직이는지 이해한다면, 그 브랜드는 진정성 있고 공감적으로 연대할 수 있는 위치에 서게 된다.

글로벌 대중의 81%는 브랜드가 좋은 명분을 지지하면서 동시에 돈을 버는 것이 가능하다고 말한다. 또한 고객 경험은 관계의 큰 구성 요소이며 대중의 75%가 고객서비스가 너무 자동화되고 비인간적으로 변하고 있다고 말한다. 이 문제를 비롯한 많은 트렌드에서 우리가 주목할 한 가지 중대한 변수는 앞으로 AI가 어떤 역할을 할 것이냐다.

글로벌과 한국 시장 사례

▷ **현지 인맥을 활용하여 신뢰를 구축하다** 멕시코의 독립 인플루언서 코스트코 부인(@lasenoradecostco)은 코스트코Costco의 웰니스 제품을 리뷰하며 멕시코 소비자들에게 신뢰받는 목소리가 됐다.

그녀의 진솔하고 가족 중심적인 스타일은 멕시코의 공동체 중심 문화와 깊은 공감대를 형성하고 있다. 공식적인 파트너십은 아니지만, 코스트코 멕시코는 그녀의 콘텐츠를 공유하며 그 영향력을 인정하고 있다.

▷ **부정적 데이터에 대한 불신 고조** CNN에 따르면, 트럼프 미국 대통령은 한 비당파적 정부 통계 기관의 수장이 정치적 동기를 가지고 데이터를 발표했다고 증거 없이 비난하며 그녀를 해고했다.

▷ **프랑스 식료품 체인과 브라질의 마찰** 르몽드LeMonde에 따르면, 프랑스 까르푸 Carfour가 브라질 쇠고기의 판매 중단을 결정함으로써 까르푸가 소유한 브라질 내 슈퍼마켓들이 보이콧 위협에 직면했고 이는 국제적 신뢰 문제로 연결되고 있다.

▷ **가치 소비를 넘은 '미닝아웃'의 부상** 한국의 MZ세대 사이에서 자신의 신념과 가치를 소비를 통해 표현하는 '미닝아웃Meaning Out'이 중요한 트렌드로 자리 잡고 있다. 폐페트병을 재활용하여 가방을 만드는 '플리츠마마', 비건 뷰티 브랜드 '디어 달리아'는 윤리적인 경영 방식을 강조하며 젊은 소비자들의 신뢰를 얻고 있다.

Trend 9.

개인주의 세분화
Escape to Individualism

위협적이고 압도적인 세상에서 많은 사람이 자신에게 더 많이 집중하고 있다. 개인주의에 대한 관심은 지난 10년간 지속적으로 높아졌으며, 2025년 역시 개인의 자율성이 가장 강력한 가치로 떠올랐다. 이는 단순함, 사회적 지위, 새로운 경험을 추구하는 방식으로 나타난다.

개인 자율성의 중요성은 계속해서 부각되고 있으며, 특히 AI 시대를 맞아 사회가 설정한 경계와 한계에 맞서 자신만의 길을 개척하는 데 더 중점을 두는 경향이 강화되고 있다.

혼돈의 시대, 통제 가능한 것에 대한 집중은 계속된다

개인주의는 지난 1년간 더욱 뚜렷해지고 복잡해졌다. 또한 개인주의는 점점 더 감당하기 어렵고 불확실한 세상에서 자율성 및 개인적 통제와 점점 더 연결되고 있다. 2025년은 지정학적 불안정, 경제적 불안, 가속화되는 기후변화의 영향 등 '복합 위기polycrisis' 환경이 지속되는 모습을 보였다. 이렇게 만연한 외부의 혼돈은 개인이 통제할 수 있는 것에 집중하고자 하는 욕구를 증폭시켰다. 이런 내면으로의 전환이 '개인주의로의 도피'를 심화하고 있다. 즉, 더 큰 세상이 예측 불가능할 때 사람들은 자신의 개인적인 영역 안에서 안정과 의미를 찾을 방법을 모색한다.

이런 맥락에서 '자신의 결정을 이끌어갈 자신만의 원칙을 세우는 것은 각자의 몫이다'라고 느끼는 시민들의 비율이 일관되게 나타나고, '성공적인 경력보다 좋은 워라밸(일과 삶의 균형)을 갖는 것이 더 중요하다'라는 정서가 꾸준히 유지(86%)되고 있다. 이는 자율성이 단순히 자유에 대한 갈망이 아님을 보여주며, 사람들이 자신만의 길을 정의하고 스스로 선택하며 자신만의 고유한 선호도와 정체성에 따라 삶을 만들어나가겠다는 의지의 표출이다. 한국 또한 개인의 자율성과 워라밸을 중시하고 있으며, 불확실하고 복잡한 세상 속에서 단순한 삶을 추구하는 경향을 보이고 있다.

성공이 항상 사회적 규범에 묶여 있다는 관념은 사라지고, 개인적인 성취감과 통제라는 척도로 대체되고 있다. 개인화된 경험에 대한 요구는 프리미엄 서비스에서 기본적인 요인으로 이동했다. 이는 제품을 넘어 개인화된 추천, 맞춤형 콘텐츠, 진정으로 개인의 필요를 충족시키는 서비스로 확장되고 있다.

AI는 이런 대규모의 초개인화에서 중요한 역할을 하고 있다. 이는 사용자가 불필요한 정보를 걸러낼 수 있게 해주는 동시에 브랜드에는 알고리즘에 최적화될 것을 요구한다. 여전히 많은 사람이 물질적 이득을 통해 사회적 지위를 추구하지만, 단순함을 지향하고 허슬 컬처 hustle culture(성공을 위해 최선을 다하는 것을 중시하는 문화)에서 벗어나려는 움직임이 커지고 있다.

타깃 고객을 이해하기 위해서는 광범위한 인구통계학적 구분을 넘어 깊이 있는 심리통계학적 세분화로 나아가야 하며, 이는 각기 다른 개인들이 매우 다른 방식으로 자신의 정체성을 정의하고 표현할 것이라는 접근에서 출발한다.

글로벌과 한국 시장 사례

▷ **의식적인 탈보스화와 커리어리즘 거부** 최근 한 연구에 따르면, 미국 Z세대의 72%는 다른 직원을 관리하기보다 개인적인 성장 경로를 찾는 것을 선호한다. 이는 그들이 기업의 승진 사다리를 거부하고 있음을 시사한다.

▷ **라이프 스타일 과시가 된 '차일드프리'** 탬슨 패덜Tamsen Fadal과 같은 인플루언서들은 자발적으로 아이를 갖지 않는 선택child-free을 기념하는 전 세계적 틱톡 운

동으로, 자신들의 자유를 강조하고 출산율 저하를 긍정적으로 보며 축하한다.

▷ **창업 열풍의 확산** 남아프리카의 청소년들은 경제적 장애물에도 불구하고 기업가 정신에 더 많은 관심을 가지고 있다. 71%는 향후 5년 내에 사업을 시작할 계획이며, 이는 성공의 대체 경로로 주목받고 있다.

▷ **워라밸 대신 일과 삶 경계 허무는 '워라블' 등장** 일과 삶의 확실한 분리를 강조하던 워라밸 대신, 일은 즐겁게 하고 휴식은 생산적으로 하는 워라블Work-Life Blending이 강조되는 시대가 왔다. 워라블은 일과 개인 생활이 유기적으로 융합되어 어느 한쪽이 다른 쪽에 방해되지 않도록 하는 것이다. 일과 삶이 자연스럽게 블렌딩되는 만큼 워라밸보다 더 큰 생산성을 확보할 수 있다.

감사의 글

《마켓 트렌드 2026》은 집필 시작 단계부터 어려움이 컸습니다. 연말 연초부터 증폭된 정치·경제·사회적 변화 탓에 안심할 수 있는 날이 하루도 없었습니다. 그 와중에 시장을 분석하고 방향성과 인사이트를 도출해야 하는 마켓 리서처들은 어느 해보다 눈코 뜰 새 없이 바빴습니다. 그래서 여기저기를 뛰어다니다 보니 책을 집필한다는 것이 엄두가 나지 않았을뿐더러 내용의 질에 대한 우려도 적지 않아 연초에는 집필을 포기하기로 마음먹었습니다. 하지만 이 책을 쓸 수 있게 도와주고 용기를 준 동료들 덕에 마음을 고쳐먹었습니다.

가장 먼저 빡빡한 일정을 소화하는 과정에서 까다로운 요구에도 묵묵하게 집필에 참여해준 유은혜 팀장에게 고마움을 표합니다. 그리고 자발적으로 트렌드위원회에 참여하고 다양한 의견뿐만 아니라 집필에도 참여하여 새로운 시각을 적용할 수 있게 도와준 트렌드위원회의 조정호 책임, 홍화령 대리, 오채민 연구원에게 감사드립니다. 글을 쓴다는 것이 체력적으로, 정신적으로 그리고 무엇보다 시간상으로 생각보다 많은 투자를 해야 하는 일인데도 적극적으로 참여하고 도움을 줘서 의미 있는 결과물을 내놓을 수 있었습니다.

그리고 집필을 하는 과정에 이번에도 직접적으로 지원을 해준 디지털 플랫폼 팀의 최문성 그룹장과 이혜준 대리 그리고 소셜 데이터 및 빅데이터 분석 결과를 제공해준 입소스 신세시오의 박명호 팀장에게도 고마움을 전합니다. 시장의 직접적인 목소리와 소비자 의견을 포함하는 것은 트렌드를 이해하는 데 중요한 요소라서 이들의 도움이 더욱 중요했습니다. 이 외에도 현시점 기업의 고민과 소비자들의 니즈를 포함한 시장의 흐름에 대해 많은 의견을 공유해준 주요 서비스 라인 리더들과 집필을 응원하고 물심양면으로 도움을 주신 박황례 대표님께도 깊이 감사드립니다.

무엇보다 여러 가지 어려운 상황을 이해해주고 입소스 트렌드를 집필할 수 있도록 포기하지 않고 계속해서 지원해주신 출판 관계자분들께도 감사드립니다.

지난해 무릎 수술로 오랜 시간 고생하신 어머님께 자주 찾아뵙지 못한 죄송함에 고개를 숙입니다. 또한 올해도 주말과 공휴일 모두 원고를 붙들고 있느라 가족과의 시간을 포기해야 했지만 묵묵히 이해해준 아내와 독립해서 멀리 떨어져 지내면서도 늘 응원해주는 아들에게 고마움을 전합니다.

　매년 한두 개의 글귀를 마음에 품고 생활합니다. 올 상반기에 품었던 글귀는 '도망친 곳에 천국은 없다'였습니다. 이 일을 시작한 지 벌써 25년이 넘었는데, 사회생활 내내 힘들고 어려운 일이 많았지만 외면한다고 해서 해결된 적은 한 번도 없었습니다. 해결하지 않은 일들은 늘 그 자리에 남아 오히려 더 커질 뿐이었습니다. 도망친 곳에 결코 천국은 없습니다. 불확실성, 저성장, 기후변화, 불신 등 힘들고 어려워도 결국 우리가 해결해야 하는 일들은 우리가 해결해야 합니다.

　JUST DO IT! 그냥 하는 겁니다. 그 불안하고 무섭고 어려운 과정을 버텨내고 그냥 할 수 있는 용기, 거기에는 가족과 동료들이 있었습니다. 지금 어렵고 힘들어서 포기하고 싶다고 생각하는 자영업자 및 소상공인분들이 계실 것 같습니다. 자신을 믿고 가족과 동료들을 믿고 용기를 내셨으면 좋겠습니다. 그리고 불안하고 불확실한 미래를 헤쳐나가는 데 이 책이 조금이나마 용기를 드릴 수 있기를 기대합니다. 감사합니다.

엄기홍 올림

―― 도와주신 분들 ――

트렌드 위원회의 보조 집필진

조정호 책임연구원

서울시립대학교 졸업. 통계학 전공. 시장 기회 발굴과 전략 수립 부문의 전문성을 가지고 주로 자동차 산업군에서 프로젝트를 수행해왔다. 브랜드 인식 및 성과 추적, 소비자 세그멘테이션 분석, 신차 콘셉트 발굴 및 검증, 출시 전 시장성 평가, 신모델 포지셔닝 전략 수립, 커뮤니케이션 방향성 점검 등 다양한 프로젝트 경험을 가지고 있다.

홍화령 대리

부산대학교 졸업. 미디어커뮤니케이션학과와 경영학 복수 전공. 시장의 기회 발굴과 전략 수립 부문의 전문성을 가지고 주로 가전·IT 산업군에서 프로젝트를 수행해왔다. 특히 오프라인 매장 만족도 및 고객 경험을 중심으로 한 소비자 구매 여정 분석, 매장 방문 행태 관찰, 서비스 품질 평가 등의 프로젝트 경험을 가지고 있다.

오채민 연구원

성균관대학교 졸업. 영어영문학과와 경영학 복수 전공. 정성조사 부서에서 근무 중이며 소비자와 대중의 보다 심층적인 니즈를 파악하기 위한 연구에 참여하고 있다. 라이프 스타일, 패션, 럭셔리, 식음료, 가전제품, AI, 테크, 게임 등 다양한 산업군의 경험을 가지고 있다.

소셜 빅데이터 분석

박명호 팀장: Ipsos Synthesio Service line

소비자 조사 진행

최문성 그룹장: Ipsos Digital Platform Team
이혜준 대리: Ipsos Digital Platform Team

참고 자료

- **소셜 빅데이터 분석**
  - 수집 기간: 최근 3년(2022.10.1~2025.6.30) 온라인 버즈량(한국어 기준)
  - 수집 대상: 신문 기사, 뉴스, X(트위터), 인스타그램, 유튜브, 포럼·카페, 블로그
  - 수집 플랫폼: Ipsos Synthesio

- **입소스 소비자 인식 조사 2025**
  - 조사 대상: 전국 20~69세 남녀 500명
  - 조사 기간: 2025년 8월 11~12일
  - 조사 플랫폼: Ipsos Digital Platform

- **국내외 트렌드**

〈Top Global Consumer Trends 2025〉, 2024.11, Euromonitor International Passport
〈2025 Trend Report〉, 2025, Trendwatching
〈2025 Trends Report by Industries〉, 2025, Trendwatching
〈Marekt Information and Outlook〉, 2025, Statista
〈2025 글로벌 소비 트렌드〉, 2025, Mintel
〈2025 글로벌 식음료 트렌드〉, 2025, Mintel
〈WGSN 2026 미래의 소비자〉, 2025, WGSN
〈D. LIFE SIGNAL〉, 2024.12, 대홍기획 데이터인사이트팀
〈2024년 사회조사 결과〉, 2024.11.12, 통계청
〈최근 소비동향 특징과 시사점 연구〉, 2025.3, 대한상공회의소
〈Ipsos Global Consumer Confidence Trends〉, 2024.12, Ipsos
〈Ipsos Predictions 2025〉, 2024.12, Ipsos
〈The Ipsos Cost of Living Monitor〉, 2024.11, Ipsos
〈What Worries the World〉, 2024.12, Ipsos
〈EY 미래 소비자 지수〉, 2025.7, EY한영산업연구원
"해외 시장뉴스-상품·산업 트렌드", 2025, KOTRA 해외무역관
"언론보도 자료", 2025, 빅카인즈
〈How Trump's Economic Policies Affect Industries and Consumer Markets〉, 2025.4,

Euromonitor International Passport

PART 1
〈2025년 신뢰도 지표 조사(2025 Edelman Trust Barometer)〉, 2025.1.19, 에델만
〈Ipsos Global Trustworthiness Index 2024〉, 2025.1.3, 입소스
《걱정 해방: 불안 과잉 시대, 마음의 면역력을 키우는 멘탈 수업》, 볼커 부슈 지음, 김현정 옮김, 비즈니스북스, 2025
"위기 관리 리더십: 불확실성 시대의 경영자 역할", 2025.2.16, 〈리치블룸〉
《리더의 용기》, 브레네 브라운 지음, 강주헌 옮김, 갤리온, 2019.12
"잘못된 정보 해독: 우리가 가짜 뉴스에 빠지는 이유(Decoding Misinformation: Why we fall for fake news)", 2025.4.10, 입소스
"'가짜 뉴스 폐해'…한국, 선진국 그룹서 1위", 2025.4.30, 〈한국일보〉
'2024 글로벌 의식 조사(2024 Global Attitudes Survey)', 2025.4.24., 퓨 리서치 센터
'인식의 오류 2024(Perils of Perception 2024)', 2024.10, 입소스
〈디지털 뉴스 리포트 2024〉, 2024.10.31, 한국언론진흥재단
"[유튜브20년] 새로운 공론장 꿈꿨지만…양극화 부추기는 가짜뉴스 온상으로", 2025.4.27, 〈연합뉴스〉
"올해 상반기 가장 많이 쓰인 '스미싱 문구'는? '개인정보 낚시'", 2025.7.9, 〈SBS Biz〉
"잠깐! 클릭 전 확인…카뱅 앱에 '피싱 문자' 복붙시 AI가 판독", 2025.7.9, 〈매일경제〉
"딥페이크 이어 딥보이스 공포…이젠 목소리까지 훔친다", 2024.8.29, 〈한국경제〉
"한국, '가짜 뉴스' 우려 세계 2위…AI 기술이 대안 될까", 2025.4.28, 〈시빅뉴스〉
"'안전제일 인간존중' 키워드로 국가안정 이룩하자", 2025.1.2, 〈안전신문〉
"SKT 유심 해킹 사태에 KT·LGU+도 보안 체계 전면 점검 및 재정비 나서", 2025.5.9, 〈뉴스퀘스트〉
〈AI 안전의 개념과 범위〉, 2024.12.30, 소프트웨어정책연구소
"AI, 정말 안전한 걸까? 인공지능 시대의 불안과 대책", 2025.1.2, 〈AI 매터스〉
"자연의 힘, 안전이 최우선", 2025.1.13, 〈오아시스뉴스〉
"'거대지진 와도…' 日, 불안을 이겨내는 힘은 일상 속 재난대응 시스템", 2024.9.7, 〈한국일보〉
"자연재해 속출하는 일본, IT 기술로 정보 전달하고 대응에 활용", 2025.2.1, 〈디지털포용뉴스〉
"[24회 식품 안전의 날] '안전·배려·성장·혁신'으로 안심 일상화 추진", 2025.5.8, 〈식품음료신문〉
"2025 제12회 한국산업의 구매안심지수(KPEI) 발표", 2025.3.4, 〈소비자평가〉
"'사회 안전망' 시민안전보험…낮은 인지도와 사각지대는 '한계'", 2025.1.16, 〈투데이신문〉
"어디서든 안전하게, 우리 동네 무료 보험 '시민안전보험'", 2025.2.24, 〈대한민국 정책브리핑〉
"MZ세대 직장인이 가장 선호하는 리더는 '소통형'", 2023.4.10, 〈조선일보〉
"좋은 리더는 어떻게 소통하나", 2025.3.26, 〈포브스 코리아〉
《다정한 것이 살아남는다》, 브라이언 헤어·버네사 우즈 지음, 이민아 옮김, 박한선 감수, 디플롯, 2021

참고 자료 345

"공감과 협력의 리더십, 미래의 문을 여는 열쇠다", 2025.5.8, 〈서울신문〉
《다정함의 과학》, 켈리 하딩 지음, 이현주 옮김, 더퀘스트, 2022
"성공한 조직 선봉엔…다정한 리더가 있다", 2022.3.31, 〈매일경제〉
"Z세대는 왜 다정함을 연습할까? 다정도 스펙이 되는 시대", 2025.5.8, 〈캐릿〉

PART 2
"관세 전쟁 때문에…전 세계 70%, 경제 성장률 하향 조정", 2025.7.3, 〈조선일보〉
〈세계경제포럼(WEF)〉, 2025.1.18, 딜로이트
"경제 성장률", 지표누리 국가발전지표
"아드 폰테스(ad fontes) - 근원으로 돌아가자(back)!", 2021.1.1, 〈월드뷰〉
"패션 브랜드는 '근본 찾기' 중…헤리티지 상품 출시 봇물", 2023.2.21, 〈이뉴스투데이〉
〈2024 인터넷 이용실태 조사 보고서〉, 2025.3.31, 과학기술정보통신부
〈인터넷 이용자 조사 NPR 2025〉, 2025.1, KT 나스미디어
〈2024 전국 공공 도서관 통계 조사〉, 2024.8.14, 국립중앙도서관 사서지원 서비스
"요즘 20대들이 세계문학 고전을 탐독하는 까닭은?", 2024.10.2, 〈한국경제〉
"부르디외의 이론을 통한 '문화 자본', 그 불평등한 분배", 2025.7.5, 〈리아뜰 매거진〉
"Like에서 Love로 Z세대, 텍스트힙에 빠지다[스페셜리포트]", 2025.2.11, 〈매일경제〉
"'텍스트힙' 다음은 '클래식힙'…클래식 티켓 판매액 1000억 돌파", 2025.5.18, 〈한경비즈니스〉
"이제는 클래식힙! 클래식 음악으로 일상을 채우는 입문자를 위한 친절한 가이드", 2025.4.29, 〈BAZAAR〉
"국립현대미술관,《론 뮤익》30만 돌파!", 2025.6.27, 〈서울시티〉
"국립현대미술관 '지난해 2030 관람객 66% …외국인 역대 최고'", 2025.1.2, 〈서울파이낸스〉
"요즘 20대는 어디서 놀까…에버랜드도 이긴 20대 최애 관광지 '어디'", 2025.3.3, 〈매일경제〉
"14억 인구만 믿고 간다…'애국 소비' 불 지피는 중국", 2025.4.15, 〈머니투데이〉
"유럽·캐나다 이어 중국도 '아이폰 안 쓰고 스타벅스 안 마신다'", 2025.4.14, 〈조선일보〉
"['미국산 불매' 역풍 맞은 트럼프 관세] 中·유럽·캐나다 反美 애국 소비…美 경제 128조 손실 경고음", 2025.4.28, 〈이코노미조선〉
"전통주 매출 2027년까지 2조 원 규모로…수출액도 5000만 달러 목표", 2025.2.12, 〈데일리안 미디어〉
"뻔한 기념품 아닌 갖고 싶은 '뮷즈'로…국립박물관 흥행 돌풍 주역", 2025.6.9, 〈조선일보〉
"'케데헌 열풍'에 중앙박물관 뮷즈 품절 사태", 2025.7.2, 〈매일경제〉

PART 3
〈「매출 50대 기업 재택근무 현황 조사」 결과〉, 2023.11.5, 한국경영자총협회
〈2025년 새해 소비 트렌드 전망〉, 2024.12.24, 한국방송광고진흥공사(코바코)
〈언팩 25(Unpack 25)〉, 2024. 10, 호텔스닷컴
"유명한 곳은 이제 지겹다'…한국인 10명 중 7명이 선택한 우회 여행", 2024.10.31, 〈매일경제〉

"[기획자의 IT 탐구생활] 챌린저스는 어떻게 1등 건강 앱이 됐을까?", 2023.5.15, 〈모비인사이드〉
"남 말고 나 파고들래요…MZ세대 '셀프디깅' 열풍", 2025.7.1, 〈뉴스1〉
"입소문 타고 급성장 '뉴로피드백' 치료 실제 효과 있을까?", 2024.2.29, 〈메디칼타임즈〉
〈Neurofeedback Market Forecasts to 2030 – Global Analysis By Type(Electrodes, Amplifiers, Computer Software and Other Products), System, Application, End User and By Geography〉, 2023.12, Stratistics Market Research Consulting
"돌아보고 계획하는 소비: 똑똑한 경제활동을 위한 첫걸음", 2025.1.10, 한국모바일결제 산업협회
"지금 미국에서 벌어지고 있는 에코백 대란 진짜 이유", 2025.4.24, 〈크랩〉
"최소한의 '필요한 것'만 삽니다…'요노YONO'족이 등장했다", 2024.8.19, 〈매일경제〉
"비싼 제품 꼭 사야만 쓸 수 있나? 전체 67.3%, '렌탈서비스 이용자 점점 더 많아질 것'", 〈2012 생활용품 렌탈서비스 관련 조사〉, 2012, 엠브레인 트렌드모니터
"'명품보다 듀프(Dupe)'가 좋아요', 합리적 소비 선호하는 Z세대", 2024.10.21, 〈소비자평가〉
"불황을 뚫는 소비, 듀프(dupe) 소비 트렌드", 2025.2.25, 〈뉴닉〉
"'저렴이'를 자랑스럽게 여기다, MZ세대 듀프 열풍", 2025.3.21, 〈Cheil Magazine〉
"일본 Z세대의 똑똑한 소비 전략! 가성비를 추구하는 '제네릭◯◯소비'", 2025.3.11, KOTRA
"사치는 싫지만 즐기고는 싶어'…홀쭉한 주머니, 고급 간편식 찾는다", 2025.3.1, 〈아시아경제〉
〈[독일] 디저트 트렌드 2025〉, 2025.3.14, Kati 농식품수출정보
"편의점서 불티나더니…'김혜자 도시락' 확 달라진 까닭", 2024.10.19 〈한국경제〉
"현대자동차의 FoD 서비스", 2025, 현대자동차 홈페이지
"이자는 이제 내가 원할 때 받는다"…토스뱅크, '지금 이자 받기' 650만 고객이 금융 주권을 경험", 2025.2.19, 〈비즈니스플러스〉
〈Active Noise Cancellation Headphones Market Size 2025-2034〉, 2025.7, Expert Market Research
〈Fact Sheet: Kopfhörer〉, 2020.4, Bitkom Research
"Headphones, remastered: Introducing the Dyson OnTracTM headphones", 2024.7.18, dyson.com
"Sony introduces the next evolution of noise cancelling with the WH-1000XM6", 2025.5.16, sony.co.uk
"How to control Bose wireless earbuds: tap, swipe, and press", 2024.12.20, bose.com
"Built-in Refrigeration", sub-zero.kr
"800 Series Compact Washer with Home ConnectTM", bosch-home.ca
"The Invisible Induction Cooktop", Invisacook.com
"LG 휘센 오브제컬렉션", 2022.5.17, LG전자 뉴스룸
"전화통화·대면 업무 싫어요…MZ 열풍 중 네 명은 '콜포비아'", 2024.9.30, 〈한국경제〉
"[트렌드] 휴대폰 금지·대화 금지 카페·술집! 도파민 디톡스 열풍", 2024.5.13, 부자비즈 블로그
"작고 귀여운 것들의 힘! 무해력 트렌드로 스트레스 해소하는 방법", 2025.6.2, 〈티스토리〉

PART 4

⟨2025 Ipsos Global AI Monitor⟩, 2025.1, Ipsos
"2025년 AI 트렌드 전망::실용성의 시대", 2025, 스켈터랩스
"기업의 63%가 '중요하다'고 말하는 2025년 AI 에이전트 시장 4대 핵심 트렌드", 2025.5.7, ⟨AI매터스⟩
⟨Synthetic Data Generation Market⟩, 2025.6.23, Fortune Business Insight
"생성형 AI 시대, 데이터 부족 해결사 '합성 데이터'가 뜬다", 2025.3.5, ⟨중앙일보⟩
"합성 데이터 남발 시 '모델 붕괴' 우려…관건은 품질 확보", 2025.3.6, ⟨아이티데일리⟩
"인공지능, 시장에 맡기면 '신계급사회' 닥칠 수 있다", 2024.6.10, ⟨한겨레⟩
"2030년 이후 판·검사 사라질지도…충격 보고서 나왔다", 2024.7.15, ⟨한국경제⟩
"대기업 65% AI 활용 중…중소기업은 35% 그쳐", 2025.2.14, ⟨KPI뉴스⟩
"AI마저 대기업과 격차…중소기업 94.7% '안 쓴다'", 2024.11.5, ⟨한국일보⟩
"EYETAP", 2020, mannlab.com
"구글 '글래스홀'…신조어 의미 아세요?", 2013.4.16, ⟨ZDNET Korea⟩
"부활한 구글글래스, 성패열쇠는?", 2017.8.2, ⟨The Science Times⟩
"레이벤 메타가 AI 스마트 안경 시장 열었다…2024년 글로벌 시장 210% 성장", 2025.3.10, ⟨CIO⟩
"잊혔던 스마트 글라스, AI 날개 달고 부활", 2025.5.26, ⟨조선일보⟩
"GH, 건설현장에 증강현실(AR) 스마트 글라스 도입", 2025.2.14, ⟨더팩트⟩
"메디씽큐 '수술용 스마트 안경, 초소형 디지털 현미경…전세계 의사들 필수품 만들 것'", 2025.6.4, ⟨한경BIO insight⟩
"수업에 3D 스마트글래스 활용하자 스토리텔링 능력까지 향상", 2023.6.2, ⟨아이E뉴스⟩
"Eye tracking in human interaction: Possibilities and limitations", 2021.1.6, Behavior Research Methods
"XR 시대 열리나…가상현실 헤드셋 VS 스마트 안경", 2025.3.1, ⟨뉴시스⟩
"너무 빨리 닳아서 문제…스마트글래스 걸림돌 '배터리'", 2025.2.10, ⟨디지털투데이⟩
"'시급 3만5000원' 생계 수단으로 몰린다…'일단 돈 많이 버는 몸 쓰는 일 할래'[세계는Z금]", 2025.4.20, ⟨아시아경제⟩
"AI 전환 시대, 블루칼라 일자리에 주목해야 하는 이유", 2025.5, ⟨월간노동법률⟩
"요즘 청년들이 '네오블루칼라'에 주목하는 이유…'블루칼라 긍정적'", 2025.7.11, ⟨데일리 팝⟩
"CES가 주목한 한국 농업 스타트업, K-애그테크의 현재", 2025.5.12, ⟨소비자평가⟩
"같은 듯 다른 길, 애그테크와 스마트농업", vol 471 ⟨발명특허⟩
"미국, AI·로봇 기반 스마트 농업 급성장…글로벌 '애그테크(AgTech)' 시장 주도", 2025.3.16, ⟨이에프엔⟩

PART 5

⟨청춘⟩, 사무엘 울만(Samuel Ullman)
⟨국민 삶의 질 2024⟩, 2025.2, 통계청 국가통계연구원

"초고령사회, 기대수명만큼 중요해지는 건강수명 지표", 2024.6, KDI
"'멋지게 늙어보자'…'프로에이징' 열풍에 올라탄 유통업계", 2025.3.4, 〈머니투데이〉
"MZ 비켜…新 소비 권력 된 'GG'", 2025.4.4, 〈넥스트이코노미〉
〈GG(Grand Generation) 마켓 공략을 위한 7가지 마케팅 키워드〉, 2025.1, 대한상공회의소
"나를 위해 돈 쓴다…'액티브 시니어' 부상", 2025.4.18, 〈아이뉴스24〉
"건강한 신체에 건강한 정신이 깃든다", 2023.2.28, 〈에이블뉴스〉
"건강한 몸에 건강한 정신이 깃든다더니…정신이 건강해야 몸도 빨리 낫는다", 2025.2.10, 〈WIKITREE〉
〈2024년 국민 정신건강 지식 및 태도 조사 결과 보고서〉, 2024.5, 보건복지부 국립정신건강센터
〈세계 정신건강의 날 기념일 카드뉴스〉, 2024.10.4, 보건복지부 국립정신건강센터 국가정신건강 정보포털
"성인 건강투자 비용 월 15만 원…희망 건강수명 76.8세", 2024.11.28, 〈연합뉴스〉
〈World Mental Health Day 2024, A 31-Country Ipsos Global Advisor Survey〉, 2024.10, Ipsos
"2023년 치매역학조사 및 실태조사 결과 발표", 2025.3.13, 대한민국 정책브리핑
"노인 10명 중 1명 치매 환자…'경도인지장애'는 300만명 육박", 2025.3.12, 〈연합뉴스〉
"낮에 자꾸만 졸린 노인, 당장 '치매 예방' 노력해야…어떻게?", 2025.2.18, 〈헬스조선〉
"대표적 노인성 질환 '치매'…예방 위해 '333 실천' 필요", 2025.2.21, 〈메디컬투데이〉
"이번엔 바뀔까…22대 국회서도 치매 명칭 변경 법안 발의 이어져", 2025.2.1, 〈전자신문〉
"배달앱에도 뜨는 '저속노화' 트렌드…식단 관리 상품 매출 껑충", 2025.2.24, 〈연합뉴스〉
"저속노화 트렌드", 2025.5.16, 〈더바이어〉
"술 즐기는 시대, 한국 주류 산업 분석", 2025.3, 삼일PwC경영연구원
"Non-Alcoholic Beer Revenue in South Korea / Worldwide", 2025.6, Statista
"술 없는 즐거움, 소버리빙: 미국에서 논알코올 음료 시장이 뜨는 이유", 2025.3.13, KOTRA
"마라탕의 시대는 갔다?…MZ세대 '제철코어' 열풍", 2025.5.5, 〈경기일보〉
"제철 챙기는 게 힙? Z세대가 '제철코어'에 반응하는 이유", 2025.3.12, 〈캐릿〉
"Z세대가 반응하는 계절별 대표 키워드는? 제철 마케팅 아이디어 실전편", 2025.4.9, 〈캐릿〉
"국민 74% 정신건강 문제 경험…'스트레스 받고 우울하고'", 2024.7.4, 〈동아사이언스〉
"세렌디피티(우연한 발견)의 재소환", 2023.10.6, 〈영남일보〉
〈2025 트렌드 리포트(2025 Trend Report)〉, 2025, 트렌드워칭
"도파민 소비를 부추기는 가챠, MZ세대의 새로운 소비 트렌드", 2025.3.5, 〈소비자평가〉
"'뭐가 들었을까'…MZ 홀린 '럭키 박스' 언박싱", 2025.2.15, 〈아이뉴스24〉
"깜짝선물이 주는 재미에 몰리는 소비자, '랜덤박스'도 다변화", 2024.5.27, 〈서울일보〉
"'싸구려는 옛말'…랜덤 박스로 글로벌 돌풍 일으킨 중국 장난감 '팝마트'", 2024.12.16, 〈한국일보〉
"재미를 추구하는 소비자 심리에 힘입어 성장하는 중국 랜덤박스 시장", 2024.12.16, KOTRA
"'랜덤뽑기' 자체가 놀이가 된다? MZ의 랜덤놀이", 2025.1.7, KB Think

"NEXT 메가 트렌드 랜놀 NEXT 메가 트렌드 '랜놀'", 2024.10.23, 〈캐릿〉
"'근본이 자꾸 생겨서 고민' 유병재도 팔로우한 성수 술집 무근본의 근본을 찾아서(인터뷰)", 2022.12.2, 〈HuffPost〉

글로벌 기업들의 데이터 창고 입소스 전망서
마켓 트렌드 2026

제1판 1쇄 인쇄 | 2025년 10월 10일
제1판 1쇄 발행 | 2025년 10월 14일

지은이 | 엄기홍, 유은혜
펴낸이 | 하영춘
펴낸곳 | 한국경제신문 한경BP
출판본부장 | 이선정
편집주간 | 김동욱
책임편집 | 박혜정
교정교열 | 공순례
저작권 | 백상아
홍보마케팅 | 김규형·서은실·이여진·박도현
디자인 | 이승욱·권석중

주　　소 | 서울특별시 중구 청파로 463
기획편집부 | 02-360-4556, 4584
홍보마케팅부 | 02-360-4595, 4562　FAX | 02-360-4837
H | http://bp.hankyung.com　E | bp@hankyung.com
F | www.facebook.com/hankyungbp
등　　록 | 제 2-315(1967. 5. 15)

ISBN 978-89-475-0202-3　03320

책값은 뒤표지에 있습니다.
잘못 만들어진 책은 구입처에서 바꿔드립니다.